KALA UND KETZ PAJEON

Talismanmagie

Buch

Die Kunst, einen guten Talisman herzustellen, wird seit den frühesten Menschheitstagen geübt. Dieses Arbeitsbuch gibt einen umfassenden Überblick über die bewährten Traditionen und Symbole sowie die ungeahnten Kräfte, die in den persönlichen Glücksbringern schlummern. Aufgeladen mit der Kraft von Schutzgottheiten, der Astrologie, des Tarot, des I Ging, der Runen oder der Numerologie, kann jeder beliebige Gegenstand zu einem magischen Talisman werden. Wie man das macht, beschreiben die Autoren anschaulich und detailliert, so daß sich jeder seinen Glücksbringer individuell und wirkungsvoll gestalten kann.

KALA UND KETZ
PAJEON

TALISMANMAGIE

Vom praktischen Umgang mit Symbolen, Farben und Elementen

Aus dem Amerikanischen
von Ralph Tegtmeier

GOLDMANN

Umwelthinweis:
Alle bedruckten Materialien dieses Taschenbuches
sind chlorfrei und umweltschonend.
Das Papier enthält Recycling-Anteile.

Der Goldmann Verlag
ist ein Unternehmen der Verlagsgruppe Bertelsmann

Vollständige Taschenbuchausgabe Oktober 1997
Wilhelm Goldmann Verlag, München

Originalverlag: Carol Publishing Group, New York
Originaltitel: The Talisman Magic Workbook
Umschlaggestaltung: Design Team München
Illustration: Guido Pretzl
Druck: Presse-Druck Augsburg
Verlagsnummer: 13232
Lektorat: Olivia Baerend
CL · Herstellung: Sebastian Strohmaier
Made in Germany
ISBN 3-442-13232-0

1 3 5 7 9 10 8 6 4 2

Inhalt

Vorwort

Das vorliegende Werk ist eines der besten Selbsthilfebücher, das wir in den letzten Jahren besprechen durften. Allzuoft gelingt es Büchern dieser Art nicht, Leuten, die im wirklichen Leben stehen, zu helfen; dieses hier dagegen verzichtet auf alle Umständlichkeiten und kommt gleich zur Sache – zu einer Sache, die Ihnen in jeder Phase des Alltags wird helfen können. Das Buch stellt ein umfangreiches Spektrum von Herangehensweisen vor, dazu zahlreiche Wahlmöglichkeiten, die Sie mit Ihrer eigenen Herkunft in Einklang bringen können. Indem Sie Ihre Wahl treffen, verschaffen Sie sich größere Sicherheit, daß die Ergebnisse tatsächlich auch die gegebenen Umstände ausschöpfen.

Das Buch behandelt eine Reihe verschiedenster Situationen, in denen die Magie Ihnen im Alltag behilflich sein kann. Von vielen dieser Situationen haben Sie vielleicht geglaubt, daß sie sich dem magischen Zugang nicht leicht darbieten würden; die Autoren aber zeigen auf, wie Sie sich die magischen Techniken zunutze machen können. Dabei stellen sie ein gründliches Wissen zahlreicher traditioneller okkulter Disziplinen unter Beweis und zeigen in einer Offenheit, wie sie heute selten ist, auf welche Weise diese traditionellen Methoden auf Ihr jeweiliges Problem angewandt werden können.

Sollten Sie überhaupt nichts von Okkultismus oder magischen Praktiken verstehen, so wird Ihnen dieses Buch dennoch weiterhelfen, denn die vorgestellten Methoden werden alle sorgfältig erklärt, und zwar in Anweisungen, die sehr leicht, Schritt um Schritt nachvollzogen werden können. Sollten Sie in okkulten Dingen bereits bewandert sein, wird Ihnen dieses Buch trotzdem nützlich sein, da es eine hervorragende Zusammenfassung der magischen Vorgehensweisen bietet und die Gottheiten vieler Kulturen gründlich und fundiert dem Zodiak und dem jeweiligen magischen Anliegen zuordnet.

Zusammenfassend können wir dieses Buch nur loben. Es gehört sowohl in die Bibliothek des Fortgeschrittenen wie des Anfängers. Wir hoffen, noch viele weitere Werke dieser kompetenten und erfahrenen Autoren zu lesen zu bekommen.

Gavin and Yvonne Frost
School of Wicca

Einleitung

Als Verfasser verschiedener Bücher und Artikel zum Thema Magie erhalten Kala und ich häufig Briefe voller Lob oder Tadel. Wir begrüßen eine solche Resonanz unserer Leser und Schriftstellerkollegen. Durch einen derartigen Briefwechsel erfahren wir, was die Leser magischer Literatur suchen und was nicht, und diesen Wünschen entsprechen wir in unseren späteren Werken.

Die Briefe unserer Autorenkollegen enthalten normalerweise Ratschläge und konstruktive Kritik, über die wir sehr froh sind. Gelegentlich erhalten wir aber auch Briefe, in denen ein Urteil über unsere Werke gefällt wird, an dem wir erkennen, daß die Verfasser unsere Absicht bei der Darstellung eines bestimmten Themas völlig verkannt haben.

Einen solchen Brief erhielten Kala und ich auch von einem lieben Freund, den wir darum gebeten hatten, bestimmte Auszüge aus dem vorliegenden Buch zu besprechen.

Der Verfasser teilte uns mit, daß in diesem Werk davon ausgegangen würde, daß es völlig in Ordnung sei, andere oder ihr Wohlbefinden zu beeinträchtigen oder zu vernichten! Oder anderen die Energie abzusaugen, oder sie Zwängen auszusetzen.

Der Verfasser stellte auch fest, daß die von uns zur Verfügung gestellten Informationen, wenn schon nicht unsere eigenen Kommentare dazu, einen solchen Gebrauch eindeutig nahelegten, ob wir ihn nun empfehlen oder nicht! Außerdem verlieh er seiner Befürchtung Ausdruck, daß ein junger Leser, der sich gerade in einem Zustand der Verzweiflung befinde oder wütend auf jemanden sei, viele, viele Male diese Möglichkeit durch unsere Vorschläge für den Gebrauch von Karten, Runen und I-Ging-Symbolen erhielte.

Kala und ich sind der Auffassung, daß der Verfasser durchaus recht hat, doch nur in begrenztem Ausmaß. Wir meinen, daß es ebenso schädlich ist, so zu tun, als könnte man magisches Wissen immer nur auf positive, also »weißmagische« Weise vermitteln, so als würde man Informationen über Safer Sex von Teenagern fernhalten.

Wir meinen beide, daß das Unwissen um die vollständigen Einsatzmöglichkeiten eines talismantischen Symbols noch weitaus größeren Schaden anrichten kann, als den Leser vor die Wahl zu stellen, sich durch den »unrechtschaffenen« Gebrauch von Magie karmische Last aufzubürden.

Denn Unwissenheit ist *nichts* Gutes. Unwissenheit ist gefährlich, und nur ein vollständig informierter Mensch kann sich wirklich entscheiden, welchem Weg er folgen will.

Man stelle sich einmal den karmischen Schaden vor, den sich ein gutmeinender Magier zuziehen würde, der unwissenderweise eine umgedrehte Karte, ein Runensymbol bei abnehmendem statt zunehmendem Mond oder ein I-Ging-Hexagramm im falschen Haus des Zodiaks benutzt. Wenn es um den Einsatz universaler Gesetze geht, zählen gute Absichten allein nicht. Nur das intelligente Verständnis aller Anwendungsmöglichkeiten eines talismantischen Symbols kann derlei Vorfällen vorbeugen.

Es gibt Gelegenheiten, bei denen talismantische Symbole durchaus korrekt eingesetzt werden können, um »aufzulösen und zu vernichten«. Beispielsweise bei der Zerstörung von Krankheit und Eifersucht, um nur zwei Gebiete zu nennen. Einem anderen »die Energie abzuziehen«, der es gerade darauf abgesehen hat, sich selbst zu vernichten, gewährt diesem Menschen Zeit, um über sein Vorhaben noch einmal nachzudenken. Mit anderen Worten: Ja, alle talismantischen Symbole können auch dazu verwendet werden, anderen zu schaden; aber soll die Lösung dieses Problems etwa darin bestehen, der Unwissenheit den Vorzug zu geben oder diese Information zurückzuhalten?

Versetzen Sie sich doch einmal zur Veranschaulichung in die Rolle eines Elternteils. Sie wissen genau, daß es unmöglich ist, Ihr

Kind vor den Problemen des Lebens zu bewahren, weil es sich nicht ständig in Ihrer Gesellschaft aufhält. Es geht in die Schule, zum Spielplatz, an den Strand und in den Park. Dort holen sich Kinder die üblichen aufgeschürften Knie, geraten gelegentlich an den örtlichen Raufbold, ja, lernen im allgemeinen das Leben aus erster Hand kennen. In den Jahren, da Ihr Kind aufwächst, können Sie nicht die ganze Zeit anwesend sein, doch wie schützen Sie es als wohlmeinender Vater oder als besorgte Mutter dann aus der Ferne? Das tun Sie, indem Sie es erziehen.

Als liebevolles Elternteil werden Sie dem Kind Ratschläge geben, wie es auf die Realitäten des Lebens reagieren soll. Sie werden versuchen, ihm Ihre eigene Auffassung von Sittlichkeit zu vermitteln; Sie werden ihm die Wahrheit über Drogen, schnelle Autos und Sex erzählen, wobei Sie trotzdem die ganze Zeit wissen, daß es mit dem Leben experimentieren und Ihre Behauptungen bei jeder passenden Gelegenheit auf die Probe stellen wird.

Wie das von seinen liebevollen Eltern unterwiesene junge Kind, muß auch der Magienovize in die Moral, die Ethik und die Grundlagen der Magie erst eingeweiht werden. Dann muß er damit experimentieren und diese Lehren auf die Probe stellen, um zu seinem persönlichen Verhaltenskodex zu gelangen.

Wir vertreten die Philosophie, daß wir nur das lehren wollen, was wir auch kennen. Wir nutzen jede Gelegenheit, um unsere Moral und unsere ethischen Ansichten zu erläutern, wo dies angebracht scheint, aber wir sind nicht damit einverstanden, Wissen zurückzuhalten, das andere auch mißbrauchen könnten.

So wie das Kind etwas über die Realitäten des Lebens lernt und dabei die zerschundenen Knie und verletzten Gefühle erleidet, so wird auch der junge Magier im karmischen Sinne seine zerschundenen Knie und auch ein gelegentliches karmisches blaues Auge davontragen. Das ist sowohl für den körperlichen als auch für den magischen Wachstumsprozeß etwas ganz Normales.

Der verantwortungsbewußte Student der Magie unterscheidet sich von anderen durch das Wissen um Gut und Böse, wie es durch das Scheitelchakra empfangen wird. Hier wird auch die für die Magie erforderliche Energie empfangen. Ist das Scheitelchakra blockiert, wie es bei den meisten unmoralischen Menschen der Fall ist, läßt sich die Magie nicht richtig ausführen und verläßt somit nie ihren Sender.

Jenen Studenten, die den Versuchungen, Unheil zu stiften, erfolgreich widerstehen, wird eine größere Kraft zuteil. Sie werden zu mächtigeren und moralischen Magiern. Andere, die ihren eigenen Schwächen zum Opfer fallen, werden nur selten – sofern überhaupt – genug Macht erlangen, um wahre Magie auszuüben.

Auf dieser Welt gibt es Menschen, die anderen Schaden zufügen werden, gleichgültig, wie viele Anstrengungen man unternehmen mag, Wissen vor ihnen zu verbergen. Doch ist die Zahl jener, die unschuldig Schaden erleiden würden, hielte man dieses Wissen zurück, so daß sie aus Unwissenheit handelten, unserer Auffassung nach ungleich größer. Dessen eingedenk offenbaren unsere Texte stets sämtliche Aspekte des gerade behandelten – magischen – Themas.

Wir haben dieses Buch verfaßt, um den gutwilligen Lesern draußen in der wirklichen Welt über die gesamte magische Anwendungsmöglichkeit eines jeden talismantischen Symbols zu informieren. Gleichzeitig hoffen wir aber auch, daß niemand, der dieses Buch liest, durch unwissendes Handeln zum Opfer karmischer Rückschläge wird. Sollten die Symbole in der Absicht angewandt werden, einem anderen unberechtigterweise zu schaden, so wird dieser Magier es im vollen Wissen um die Konsequenzen tun müssen. Wir haben eine Darstellung gewählt, die nichts beschönigt, die den Menschen vielmehr die volle Bedeutung der Magie offenbart. Wie diese Information verwendet wird, liegt allein beim Leser selbst. Viel zu lange, so meinen wir, haben einige wohlmeinende und auch ein paar nicht ganz so wohlmeinende Leute geglaubt, daß man einen anderen beschützen oder kontrollieren könne, indem man ihn in Unwissenheit hält. Für eine solche Philosophie haben wir nicht das geringste übrig. Nur indem man die ganze Wahrheit verbreitet, kann man auch sicherstellen, daß intelligente Menschen zu intelligenten Entscheidungen gelangen.

Es ist sehr interessant, daß die größte Gruppe jener, die unsere Herangehensweise befürworten, aus den Alleinpraktizierenden, aus neuen Lesern und erfahrenen Studenten der okkulten Wissenschaften besteht. Wir haben zahlreiche Briefe erhalten, in denen uns für unsere ehrliche Schilderung der Magie und die offene Art gedankt wird, mit der wir über Ethik sprechen. Diese Leser waren der Auffassung, daß wir ihnen die Werkzeuge in die Hand gegeben hatten, um auf der Grundlage des freien Willens zu verantwortungsbewußten Entscheidungen zu finden.

Die Einstellung des »Ich bin meines Bruders oder meiner Schwester Hüter« und des »Ich weiß, was für sie das beste ist, weil ich mehr weiß als sie« ist so veraltet wie die Inquisition. Kala und ich sind felsenfest davon überzeugt, daß es die schlimmste Form »Schwarzer Magie« ist, jemandem das Recht zu verweigern, seinen freien Willen auszuüben und sich frei zu entscheiden. Der Heide, der für Schutz durch Unwissenheit plädiert, ahmt damit lediglich das fundamentalistische Christentum mit seiner Lehre von der Unterwerfung nach.

Ketz Pajeon

Teil Eins

Einführung

1 Was Sie von diesem Buch erwarten dürfen

Wenn Sie diesen Text zu Ende gelesen haben, werden Sie verstehen, wie und weshalb Talismanmagie tatsächlich funktioniert; dieses Wissen findet sich selten in Büchern dieser Art, da die meisten Adepten es hüten. Sie werden verstehen lernen, daß sich alle Materie aus Energie zusammensetzt. Jedes Materieteil, vom kleinsten einzelnen Atom bis zum kompliziertesten Organismus vibriert in einer einzigartigen Schwingung. Indem Sie diese Einzigartigkeit nutzen, können Sie Talismane aus genau den Materialien herstellen, die dem jeweiligen Zweck des Talismans am zuträglichsten sind.

Sie werden dieses erworbene Wissen dazu verwenden können, vorbehaltlos eine Vielzahl sehr wirkungsvoller Talismane herzustellen, die sowohl alte als auch moderne Symbole in sich vereinen. Sie werden auch lernen, zwischen einem echten und einem falschen Talisman zu unterscheiden. Letzterer mag vielleicht sehr geheimnisvoll aussehen, hält sich aber nicht an das Schwingungsmuster, das für die korrekte Ausübung seiner Funktion erforderlich ist. Wenn die Formen und Symbole eines Talismans nicht korrekt ausgeführt werden, kann dieser für den Besitzer nutzlos oder, noch schlimmer, sogar gefährlich werden.

Stellen Sie sich einmal vor, wie Sie in ein altes Grimoire blicken und gleich erkennen können, ob der in dem Text dargestellte Talisman tatsächlich funktionsfähig ist oder nicht!

Ferner werden Sie erfahren, daß es nur einige wenige Grundlinien sind, aus denen sich die überwältigende Mehrzahl aller Symbole zusammensetzt. So werden Sie die Fähigkeit erlangen, Symbole zu entziffern, deren Bedeutung sonst im Geheimen verborgen bliebe. Sie werden lernen, einige ursprüngliche Talismane zu verändern, zu reparieren und sogar zu verbessern.

Schließlich werden wir Ihnen zeigen, wie man viele der alten und geheimnisvollen Kräfte – und der Geheimnisse der Talismanherstellung – auch in einem modernen Kartenspiel oder einem Satz Tarotkarten wiederfinden kann, ebenso in der Symbolik des I Ging und der Runen.

Es ist unnötig, aus dem Stand und ohne Vorkenntnisse komplizierte Talismane herzustellen, es sei denn, daß Sie ein solches Vorgehen bevorzugen. Statt dessen lassen sich dieselben oder sogar noch bessere Wirkungen und Resultate erzielen, indem man das breite Spektrum beliebter Divinationsarten mit dem Zodiak-Arbeitsblatt verbindet.

Es gibt eine Reihe von Vorzügen, gewöhnliche Divinationsmethoden zur Talismanherstellung zu verwenden, an erster Stelle jenen, daß fast jeder Mensch damit vertraut ist.

Jeder, der diese Disziplinen einmal studiert hat, weiß genau, welche Kraft sich in jedem der Symbole verbirgt. Doch nur wenige wissen sie als kraftvolle Talismane einzusetzen. Dieses Geheimnis werden Sie aus dem vorliegenden Arbeitsbuch lernen. Nur wenige Bücher befassen sich so tiefgründig mit allen Einzelheiten, und noch wenigere nehmen sich die Zeit, die feinen und magischen Komponenten zu analysieren, derer es zur Herstellung eines echten, funktionierenden Talismans bedarf. In dieser Absicht aber wurde das vorliegende Buch verfaßt. Willkommen bei der echten Talismanmagie!

Schnelle und einfache Talismanherstellung mit Hilfe des Zodiak-Arbeitsblatts

Um ein Beispiel dafür zu bekommen, wie sich dieses Buch von normalen Texten über Talismanmagie unterscheidet, blättern Sie bitte einmal zu dem Zodiak-Arbeitsblatt weiter, das sich am Ende dieses Buchs findet. Dieses Arbeitsblatt dient als Grundlage für die Herstellung eines nützlichen und kraftvollen Talismans, der sich von der Norm nur durch seine Schlichtheit unterscheidet. Die hier erläuterte Methode erbringt den Beweis, daß die Talismanherstellung weder kompliziert noch geheimnisvoll sein muß, daß man sie sehr schnell und einfach erlernen kann, um dennoch unglaubliche Wirksamkeit zu erzielen.

Wie Sie bald feststellen werden, widmen sich mehrere Kapitel dieses Buchs einem Überblick über das I Ging, die Runen, den Tarot und die gewöhnlichen Spielkarten. Es gibt auch einen Grund dafür, diese Kapitel über Divinationsthemen zu bringen: Jedes dieser Systeme enthält nämlich ausgefeilte Symbole, die zur Talismanherstellung verwendet werden können. Es folgen nun ein paar Beispiele, wie einige unserer Schüler die in diesem Arbeitsbuch vermittelten Informationen erfolgreich eingesetzt haben.

Anna Anna ist eine junge Frau, die im kalifornischen Silicon Valley arbeitet. Noch bis vor kurzem war ihr gesellschaftliches Leben ein einziger Trümmerhaufen, und niemand schien davon Notiz zu nehmen, wieviel Mühe sie sich bei ihrer Arbeit gab. Nachdem sie ein Seminar über Talismanmagie besucht hatte, beschloß sie, dies alles zu ändern.

Weil sie sich nicht mit der zeitraubenden Aufgabe aufhalten wollte, komplizierte Symbole für ihren Talisman auswendig zu lernen, entschied Anna sich für ein gewöhnliches Blatt Spielkarten. Sie benutzte das Fünfte Haus (Löwe) für Herzensangelegenheiten und legte zwei Buben (Herz und Kreuz, um ihr gesellschaftliches Leben zu aktivieren) sowie zwei Asse (Karo und Herz für einen Neuanfang in finanziellen und Liebesdingen) in dieses Haus auf ihrem Zodiak-Arbeitsblatt. Um beliebt zu werden, legte sie auch drei Neunen (Herz, Kreuz und Karo) in das Elfte Haus (Wassermann). Zur Beeinflussung ihres Vorgesetzten legte sie drei Könige (Pik, Karo und Kreuz) in das Zehnte Haus (Steinbock). Sie berichtete, daß sie schon kurz nach Fertigstellung und Energetisierung ihres Talismans ein ausfüllendes Verabredungsprogramm mit einem reichen Manager begann und demnächst an ihrem Arbeitsplatz befördert werden wird.

Zodiak-Arbeitsblatt

Anna Williams

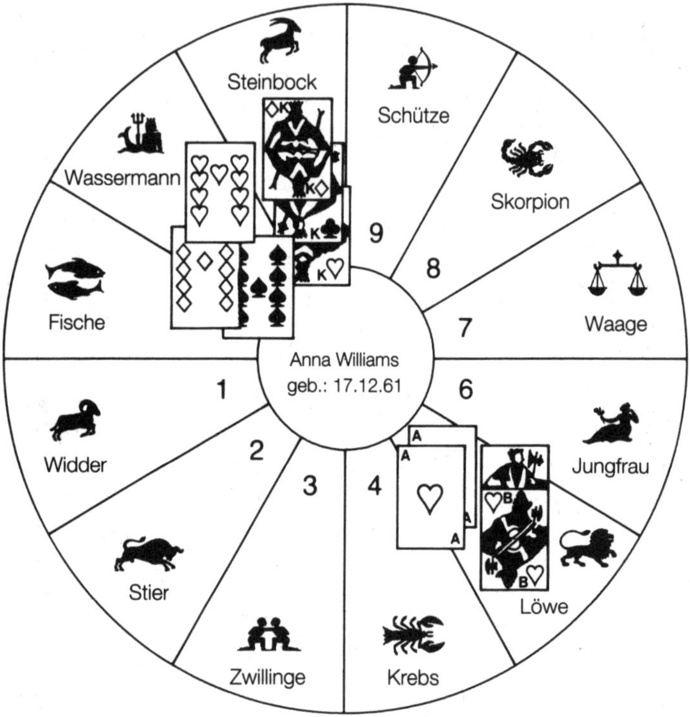

Zodiak-Arbeitsblatt

Robert Atkins

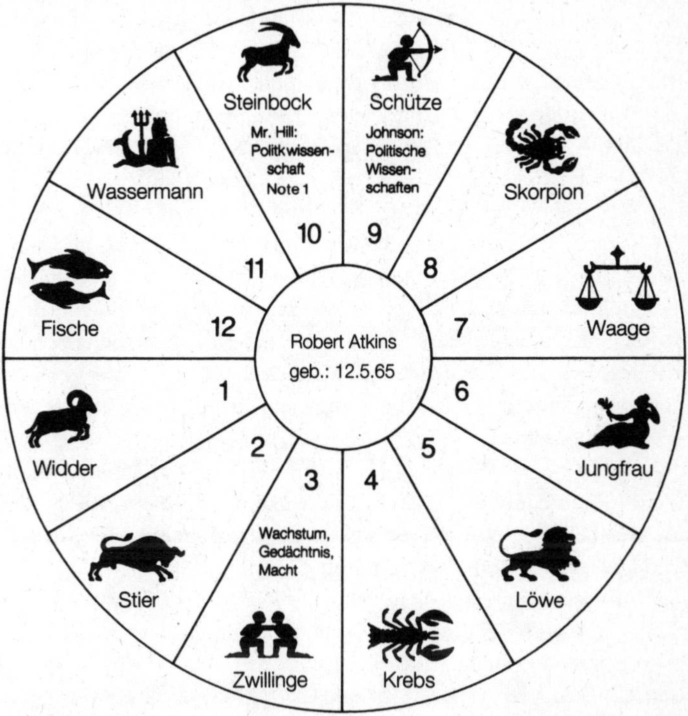

Robert Robert ist ein College-Student, der gern das Alphabet und die Zahlensymbole in verschiedenen Häusern des Zodiaks verwendet, um damit seine Wünsche zu erreichen. Er benutzt sie vor allem, um vor Prüfungen seine Gedächtnisleistung und sein Verständnis zu verbessern. Sein Lieblingshaus sind das Dritte (Zwillinge) für sein Gedächtnis und das Neunte Haus (Schütze) für die Anerkennung seiner Arbeit.

Robert plaziert die Zensur, die er bekommen möchte, zusammen mit dem Namen seines Lehrers in die entsprechenden Häuser und ist bisher bei keinem einzigen Seminar durchgefallen.

Tina Tina ist eine chinesische Amerikanerin in der fünften Generation. Ihre Vorfahren kamen im neunzehnten Jahrhundert in die Vereinigten Staaten. Die Familie war sehr fleißig und dachte progressiv. Sie achtete darauf, daß alle Kinder eine gründliche Schulbildung bekamen und mit der westlichen Lebensweise vertraut gemacht wurden, während sie zugleich ihre eigenen kulturellen Wurzeln beibehielt.

Indem Tina das Wissen um das I Ging, das sie durch ihre Herkunft bereits kannte, mit dem Wissen um Astrologie verband, wie wir es ihr in unseren Seminaren vermittelten, erschuf sie ein einzigartiges und integratives Zodiak-Arbeitsblatt.

Tina ersetzte alle Symbole des »westlichen« Zodiak-Arbeitsblatts durch die traditionelleren chinesischen. Das Ergebnis war ästhetisch ansprechend und magisch wirkungsvoll, Sie können es in der nächsten Abbildung betrachten. Tina erklärte, daß sie keine Schwierigkeiten damit hatte, die chinesischen Symbole des I Ging zu verwenden, um ihren Talisman herzustellen, nachdem sie erst einmal begriffen hatte, was ein Talisman eigentlich genau ist. Seit fast drei Jahren hat er nun ihr Appartement und ihr Eigentum vor Einbruch und Vandalismus geschützt, während Freunde und Nachbarn im selben Wohnblock darunter zu leiden hatten. Dazu tat sie folgendes: Tina suchte sich drei Zodiakhäuser aus, in die sie ihre I-Ging-Symbole gab, und setzte ihren Talisman bei zunehmendem Mond zusammen.

Zodiak-Arbeitsblatt

Tina Chu

Tabelle westlicher Entsprechungen:

1 = Widder	5 = Löwe	9 = Schütze
2 = Stier	6 = Jungfrau	10 = Steinbock
3 = Zwillinge	7 = Waage	11 = Wassermann
4 = Krebs	8 = Skorpion	12 = Fische

Im Zwölften Haus (Fische), Verborgene Feinde, Verluste und Diebstahl, plazierte sie Nr. 40 Hië, Befreiung, und Nr. 56 Lü, Der Wanderer (als Symbol für den Dieb).

In das Vierte Haus (Krebs), das für ihr Heim selbst stand, gab sie Nr. 1 Kiën, Die Große Schöpfungskraft (dies erhöhte ihre Fähigkeiten, ihr Heim mit Magie zu schützen); Nr. 14 Da Yu, Großer Besitz (als Symbol für alles, was in ihrem Heim enthalten war), und Nr. 60 Dsië, Grenze (um den Dieb beim Eintritt ins Haus zu hindern).

Schließlich plazierte sie im Siebten Haus (Waage) unter Offenen Feinden die Nr. 59 Haun, Die Auflösung (zur Darstellung der vor ihr fliehenden Feinde).

Tina berichtete, daß sie bei zunehmendem Mond ungefähr zwei Wochen lang jeden Tag ihren Talisman hervorgeholt und in seiner Mitte eine blaue Kerze abgebrannt hatte. Bisher ist bei ihr noch nicht eingebrochen worden.

Ron und Rochelle Nach vierjähriger Ehe und mit zwei wunderbaren Kindern sind Ron und Rochelle immer noch sehr verliebt.

Um ihre einzigartige Liebesbeziehung, ihre Kinder und ihr Heim zu schützen, plazierte Ron Nr. 24 Othalaz, die Rune des Besitzes und des Schutzes, sowie Nr. 8 Wunjo, die Rune des Erfolgs und des Glücks, im Zodiakhaus des Krebses. Diese Kombination stellte eine glückliche und erfolgreiche Ehe sicher, dazu ein ebensolches Haus- und Familienleben. Sie bietet jedem Hausbewohner Schutz.

Um für seine Familie zu sorgen, plazierte Ron Nr. 1 Fehu, die Rune des schnellen Geldes und des Überflusses, im Zodiakhaus des Stiers (Reichtum). Und da Rochelle als selbständige Fotografin sehr hart arbeitet, plazierte er auch Nr. 12 Jera, die Rune der Einbringung der Früchte von Arbeit und Mühe, im Stier. Die Kombination von Fehu und Jera sorgt dafür, daß Rochelle für ihre Arbeit schnell bezahlt wird.

Schließlich plazierte Rochelle auch noch zwei Runen im Löwen, Nr. 18 Beorc und Nr. 6 Kaunaz. Beorc sollte Frieden und Harmonie unter ihren beiden Kindern sichern, da sie mit Ron noch ein drittes

Zodiak-Arbeitsblatt

Ronald und Rochelle Remington

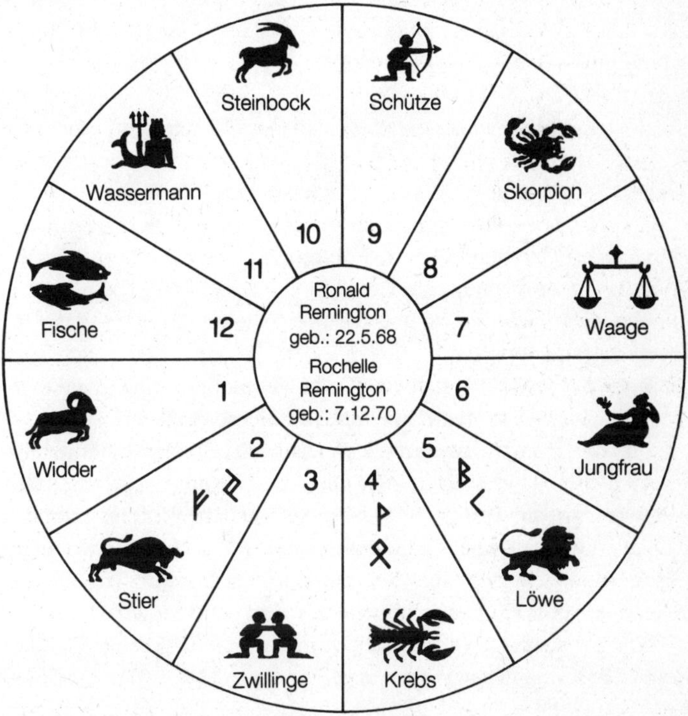

haben wollte. Sie wußte auch, daß Beorc mit dafür sorgen würde, daß sie eine gute Mutter war und ihre elterlichen Verpflichtungen nicht von ihrer Karriere überschatten lassen würde.

Kaunaz wurde im Löwen miteinbezogen, damit ihre Kinder zu ihren schöpferischen Fähigkeiten beitragen und sie nicht davon ablenken würden. Denn Rochelle wollte ihre Mutterrolle ebensosehr genießen wie ihre Karriere als Fotografin.

Kala (ein persönlicher Bericht) Ich habe festgestellt, daß mein Unterbewußtsein mir immer zwei Schritte voraus ist, gleich, was ich als Symbol für meine Talisman-Magie verwenden möchte. Ich habe mit den Runen, mit Spielkarten, dem Tarot und dem I Ging gearbeitet, dazu noch mit einer Vielzahl selbstgemachter Zeichen, und alles mit hervorragenden Ergebnissen.

Aus diesem Grund glaube ich persönlich auch nicht, daß eine Methode der anderen überlegen ist. Im Gegenteil – den Berichten meiner Schüler und meinen persönlichen Erfahrungen nach zu urteilen, ist es wohl das beste, diejenige Methode zu verwenden, mit der man sich am wohlsten fühlt, weshalb ich selbst auch stärker zum Gebrauch von Spielkarten oder dem Tarot neige.

Was nun die Effektivität des Zodiak-Arbeitsblatts als Methode talismantischer Magie in meinem eigenen Leben betrifft, so kann ich Ihnen dafür ein perfektes Beispiel liefern. Ich hatte zwei Kurzgeschichten geschrieben und diese an drei Zeitschriften geschickt. Weil ich mal wieder vielbeschäftigt war, vergaß ich die Geschichten schon bald, kaum daß ich sie eingereicht hatte. Doch wurden sie mir sehr plötzlich ins Bewußtsein zurückgerufen, als ich gleich zwei Ablehnungsschreiben auf einmal erhielt.

Aus meinem abgenutzten Satz Tarotkarten suchte ich mir die Hohepriesterin, die Sonne, die Drei der Pentakel und das As der Pentakel aus. Ich legte die ersten drei Karten in das Neunte Haus (Schütze), da dies, wie ich wußte, über Veröffentlichungen herrscht. Die letzte Karte, das As der Pentakel, plazierte ich im Sechsten Haus (Jungfrau), das für entlohnte Arbeit steht. Ganz gewiß wollte ich mich nicht nur veröffentlicht sehen, ich wollte dafür natürlich auch bezahlt werden.

Es dauerte genau vierundzwanzig Stunden, bis ich telefonisch eine Antwort bekam. Ich hatte plötzlich beide Geschichten an die letzte Zeitschrift verkauft, und der Verleger wollte sogar noch eine dritte sehen. Ich war außer mir vor Freude.

Zum Schluß dieses Abschnitts möchte ich noch eines weitergeben: Viele meiner Schüler haben mir erzählt, daß das System des Zodiak-Arbeitsblatts zum Zweck der talismantischen Magie immer mächtiger und schneller zu wirken scheint, je öfter sie damit arbeiten. Das kann ich nicht bestreiten. Vierundzwanzig Stunden war mir durchaus schnell genug.

Quiz zu Kapitel 1

1. Alle Materie besteht aus Energie. J/N
2. Ein nicht korrekt hergestellter Talisman hat keine Bedeutung, da er ohnehin nicht funktionieren wird. J/N
3. Spielkarten taugen nicht als Talismane. J/N
4. Anna hat den Löwen gewählt, um ihr gesellschaftliches Leben zu verschönern. J/N
5. Robert hat die Zwillinge ausgesucht, um Anerkennung zu bekommen. J/N

Antworten

1. Ja.
2. Nein. Er kann recht gefährlich werden, da selbst ein nicht korrekt hergestellter Talisman funktioniert, wenngleich uneffektiv.
3. Nein. Sie sind sowohl mächtige Talismane als auch Divinationshilfen.
4. Ja.
5. Nein. Er hat ihn ausgesucht, um sein Gedächtnis zu verbessern.

2 Über Talismane

Was ist ein Talisman?

Beinahe jeder Gegenstand, den man sich vorstellen kann, besitzt das Potential zum Talisman. Vielleicht kennen Sie Leute, die ein »glückbringendes vierblättriges Kleeblatt« oder eine »glückbringende Hasenpfote« besitzen, vielleicht auch ein Medaillon oder ein Kreuz um den Hals tragen. Und was ist mit den religiösen Plastikbildern auf den Armaturenbrettern von Autos oder Lastwagen? Das sind alles Formen von Talismanen, obwohl man sie normalerweise entweder in die Kategorie der »Glücksbringer« oder der »Devotionalien« einordnet.

Was unterscheidet nun »Glücksbringer« oder »Devotionalien« von echten magischen Talismanen? Im Prinzip gibt es drei wichtige Kriterien, denen ein Talisman genügen muß, um als »echt« eingestuft zu werden. Erstens: Ein echter Talisman muß durch Energetisierungstechniken programmiert werden, die jenen gleichen, welche später im Text erläutert werden. Zweitens: Form, Material und geometrische Verzierungen des Talismans müssen magischen Regeln, Richtlinien oder Praktiken entsprechen. Drittens: Die Herstellung des Talismans muß im Einklang mit den entsprechenden universalen oder astrologischen Planetenkonstellationen erfolgen.

Wozu werden Talismane hergestellt?

Ein Talisman wird erschaffen, um eine Veränderung im Einklang mit dem Willen seines Schöpfers herbeizuführen. Nehmen wir beispielsweise an, daß Sie Glück im Spiel haben wollen. Mit dieser »Veränderung« im Sinn wird ein Talisman konstruiert, um diesen Wunsch zu manifestieren. Das gleiche gilt für jede beliebige gewünschte »Veränderung«, ob es darum geht, Liebe, Geld, Schutz oder Gesundheit zu erlangen, oder um die Ausmerzung von Krankheit, schlechten Angewohnheiten oder negativen Einflüssen.

Braucht man dafür irgendwelche besonderen Fähigkeiten oder Spezialwissen?

Alles, was Sie zur Herstellung eines Talismans wissen müssen, wird in diesem Buch vermittelt. Gewisse Vorkenntnisse auf dem Gebiet der Magie und der Astrologie können zwar hilfreich sein, sind aber nicht unbedingt erforderlich. Wir werden mit sehr einfachen und schlichten Talismanen beginnen, um schließlich zu einigen überraschenden Varianten zu gelangen, bei denen alles zum Einsatz kommt, von gewöhnlichen Spiel- und Tarotkarten bis zu den Symbolen der Runen und des I Ging.

Wie funktioniert ein Talisman?

Jeder Gegenstand und jedes Symbol wird, solange er oder es über einen längeren Zeitraum für einen besonderen Zweck verwendet wird, schon bald zu einem Energiespeicher und somit zu einer Kraftquelle für jene, die darum wissen, wie man diesen Speicher anzapfen kann. Denn jedesmal, wenn jemand an einen Gegenstand denkt oder über ein Symbol nachdenkt (was eine gerichtete Energie darstellt), wird das Objekt oder das Symbol mit maßgeschneiderter Energie gestärkt. Diese Energie wird von den Gefühlen und Gedanken des Senders geprägt. Die gespeicherte Kraft kann entweder konstruktiver oder destruktiver Art sein.

Stellen Sie sich nun die Millionen von Menschen vor, die im Laufe von Jahrtausenden ehrlich daran geglaubt haben, daß ein mythisches Wesen tatsächlich existiert oder daß ein bestimmtes Objekt, Symbol oder Wort die Macht besitzt, den Wunsch oder den Willen des Gläubigen zu manifestieren. So haben diese mythischen Wesen eine »Lebenskraft« angenommen, während die Objekte, Symbole und Worte die machtvolle Energie aufgenommen und gespeichert haben, die vom Geist dieser Menschen ausgesandt wurde.

Indem wir eine magische Abbildung dieser Objekte, Symbole, Worte oder Wesen zusammen mit den richtigen Materialien und zur richtigen Zeit erschaffen, kreieren wir damit einen Gegenstand, der die Fähigkeit besitzt, die universalen Energien um uns herum zu beeinflussen. So erhalten wir einen Talisman, einen Gegenstand, mit dem die universalen Kräfte gelenkt werden, um unsere Ziele und Wünsche zu verwirklichen.

Wer benützt Talismane?

Jeder kann lernen, einen Talisman zu verwenden. Wer das Anzapfen dieser uralten Energiequelle angeht und meistert, dem wird unbegrenzte Macht zuteil. Andere, die das ganze Geheimnis der magischen Eigenschaften des Talismans nicht kennen und/oder nicht wissen, wie diese mächtigen Kraftquellen richtig zu bändigen sind, erschaffen nicht mehr als bloße »Glücksbringer«, wie sie die zahlreichen Geschenkeläden schmücken.

Wie zapft man diese Energie an?

Bevor wir uns damit befassen, wie ein Talisman energetisiert wird und weshalb er auf Ihre geistigen Vorgaben (die Sie in Form kreativer Visualisation herstellen) reagiert, wollen wir uns erst einmal damit beschäftigen, wie diese Energien überhaupt entstehen.

Wie bereits erklärt, erschafft der Geist von Millionen Menschen, die über Jahrtausende hinweg dasselbe denken, gewaltige Energiespeicher. Diese Energie »erschafft«, was zuvor noch »unerschaffen« war. So beginnen beispielsweise mythische Wesen, Tiere und Konzepte alle zunächst einmal als bloße Ideen in Träumen oder Tagträumen. Je öfter man an sie denkt, um so »wirklicher« werden sie. In gleichem Ausmaß wächst auch ihre Fähigkeit, durch unabhängiges Funktionieren und durch Manifestation Einfluß auszuüben. Sie werden für einen großen Teil der Bevölkerung zu Mythen und beeinflussen dadurch das Handeln und Glauben dieser Menschen. (Der Begriff »Mythos« wird hier so verwendet, wie die modernen Philosophen den Begriff »Paradigma« benutzen: als Muster, Beispiel oder Modell.)

Was bedeutet das nun für Sie, wenn Sie einen Talisman erschaffen? Es bedeutet, daß alle Konzepte, Wesen oder Symbole, ob sie nun die Form von Göttern, Göttinnen, Heiligen, Loas, Geistern, Dämonen, Teufeln, Engeln oder geometrischen Gestalten annehmen mögen, nach einer langen Zeit der Energieaufnahme und der Anwendung zu selbständig funktionierenden Zentren reiner Energie und Macht werden sowie, in einigen Fällen, zu lebendigen Wesenheiten.

Deshalb haben viele der mittelalterlichen Magier bestimmte Engel, Dämonen oder Halbgötter angerufen, um ihre Talismane zu bemächtigen, sie zu energetisieren und zu aktivieren. Tatsächlich hat der Talisman auf diese Weise niemals an Kraft verloren, da er diese unentwegt aus ihrer unerschöpflichen Quelle zog: der Energie, die von Millionen von Menschengeistern erschaffen wurde.

Allerdings gibt es auch ein Problem, wenn man eine solche Kraft anzapft. Wenn das Objekt oder die Gottheit an Beliebtheit verliert oder durch andere ersetzt wird, beginnt die Kraftquelle zu versiegen. Im Laufe der Zeit wird sie immer kleiner und schwächer – das heißt, daß die Menschen anfangen, nicht mehr an dieses Objekt oder diese Gottheit zu glauben; der Gegenstand verliert an Nützlichkeit und Zuverlässigkeit, um schließlich vergessen zu werden, oder die Gottheit verblaßt und hört auf zu existieren. Wenn Menschen also davon sprechen, daß ein Gott tot ist oder ein Konzept gestorben sei, ist das völlig richtig: Die Macht, durch welche sie manifestiert wurden, hat aufgehört zu existieren, und damit auch der Gott oder das Konzept selbst.

Vor diesem Hintergrund ist es für Sie sehr wichtig zu wissen, daß Sie, sofern Sie daran glauben, daß es irgendwo dort draußen im Universum etwas Gutes oder Böses gibt, das nur darauf wartet, von Ihnen angezapft zu werden, diesem auch mit Sicherheit begegnen werden. *An die Existenz von etwas zu glauben, ist der erste Schritt, es wahr werden zu lassen.* Und umgekehrt: *Der erste Schritt, etwas zu vernichten, besteht darin, ihm die Glaubensenergie zu verweigern.* Dieses Konzept liegt den meisten Formen heidnischen Denkens zugrunde. Heiden erkennen das »Böse« nicht als Tatsache an, sondern vielmehr als ein Konzept, das im Verstand jener erschaffen wurde, die Menschen beherrschen und versklaven wollen, welche andere religiöse und politische Ansichten hegen als sie. Indem sie sich weigern anzuerkennen, daß das »Böse« existiert, verweigern die meisten Heiden jenen, die anderen Schaden zufügen wollen, die Kraftquelle jener Energie, die sie für das Überleben brauchen. Ein solches Tun behindert den »bösen« menschlichen Geist. Der wahre Heide sieht oder erfährt die Welt nicht, wie es beispielsweise ein Christ täte. Jene Sekten dagegen, die an böse Dämonen und Teufel und an die Vorstellung glauben, daß das Böse hinter jeder Ecke lauert, um sie zum Fehlverhalten zu verlocken, werden ihren Glauben tatsächlich bestätigt finden. Sie haben sie erschaffen, sie nähren sie, daher müssen sie auch mit ihnen leben.

Viele der alten Talismane und talismantischen Symbole, vor allem jene von religiöser Natur, bewahren sich noch immer große Kraft, weil täglich an sie gedacht wird. Viele wurden in böser Absicht erschaffen und tragen die Namen von Teufeln, Dämonen und gefallenen Engeln. Niemand sollte den Versuch unternehmen, einen Talisman nach alten Vorgaben anzufertigen, ohne sich zuerst mit der hinter den Symbolen stehenden Philosophie vertraut gemacht zu haben.

Befassen wir uns nun mit dem Anzapfen der Energiequelle zur Energetisierung eines Talismans.

Nachdem der Talisman physisch erschaffen wurde, was später im Text erklärt werden wird, besteht der nächste Schritt darin, ihn entweder mit Ihrer eigenen Energie zu laden oder eine Energiequelle anzuzapfen, die diejenige dem Material, aus dem der Talisman besteht, innewohnende latente Kraft verstärken wird.

Wie schon erläutert, verfügt der menschliche Geist über große Kraft in Form von elektrischer Energie. Durch die Kanalisierung dieser Energie in den Talisman aktivieren Sie seine Macht oder verstärken seine latente Kraft, um das Anliegen oder das Ziel Wirklichkeit werden zu lassen, für welches er erschaffen wurde. Das Material, aus dem der Talisman besteht, vibriert, genau wie die darauf befindlichen Symbole, in bestimmten Energiefrequenzen. Indem Sie diese Energie visualisieren und sie geistig in den Talisman hineinkonzentrieren, erschaffen Sie sich ein mächtiges Werkzeug. Ein richtig konstruierter und energetisierter Talisman kann tatsächlich im wörtlichen Sinne – sei es hintereinander oder auf einmal – das Ziel oder Verlangen des Magiers anziehen, abstoßen, aufnehmen, verwerfen, manifestieren oder vernichten.

Diese Energetisierungstechnik, die sich der Macht des Geistes bedient, nennt man Kreatives Visualisieren. Kreatives Visualisieren ist nicht schwierig. Denken Sie beispielsweise einmal an jene Zeit zurück, als Sie sich verzweifelt eine Veränderung in Ihrem Leben oder Ihrer Gesundheit gewünscht haben, so daß Sie eine Münze in die Hand nahmen und sich mit ganzem Herzen etwas wünschten, um die Münze danach in einen Springbrunnen zu werfen. Vielleicht haben Sie aber auch, von wahrer Liebe träumend, Initialen in eine Baumrinde geritzt? Wenn Sie dies getan haben sollten, haben Sie bereits die ersten Schritte zur kreativen Visualisation Ihres Wunsches zurückgelegt, eben so, als hätten sie einen Talisman energetisiert. Tatsächlich sind Münze und Baum dadurch gewissermaßen zu Talismanen geworden. Beide haben sie Ihre mentale Energie aufgenommen und wurden durch die Kraft Ihres Geistes in Talismane verwandelt. Die Symbole auf der Münze und ihre Beschaffenheit mögen der Erfüllung Ihres Wunsches vielleicht nicht zuträglich gewesen sein, doch auf eine sehr geringfügige Weise haben sie für Sie gearbeitet. Auch die Symbole, die Sie in den Baum schnitten, haben Ihre mentale Kraft verstärkt, wodurch der Baum zu einem mächtigeren Talisman wurde als einer ohne alle Symbole.

Das Kreative Visualisieren ist eine Form kontrollierter Selbsthypnose oder gelenkten Tagtraums. Sie erschaffen einen Gegenstand, ein Verlangen oder eine Situation in Ihrem Geist und machen sie dadurch zur Wirklichkeit. Je mehr Sie sich konzentrieren, um so wirklicher wird es. Mit etwas Übung werden Sie feststellen, daß Sie dazu in der Lage sind, vor Ihrem geistigen Auge ganz deutlich das zu sehen, was Sie am meisten begehren.

Quiz zu Kapitel 2

1. Ein »echter Talisman« muß energetisiert werden. J/N
2. Weshalb haben viele der mittelalterlichen Magier bestimmte Engel, Dämonen oder Halbgötter angerufen, um ihre Talismane damit wirksam zu machen?
3. Daran zu glauben, daß irgend etwas existiert, macht es noch nicht wirklich. J/N
4. Wenn man sich einmal etwas gewünscht und dazu eine Münze in einen Springbrunnen geworfen hat, hat man dadurch eine Form von Talisman erschaffen. J/N
5. Kreatives Visualisieren hat nichts mit Selbsthypnose oder Tagtraum zu tun. J/N

Antworten

1. Ja.
2. Sie stellten eine grenzenlose Machtquelle dar, die von Millionen von Menschen erzeugt worden war.
3. Nein. Der Glaube ist der erste Schritt zur Manifestation.
4. Ja.
5. Nein. Kreatives Visualisieren ist eine Form von beidem.

Teil Zwei

Der Zodiak
Talismane, schnell und einfach hergestellt

3 Einführung in die Astrologie

In der Einzigartigkeit jenes Augenblicks im exakten Moment Ihrer Geburt manifestierte das Universum Ihre Ziele, Ihre Lektionen, die Sie noch zu lernen haben, und Ihr Potential. Sie haben sich für ebenjenen exakten Augenblick in der Zeit zum Geborenwerden entschieden, der die richtige Fügung des Universums bot, um die Ziele dieser Inkarnation zu verwirklichen.

Für einige Menschen mag die gegenwärtige Inkarnation mit Lektionen überfrachtet sein, die ihnen das Leben als extrem schwierig und unangenehm erscheinen lassen. Andere dagegen, einige wenige Glückliche, haben vielleicht nur einfache und leicht verständliche Lektionen zu meistern, was ihnen eine äußerst angenehme Existenz beschert.

Sollten Sie zu jenen Individuen gehören, deren Leben ständig von Schwierigkeiten blockiert zu sein scheint, so wird das Wissen um die Astrologie und ihre Anwendung auf die Talismanmagie Ihnen helfen, diese Einflüsse zu beherrschen und zu lenken und somit ganz allgemein Ihre Lebensfreude zu steigern.

Talismane, die unter den richtigen astrologischen Einflüssen erschaffen und verwendet werden, gehören zu den mächtigsten Werkzeugen, die dem Magier zur Verfügung stehen. Während die Wissenschaft der Astrologie Hinweise auf die Einflüsse des Universums auf jeden Aspekt des Lebens bietet, besteht Ihr Ziel darin, diese Einflüsse zu beherrschen und zu lenken, die im Augenblick Ihrer Geburt programmiert wurden.

Indem Sie diese Beherrschung ausüben, erschaffen Sie Ihr eigenes Schicksal, während Sie zugleich Ihre Ziele erfüllen und alle für ein Weiterkommen erforderlichen Lektionen meistern.

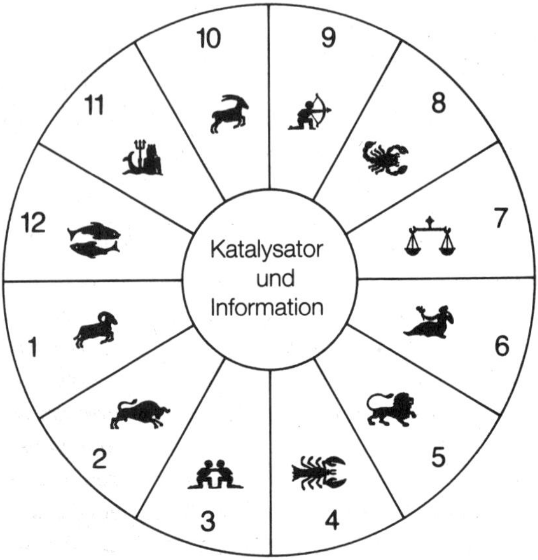

10
9
11
8
12
Katalysator und Information
7
1
6
2
5
3
4

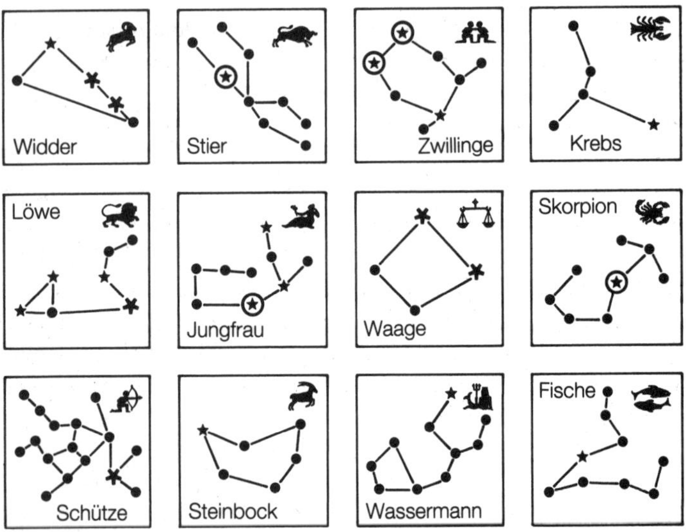

Widder
Stier
Zwillinge
Krebs
Löwe
Jungfrau
Waage
Skorpion
Schütze
Steinbock
Wassermann
Fische

Die Häuser des Zodiaks

Das westliche System der Astrologie besteht aus zwölf (12) Häusern, die von eins (1) bis zwölf (12) durchnumeriert werden. Jedes Haus umfaßt dreißig Grade des Tierkreises und besitzt sein eigenes, unverwechselbares Symbol. Dieses Kennsymbol leitet sich von einer damit in Verbindung stehenden Sternkonstellation ab.

Die Häuser werden nacheinander von 1 bis 12 durchnumeriert, wie auch jedes Haus eine natürliche Progression der inkarnierten Seele darstellt. Beginnend mit Haus Nummer 1, Widder, begibt sich die »Neue Seele« durch »Neue Anfänge« und durchschreitet jedes Haus bis zur Nummer 12, Fische, dem Haus der »Alten Seele«. So stellt jedes Haus bestimmte Aspekte der Seelenreise dar sowie die aufeinander folgenden Bemeisterungen der Lektionen des Lebens.

Wenn Sie auf den folgenden Seiten die Beschreibung der zwölf Häuser des Tierkreises lesen, achten Sie besonders darauf, welche dieser Häuser Sie vielleicht wählen möchten, um Ihnen bei der Herstellung Ihres ersten Talismans zu helfen.

Nehmen wir einmal an, Sie möchten einen Geldtalisman anfertigen. Dann richten Sie Ihr besonderes Augenmerk auf das Haus des Stiers. Soll der Talisman für Liebe sein, befassen Sie sich eingehender mit dem Haus des Löwen.

Zur Beschreibung eines jeden astrologischen Hauses finden Sie eine Auflistung von fünfzehn verschiedenen »Assoziationen«, die es Ihnen schnell ermöglichen, festzustellen, welches Haus für den Talisman, den Sie zu erschaffen wünschen, das richtige ist. Am Ende dieses Kapitels folgt eine ausführlichere Erklärung, wie man diese Assoziationen miteinander mischen und aufeinander abstimmen kann. Diese Assoziationserklärungen sind für den fortgeschrittenen Schüler gedacht wie auch für jene, die einen eher traditionellen Talisman herstellen möchten.

Die astrologischen Häuser

Widder
Erstes Haus (Nr. 1)
20. März bis 19. April
Ich bin

Schlüsselbegriffe: Geburt, Neuartigkeit, Entdeckung, Selbstausdruck, der physische Körper
Lektionen: wie man sich der Welt auf nichtbedrohliche Weise darstellt; wie man akzeptiert wird; Selbstvertrauen
Bedeutungen: Neuanfänge und neue Lektionen im Leben; Interesse am Selbst; Selbstausdruck; Selbstbewußtsein; das äußere Erscheinungsbild; wie man gesehen und behandelt wird; Karriere und Berufschancen; die gesamte körperliche Gesundheit; Temperament, Gewohnheiten, Verhalten und Persönlichkeit.

Assoziationen
Farbe: helles Scharlach
Tag: Dienstag
Metall: Eisen
Element: Feuer
Planet/Planetenstunde: Mars
Himmelsrichtung: Süden
Elemental: Salamander
Symbol: Widder
Tiere: alle aggressiven Wesen dieser und der anderen Welten
Edelsteine: Diamant, Feuerachat und Blutstein
Duftstoff: Nelkenpfeffer, Nelke, Drachenblut, Ingwer, Geißblatt, Pfefferminz, Föhre und Löwenmaul
Körperpartie: Blut (-druck), Gesicht, Kopf, Nerven und Nebenhöhlen

Pflanzen: Natterwurz, Benediktendistel, Gagelstrauch, Ginster, Klette, Cayenne, Schlüsselblume, Fo Ti, Knoblauch, Enzian, Gotu Kola, Akelei, Hopfen, Meerrettich, Hyazinthe, Majoran, Nessel, Rotklee, Rosmarin, Wiesenknopf, Sassafras, Johanneskraut, Schafgarbe und Gelbe Rübe

Gottheiten des Widders
Feuer, Rache, Macht und Schönheit

Afrikanisches und haitianisches Voodoo
Göttin: Oshun – Schönheit
Gott: Xango – Stattlichkeit

Engel
Kamael/Samael/Zamael: herrscht über den Dienstag und den Mars
Sarahiel: Herrscht über den Widder

Keltisch-Walisisch
Göttinnen: Macha – Schutzpatronin der Frauen und weiblichen Krieger; Stärke und Dominanz über die Männer im Leben und in der Schlacht
Gott: Llew – regiert das Feuer, die Stattlichkeit, die Stärke, die Rache, die Kriegskünste und die Kriege

China
Göttin: Tien-Hou – Feuer, Blitz und Gewitter
Gott: Kuan Ti – Rache, Tapferkeit, Gerechtigkeit, ein Kriegsgott

Ägypten
Göttin: Neith – Kriegsgöttin – herrscht über alle Aspekte des Krieges, des Friedens, des Schiedsgerichts und über politische Angelegenheiten
Gott: Horus – Kriegsgott – herrscht über alle Aspekte des Krieges, des Schiedsgerichts und der Politik; der rächende Gott

Griechenland
Göttin: Artemis – Amazonische Kriegsgöttin – Schutzpatronin der Frauen
Gott: Herakles – Heldentum, gutes Aussehen, Macht, Kraft und Mut

Indien
Göttin: Durga – Kriegsgöttin, Geschicklichkeit im Kampf und im Waffengebrauch; Macht und Stärke
Gott: Agni – Neuanfang, Macht, Mannbarkeit und Blitz

Japan
Göttin: Amaterasu – Sonne, Wärme, Schönheit, Shintoismus; Herrscherin aller Gottheiten
Gott: Bishamon – Kriegsgott und Schutzpatron der Krieger und der Kriegskünste

Indianisches und Lateinamerika
Göttin: Huitzilopochtli – Göttin aller Aspekte des Krieges und des Feuers
Gott: Catequil – Gott des Feuers und des Blitzes; ein Waffenkünstler, vor allem mit der Keule und der Schleuder

Nordisch-Germanisch
Göttin: Alaisiagae – eine Kriegsgöttin der Walküren
Gott: Freyr – ein Sonnen- und Feuergott; Männlichkeit und Sinnlichkeit

Ozeanien
Göttin: Pelé – Feuergöttin, Wachstum durch Vernichtung
Gott: Oro – Kriegsgott, alle Aspekte

Römisch
Göttin: Mah-Bellonia – herrscht über den Krieg, Diplomatie, Feldzüge, Verteidigung, Angriff einschließlich Kriegspolitik und Territorialherrschaft

Gott: Herkules – beherrscht die Macht, die physische Stärke, den Mut, den männlichen Zauber, Virilität und das gute Aussehen

Heilige
Michael: Siegreich in Kriegen, Schlachten und Konflikten

Stier
Zweites Haus
21. April bis 20. Mai
Ich erwerbe

Schlüsselbegriffe: Geld, Freiheit, Verdienstmöglichkeiten und persönliche Mittel
Lektionen: Gewinn und Erfolg in der materiellen Welt
Bedeutungen: das Potential zum Erwerb gebrauchter und/oder erwünschter Dinge im Leben, beispielsweise Wohlstand, Land, Talent und Fertigkeiten. Profite und Verluste aus diesen Bedürfnissen und Wünschen.

Assoziationen
Farbe: Grün- und Brauntöne
Tag: Freitag
Metall: Kupfer
Element: Erde
Planet/Planetenstunde: Venus
Himmelsrichtung: Norden
Elemental: Gnome, Trolle und Hobbits
Symbol: Bulle
Tiere: wilde, nichträuberische Tiere: Hirsch, Bison, Büffel, Backenhörnchen, Eichhörnchen und Hasen
Edelsteine: Smaragd, Türkis, Malachit und Lapislazuli

Duftstoff: Usambaraveilchen, Kirsche, Veilchen, Pfingstrose, Rose, Grüne Minze, Thymian und Vanille
Körperpartie: Verdauungstrakt, Ohren, Kehlkopf, Nacken, Nase, Kehle und Stimmbänder
Pflanzen: Berberitze, Kaskarill-Rinde, Kamille, Katzenminze, Huflattich, Beinwell, Holunder, Griechisches Heu, Gartenminze, Ingwer, Goldrute, Lakritze, Liebstöckel, Papaya, Pfefferminz, Pisang, Salbei, Gänsefingerkraut, Ulme, Rainfarn, Thymian, Baldrian

Gottheiten des Stiers

Erde und Wohlstand

Afrikanisches und haitianisches Voodoo

Göttin: Yemaya Ataramagwa Sarrabbi Olokun – großer Reichtum
Gott: Babalu-Aye – Schutzpatron des Reichtums und des Wohlstands

Engel

Anael/Aniel: herrscht über Venus und Freitage
Araziel/Asimodel: herrscht über den Stier

Keltisch-Walisisch

Göttin: Ceridwen – Erdmutter
Gott: Cernunnos – Erdvater

China

Göttin: Kuan-Yin – Muttergöttin des Erfolgs, des Überflusses und des Reichtums auf allen Lebensgebieten
Gott: Lu-Hsing – für Erfolg, Wohlstand; zuständig für alle Lohnzahlungen

Ägypten

Göttin: Heqit – die Spenderin des Überflusses – die Erfinderin des Ackerbaus, des Handels; Verwendung zum Aufbau von Wohlstand durch ehrliche Geschäfte

Gott: Hapi – Reichtum und Wohlstand durch Handelsverkehr über Wasser

Griechenland
Göttin: Die drei Chariten – Thaleia (Blüte), Euphrosyne (Frohsinn) und Aglaia (Glanz)
Gott: Boreas – große Reichtümer, Wohlstand und Überfluß

Indien
Göttin: Gauri – Reichtum und Glück
Gott: Kuvera – Herrscher über alle unter der Erde verborgenen Reichtümer und Schätze

Japan
Göttin: Benzaiten – im Zeichen Stier für Überfluß, Reichtum, Glück und Wohlstand zu verwenden
Gott: Bishamon – unter dem Stier bewacht und erschafft er Reichtum; er kann den Lauf des Schicksals verändern, um Reichtum herbeizuführen

Indianisches und Lateinamerika
Göttin: Chantico – die Ansammlerin von Reichtum, Edelsteinen und Mineralen
Gott: Pachacamac – Schutzpatron der Arbeitnehmer

Nordisch-Germanisch
Göttin: Nehallennia – Überfluß und Fülle auf allen Lebensgebieten
Gott: Freyr – Überfluß, Erfolg, Reichtum, Freude und Frieden

Ozeanien
Göttin: Humea – effiziente und effektive Produktivität, vor allem im Umgang mit Kräutern
Gott: Tane – Herrscher über Handwerk und Forstkunde einschließlich des spirituellen Wissens um beide

Römisch
Göttin: Ops – Nutzung zur Herstellung von Reichtum, Überfluß und Erfolg
Gott: Bonus – für Erfolg in jeder Unternehmung, im Geschäft oder bei allen Vorhaben, bei denen es um Handel und Gelddinge geht

Heilige
Martha: für die alltäglichen Bedürfnisse

Zwillinge
Drittes Haus
21. Mai bis 24. Juni
Ich kommuniziere

Schlüsselbegriffe: Mitteilungen, Verwandte, kurze Reisen, Fahrzeuge
Lektionen: Lernen, das eigene Selbst durch Kommunikation und Bildung auszudrücken
Bedeutungen: Mentalebene; wie man spricht; die unmittelbare Nachbarschaft, die Arbeit und die Umwelt; Blutsverwandte und alle, die wir gern haben, ohne mit ihnen zusammenzuleben. Geistige Klarheit, Intellekt, Bildung und Wissenschaft; alle Formen der Kommunikation und der Kommunikationsgeräte; kurze Reisen mit Wanderschaft oder Jogging.

Assoziationen
Farbe: Gelb
Tag: Mittwoch
Metall: Quecksilber
Element: Luft
Planet/Planetenstunde: Merkur

Himmelsrichtung: Osten
Elemental: Zephyre und Sylphen
Symbol: Zwillinge
Tiere: nichträuberische Vögel in ihrer Gesamtheit, vornehmlich aber Singvögel
Edelsteine: Bernstein, Perle, Pyrit (Narrengold), Topas und Gelber Zitrin
Duftstoff: Azalee, Lorbeer, Klee, Farn, Hanf, Lavendel, Zitronengras, Maiglöckchen, Mandragora, Pfefferminz und Tabak
Körperpartie: Arme, Hände, Lungen, Schleimhäute, Nerven und Schultern

Gottheiten der Zwillinge

Weisheit

Afrikanisches und haitianisches Voodoo

Göttin: Olukun (männlich oder weiblich) – Einsetzen zum Erwerb von Wissen um alle Geheimnisse oder Mysterien
Gott: Eleggua – der Bote der Weisheit (seine dunklere Seite heißt Eshu Ogguanilebbe und steht für die durchtriebene, tückische und bösartige Weisheit)

Engel

Ambriel/Saraiel: Herrscher des Zeichens Zwillinge
Michael: Herrscher über den Merkur und den Mittwoch

Keltisch-Walisisch

Göttin: Morgan – zur Erlangung von Weisheit und Wissen um Kriege, magische Künste, Rache und Prophezeiungsgabe
Gott: Oghma – der Gott des Alphabets, der Schrift, des Lesens und der Literatur

China

Göttin: Kuan Yin – die Allwissende Mutter; im Zeichen der Zwillinge

herrscht sie über Weisheit, Geduld, Wissen und die Geheimnisse der Erleuchtung
Gott: K'uei-Hsing – Schutzpatron der Bildung, der Prüfungen, der Literatur, der Studenten, ebenso der müden Reisenden

Ägypten
Göttin: Maat – Wahrheit, Weisheit, Gesetz, Gerechtigkeit und das Totengericht der Seelen
Gott: Osiris – Einweihung, Priester, Zivilisation

Griechenland
Göttin: Athene – eine feministische Kämpferin für die Rechte der Frauen; sie herrscht über die Bildung, die Wissenschaft, das Schreiben und die Weisheit
Gott: Hermes – Herrscher über das Wissen und die Durchtriebenheit, ein Possenreißer

Indien
Göttin: Aditi – weiß alles; lehrt die hellsichtige Schau von Vergangenheit, Gegenwart und Zukunft
Gott: Ganesha – Herrscher über Literatur, Schrift, Bücher und Weisheit

Japan
Göttin: Benton – Herrscherin über Literatur, Weisheit, das Lesen und das Verstehen
Gott: Bishamon – im Zeichen Zwillinge ist Bishamon der Schutzpatron der Rechtsanwälte

Indianisches und Lateinamerika
Göttin: Auchimalgen – die Botengöttin; sie sagt Gefahren voraus und warnt vor dem nahenden Tod; vertreibt auch böse Geister
Gott: Kojote – oder Rabe – beide sind raffinierte Trickser, intelligent, mit geschmeidiger Zunge und voller Weisheit und Wissen

Nordisch-Germanisch
Göttin: Freya – beherrscht durch das Zeichen Zwillinge, herrscht Freya über Raffiniertheit, Weisheit und die Fähigkeit, über die Illusion von Leben und Tod hinauszublicken; eine Lehrerin der Magie, des Wissens und der Macht
Gott: Loki – ein weiser und durchtriebener Gott der Täuschung, der Lüge und des Unfugs; er ist der Schutzpatron der Unehrlichkeit, der Vernichtung und des Verbrecherischen

Ozeanien
Göttin: Imberombera – herrscht über alle Aspekte der Sprache
Gott: Aluluei – herrscht über das Wissen und die See

Römisch
Göttin: Minerva – eine Streiterin für Frauenrechte, das Gesetz, Schriftsteller, Wissenschaft, Ackerbaukunde, Weisheit, Intelligenz und Medizin
Gott: Merkur – ein Götterbote, der über die Schnelligkeit herrscht, das Fliegen, die Weisheit, die Durchtriebenheit, über Possen und Intelligenz

Heilige
Augustinus: Für Weisheit

Krebs
Viertes Haus
25. Juni bis 23. Juli
Ich nehme wahr

Schlüsselbegriffe: Geburt, Tod, Beendigungen, Familie, Gefühle, Heim und langes Leben
Lektionen: lernen, mit Emotionen umzugehen
Bedeutungen: Wurzeln, Herkunft, Kindheit, Nahrung, Familie, Heimatstadt, Erbschaft, männliche Verwandte und Geburtsorte; emotionale Sicherheit; die tiefsitzenden Stärken; Besitztümer (Immobilien und Land); Ruhestand (Alter) oder die Beendigung anderer Angelegenheiten.

Assoziationen
Farbe: alle Weißschattierungen, cremige Pastellfarben, Perlmutt- und Schillerfarben
Tag: Montag
Metall: Silber, Weißgold und Platin
Element: Wasser
Planet/Planetenstunde: Mond
Himmelsrichtung: Westen
Elemental: Undinen und Nymphen
Symbol: Krebs
Tiere: Wasser- und wassernahe Säugetiere; alle Wasserlebewesen, die auch kurze Landausflüge unternehmen
Edelsteine: Chalcedon, Milchopal, Mondstein und weißer Serpentin
Duftstoff: Balsam, Kokosnuß, Eukalyptus, Gardenie, Lotus, Myrrhe, Schlafmohn, Sandelholz, Wasserlilie und Wintergrün
Körperpartie: Brüste, Verdauungstrakt, Augen, Leber und Adern (Krampfadern)

Gottheiten des Krebses
Emotion

Afrikanisches und haitianisches Voodoo
Göttin: Oba – Schutzpatronin verstoßener Frauen
Gott: Eleggua – für Macht und Schutz des Heims, ihm kann niemand Widerstand entbieten

Engel
Abuzhar: der Engel der Mondmagie und der Anrufungen am Montag
Muriel/Phakiel: herrscht über das Zeichen Krebs

Keltisch-Walisisch
Göttin: die drei Aspekte der Mondgöttin – Danu, Dannanon und Morrigan, die Beschützerinnen aller Frauen von der Geburt bis zum Grab, im Heim, in der Familie und zu Hause, einschließlich aller Übergangsriten; herrscht über die weiblichen Mysterien und die drei Aspekte des Lebens als Mädchen, Mutter und alte Frau; herrscht zudem über frisches Wasser vom Regen, über Seen und Bäche bis zu Flüssen
Gott: Bel – der »Große Vater« herrscht über widerstreitende Gefühle (kalt oder heftig); beherrscht auch das Eiswasser der Gebirge, das Wintereis und den Schnee

China
Göttin: Hsi Wang Mu – »Königin des Westens« und der Unsterblichkeit
Gott: Tsao-Wang – herrscht über das Kochen, die Küche, den Herd und die Herdfeuer; schützt das Heim der Familie und alle seine Bewohner

Ägypten
Göttin: Tefnut – die Göttin der Feuchtigkeit, des Regens, des Taus und des Nebels

Gott: Haroëris – »Mondgott«; herrscht über Mondmagie und Mysterien, über Wasser, Gefühle und Gleichgewicht

Griechenland

Göttin: Aphrodite – »Mondgöttin«; herrscht über weibliche Mysterien, das Alter, Übergangsriten und emotionales Gleichgewicht
Gott: Eros – im Zeichen Krebs ist Eros der Herrscher über die Liebesgefühle; heterosexuelle, homosexuelle und bisexuelle Beziehungen unterliegen alle seiner Macht, die häufig Liebessklaven erschafft oder andere zur Selbstaufopferung treibt

Indien

Göttin: Ganga – herrscht über Frischwasser und Flüsse
Gott: Agni – herrscht über die Unsterblichkeit, schützt das Heim und regelt das Wetter

Japan

Göttin: Kishi-Mojin – sorgt für Gleichgewicht im heimischen Leben, in der Familie, und für weibliche Mysterien
Gott: Oki-Tsu-Hiko – ein Gott der Küche und des Kochens

Indianisches und Lateinamerika

Göttin: Chantico – herrscht über Heim und Herd, über Freude und Schmerz im Leben; regiert die Übergangsriten, heilt Emotionen und hilft bei Familienkrisen
Gott: Aulanerk – der Gott der Gezeiten und Wellen; bringt Glück, Überfluß und Freude

Nordisch-Germanisch

Göttin: Bertha – die alte Frau, die über den Winter und den Winter des Lebens herrscht; die Übergangsriten in das spätere Leben sowie der Respekt und die Stellung der Ältesten in der Familie
Gott: Heimdall – steht für das Zwielicht des Lebens sowohl der Menschen als auch der Götter

Ozeanien
Göttin: Imberombera-Hina – Göttin des Mondes und der weiblichen Mysterien
Gott: Kamapua – Wassergott des Nebels, der Wasserdämpfe und des Regens; ein Gott des Gestaltwandelns und des Geheimnisses, der das Wetter nutzt, um sich darin einzuhüllen oder zu tarnen

Römisch
Göttin: Juno – schützt Frauen, Kinder, Heim, Familie und Alte vor Gefahr, dem Bösen und dem Unglück
Gott: Saturn – im Zeichen Krebs regiert Saturn die Lektionen und die Behandlung, die einem in der Blütezeit des Lebens widerfahren

Heilige
Maria Magdalena: Fürsorge für andere

Löwe
Fünftes Haus
24. Juli bis 22. August
Ich erfahre

Schlüsselbegriffe: Kunst, Kinder, Handwerk, Liebesbeziehungen, Romantik und Risiken
Lektionen: das Leben in seinen vielen Wundern durch kreativen Ausdruck erfahren
Bedeutungen: Liebe zum Schauspiel, Abenteuer, Getränke, Kinder, Erschaffen, Ausdruck, Glücksspiel, Leben, Liebesbeziehungen, Liebemachen, Luxus, Freizeit, Risiken, Romantik, Theater, Sex, Gesang, Spekulation und Sport.

Assoziationen
Farbe: Orange
Tag: Sonntag
Metall: Gold (meist mit Kupfer legiert)
Element: Feuer
Planet/Planetenstunde: Sonne
Himmelsrichtung: Süden
Elemental: Salamander
Symbol: Löwe
Tiere: alle Lebewesen, die Werkzeuge in irgendeiner Form verwenden und eine begrenzte Fähigkeit zum Zählen, Denken und Bauen entwickelt haben, d. h. Menschenaffen, Biber, Krähen und Affen
Edelsteine: Madeira, Zitrin, Chrysolith, Roter Karneol und Sonnenstein
Duftstoff: Zeder, Chrysantheme, Zimt, Gewürznelke, Olibanum, Wacholder, Ringelblume, Rosmarin, Eberesche und Gartenraute
Körperpartie: Rücken (oberer), Blutkreislauf (schwach) und Herz

Gottheiten des Löwen
Die Familie

Afrikanisches und haitianisches Voodoo
Göttin: Oya – Schutzpatronin der Liebe und der Freude; herrscht über Geliebte, betrügerische Ehefrauen und Liebhaber
Gott: Olokun – Schutzpatron der Hermaphroditen und der sexuellen Orientierung (mental oder körperlich)

Engel
Seratiel/Verchiel: beherrscht das Zeichen Löwe
Raphael: Herrscher der Sonne und des Sonntags

Keltisch-Walisisch
Göttin: Brigid – beherrscht die weiblichen Künste, darunter Malerei, Handwerk, Liebemachen, Dichtung, Romantik und Sinnlichkeit;

außerdem beherrscht sie alle weiblichen Ränke in Liebesdingen und die Liebesmagie
Gott: Luga Lamfada – der Erfinder und Meister aller Handwerkskünste; Baumeister, Kultur, Handwerk, Baukunst, Musik und (Edelmetall-)Schmiede

China
Göttin: Chih-Nii – regiert die Kunst des Webens, den Stoff und die Stoffherstellung
Gott: Lupan – Gott der Künstler und Handwerker

Ägypten
Göttin: Bastet – herrscht über alle Freuden des Fleisches, über den Gesang und den Tanz
Gott: Khnem – herrscht über alle Künste und handwerklichen Fähigkeiten

Griechenland
Göttin: die neun Musen – Kalliope, Clio, Erato, Euterpe, Melpomene, Polyhymnia, Terpsichore, Thalia, Urania
Gott: Eros – im Zeichen Löwe ist die Liebe die Kunst des Eros, ob homo-, hetero- oder bisexuell; alle Freudenkünste fallen in seinen Herrschaftsbereich

Indien
Göttin: Shakti – die Göttin der Schönheit, der Verzückung und der sexuellen Ekstase; sanft und liebevoll herrscht sie über die Sexualität und die Sinnlichkeit; sie lehrt die Mysterien des Tantras und der ewigen Jugend
Gott: Tvashtar – Schutzpatron der Handwerker; er lehrt die Geschicklichkeit für Kunsthandwerk und Arbeit

Japan
Göttin: Uzume – die Göttin des derben Verhaltens und der anzügli-

chen Sprache, primär konzentriert auf Schauspielerei und Unterhaltung, dazu Gesang, freudiges Feiern und Tanz (hauptsächlich Striptease)
Gott: Susanowo – Schutzpatron des Schabernacks, des Überschäumens und der Unreife in allen Lebensaspekten

Indianisches und Lateinamerika
Göttin: Anka – herrscht über Geburt, weibliches Ränkespiel, Künste und Handwerk
Gott: Shakuru – »Gott des Sonnentanzes«

Nordisch-Germanisch
Göttin: Freya – im Zeichen Löwe regiert sie die Schönheit, die Liebe, die Künste sowie Zauber und Ränke der Frauen
Gott: Bragi – herrscht über die männliche Ausdruckskraft in der Musik, der Dichtung, über den Witz und die Betörung

Ozeanien
Göttin: Pelé – im Zeichen Löwe ist Pelé heiß und feurig; sie regiert über das weibliche Ränkespiel und die Eifersucht; sie ist wild und frei, besitzergreifend und fordernd, die unersättliche Geliebte, die nie besessen werden kann
Gott: Tilitr – Schutzpatron der Musik, des Gesangs und der magischen Singformeln

Römisch
Göttin: Minerva – im Zeichen Löwe herrscht Minerva über die schöpferischen Künste und das Handwerk
Gott: Fanus – ein Fürsprecher der männlichen Sexualität, der auch für Gesang, Tanz, frohes Feiern und Trinkgelage zuständig ist

Heilige
Teresa von Avila: für Humor und gute Laune

Jungfrau
Sechstes Haus
23. August bis 22. September
Ich diene

Schlüsselbegriffe: Tiere (Klein-), Gesundheit und Bienen
Lektionen: die eigene Arbeit, Verpflichtungen und Pflichterfüllung genießen
Bedeutungen: Ihr Beruf und/oder Ihre Karriere in allen Dienstleistungsbereichen, d. h. im Heim, im Nahrungsmittelsektor, im Gesundheitsbereich, in der Hygiene, beim Militär, in der Ernährung; Selbstentwicklung; Selbstopfer.

Assoziationen
Farbe: Mischfarben aus blassen Gelb- und zarten Blautönen
Tag: Freitag
Metall: alle Legierungen
Element: Erde
Planet/Planetenstunde: Merkur
Himmelsrichtung: Nordosten
Elemental: Zephyre, Sylphen, Gnome, Trolle und Hobbits
Symbol: Erntegöttin
Tiere: fliegende Säugetiere
Edelsteine: mehrfarbige Fluorite, Saphir und Wassermelonenturmalin
Duftstoff: Azalee, Lorbeer, Klee, Farn, Hanf, Lavendel, Zitronengras, Maiglöckchen, Mandragora, Pfefferminz und Tabak
Körperpartie: Verdauungsorgane und Nerven

Gottheiten der Jungfrau
Dienen

Afrikanisches und haitianisches Voodoo
Göttin: Ayé – die Göttin der Zwerge und kleinwüchsiger Menschen im allgemeinen
Gott: Aroni – herrscht über die Medizin und medizinische Behandlung

Engel
Hamaliel/Schaltiel: beherrscht das Zeichen Jungfrau
Michael: beherrscht den Merkur und den Mittwoch

Keltisch-Walisisch
Göttin: Morgan – Schutzpatronin der Grünen Hexen und der als Heilerinnen und Hebammen tätigen Priesterinnen
Gott: Llew – Schutzpatron der Ärzte und Heiler

China
Göttin: Pi-Hsaia-Yuan-Chun – im Zeichen Jungfrau beschützt sie Frauen und Kinder vor Unheil und Gefahr
Gott: Shui-Kuan – im Zeichen Jungfrau vertreibt er Unheil, verteidigt und schützt die Männer

Ägypten
Göttin: Bastet – herrscht über die Geheimnisse der Heilung von Krankheit, vor allem mit geistiger Energie
Gott: Imhotep – herrscht über das Wissen um Medizin und Heilkunst

Griechenland
Göttin: Aphrodite – herrscht über Kräuter und Heilungsmagie
Gott: Äskulap – herrscht über das Heilen, die Medizin und die ärztliche Pflege

Indien
Göttin: Shakti – heilt die Seele und die sexuell Beeinträchtigten, die Behinderten, die Frustrierten und die Unvollständigen

Gott: Rudra – lehrt das Heilen von Krankheiten durch Kräuter; herrscht über den Gebrauch und die Geheimnisse sämtlicher Dschungel- und Waldpflanzen

Japan

Göttin: Kishi-Mojin – die »Universale Mutter«; ihr sind alle Geheimnisse der Heilkünste bekannt

Gott: Okuninushi – herrscht über das Heilen, die Medizin und raffinierte Zauberei zur Vertreibung krankheitserregender böser Geister

Indianisches und Lateinamerika

Göttin: Xochiquetzal – herrscht über die geheimen Kräfte der Blumen und ihren Gebrauch

Gott: Loskeha – herrscht über den rituellen Gebrauch des heiligen Tabaks zur Heilung von Krankheiten

Nordisch-Germanisch

Göttin: Freya – im Zeichen der Jungfrau ist Freya die Herrscherin über die Katzen; sie verfügt über ein unglaubliches Wissen und die entsprechende Macht, was Kräuter, Heilung und Magie anbelangt

Gott: Odin – herrscht über heilende und magische Kräfte, wie sie ihn von Freya gelehrt werden

Ozeanien

Göttin: Haumea – Wildpflanzen und ihre Verwendung zum Zwecke der Heilung

Gott: Tane – herrscht über die geheimen Kräfte von Wald- und Dschungelpflanzen und ihren Gebrauch zu Heilungszwecken

Römisch

Göttin: Venus – beherrscht die Geheimnisse der Liebe und der Kräutermagie

Gott: Helios – beherrscht das Wissen und die Fertigkeiten auf dem Gebiet der heilenden Künste und der Kräuterkunde

Heilige

Bernadette: zur Heilung des Körpers von Krankheit

Waage
Siebtes Haus
23. September bis 22. Oktober
Ich harmonisiere

Schlüsselbegriffe: Verträge, Scheidung, Feinde, Gerichtsprozesse, Eheschließungen, Opposition, Partnerschaften
Lektionen: Herstellung einer Beziehung zu sich selbst und der Umwelt; Lernen von Kooperationsbereitschaft
Bedeutungen: Beziehungen, Freundschaften, Partnerschaften, Verwandte und Ehegatten; wie man mit Beamten zurechtkommt und auf sie reagiert; Interaktion hinsichtlich Scheidung, Geschlechtsverkehr, Ehe und Prostitution.

Assoziationen

Farbe: blasse Gelb-, Hellblau-, Hellrosa-, Grün- und sanfte Brauntöne
Tag: Mittwoch
Metall: Kupfer, mit Gold legiert
Element: Luft
Planet/Panetenstunde: Venus
Himmelsrichtung: Nordosten
Elemental: Zephyre und Sylphen
Symbol: die Waage der Justitia
Tiere: Raubvögel
Edelsteine: Aquamarin, klarer Bergkristall, Opal und Saphir

Duftstoff: Usambaraveilchen, Kirsche, Farn, Hanf, Lavendel, Zitronengras, Maiglöckchen, Mandragora, Pfefferminz und Tabak
Körperpartie: Rücken (unterer), Nieren, Nerven, Eierstöcke, Haut (Erkrankungen) und Adern

Gottheiten der Waage
andere

Afrikanisches und haitianisches Voodoo
Göttin: Nzambi – belohnt alle guten Taten, bestraft aber auch die bösen
Gott: Chiyidi – erschafft Albträume, um Feinde zu quälen

Engel
Abael/Aniel/Haniel: herrscht über die Venus und den Freitag
Chadakiel/Zuriel: herrscht über das Zeichen Waage

Keltisch-Walisisch
Göttin: Banba – wehrt offene Feinde und angreifende Eindringlinge ab
Gott: Nuada – schützt jene, denen Gefahr vor offenen Feinden droht

China
Göttin: Tien-Hou – schützt alle, die in Gefahr schweben
Gott: Sung-Chiang – Schutzpatron der Übeltäter, Diebe und des Diebstahls

Ägypten
Göttin: Selket – Schutzpatronin der glücklichen Ehe, des genußreichen Sex und der freien Sexualität innerhalb der Ehe
Gott: Bes – Schutz vor Dämonen, Tieren und dem nachts lauernden Bösen

Griechenland
Göttin: Selene – herrscht über Bräute, das Brautgemach und die geheimen Freuden der Brautnacht

Gott: Zeus – im Zeichen Waage verteidigt Zeus die Schwachen und Hilflosen; beschützt Freundschaften und Verbindungen zu anderen; wacht über Gerechtigkeit und das Gesetz

Indien

Göttin: Tara – eine mitfühlende Göttin, die die Illusionen zunichte macht, um Klarsicht und Verständnis zu ermöglichen; kann sehr schnell und hart urteilen und Urteile vollstrecken

Gott: Puchan – führt jene, die sich mit Ehe-, und Geschäftserfolg befassen

Japan

Göttin: Kishimo-Jin – beschützt Frauen, Kinder, Geburt und das Heim vor Feinden und Unheil

Gott: Jizo Bosatsu – schützt Männer, Frauen, Kinder, die Toten und gebärende Frauen vor allem lauernden Unheil

Indianisches und Lateinamerika

Göttin: Ataentsic – herrscht über die Ehe und die Pflichten der Ehefrau; bietet Hilfe in allen Aspekten des Ehelebens

Gott: Nohochacyum – schützt alle, die ihn gegen das Böse und gegen Feinde rufen

Nordisch-Germanisch

Göttin: Freya – im Zeichen Waage ruft man Freya als Schutzgottheit an, die magisch eingreift

Gott: Thor – Beschützer, der körperlich eingreift

Ozeanien

Göttin: Imberombera – herrscht über die Geheimnisse des Friedens, des Lebens in Harmonie, die Weisheit der Natur, die Intelligenz und den gesunden Menschenverstand in allem Tun

Gott: Oro – weiß um Krieg, Politik, Verhandlungen und Friedensschaffung

Römisch
Göttin: Minerva – im Zeichen Waage herrscht Minerva über die Gesetze der Frauen und ihre Rechte
Gott: Apollo – Gott von Recht und Ordnung und der angewandten Gerechtigkeit

Heilige
Agia: Gerichtsprozesse

Skorpion
Achtes Haus
23. Oktober bis 22. November
Ich transformiere

Schlüsselbegriffe: Tod, Schulden, Erbschaft, Geld und Güter von Partnern oder anderen, Steuern, das Okkulte, Sex
Lektionen: Transformation
Bedeutungen: Ihre Fähigkeit, Geburt, Tod oder Transzendenz zu erfahren und/oder damit zurechtzukommen; spirituelle Erneuerung und okkulte Studien; tiefe emotionale und physische Aufgewühltheit; Katastrophen; Sexualbeziehungen einschließlich Perversion, Sexualmagie, Vergewaltigung und Inzest. Rechtsangelegenheiten mit dem Schwerpunkt Immobilien, Erbschaft, Steuern, Beerdigungsunternehmer, Testamentsvollstrecker, Versicherungen, Testamente und Mitgift.

Assoziationen
Farbe: dunkles Rubinrot
Tag: Samstag
Metall: Blei und Plutonium
Element: Wasser

Planet/Planetenstunde: Mars (Hauptbetonung Feuer) oder Pluto (Hauptbetonung Erde)
Himmelsrichtung: Südwesten für Mars, Nordwesten für Pluto
Elemental: Nymphen, Salamander und Undinen (Wasser) oder Gnome, Hobbits, Nymphen, Trolle und Undinen (Erde)
Symbol: Skorpion oder Adler
Tiere: alle Lebewesen zwischen den Realitäten, Fabelwesen
Edelsteine: Schwarzer Turmalin, Obsidian, Opal, Topas und Rauchquarz
Duftstoff: Mars – Nelkenpfeffer, Nelke, Drachenblut, Ingwer, Geißblatt, Pfefferminz, Kiefer und Löwenmaul. *Pluto* – Ambra, Damiana, Drachenblut, Eukalyptus, Sumpflilie, Fingerhut, Bärlapp, Hopfen, Kava, Moschus, Hafer, Orchideenwurzel, Roggen, Weizen und Yucca
Körperpartie: Blase, Blutkreislauf, Ausscheidungsorgane, Herz, Muskelsystem, Fortpflanzungs-/Geschlechtsorgane und Harntrakt

Gottheiten des Skorpions

Suchen

Afrikanisches und haitianisches Voodoo

Göttin: Maman Brigitte – Herrscherin über den Tod und die Todesriten, alle Mysterien, das Leben selbst, die Wiedererneuerung und die Ausschweifung
Gott: Eshu Ogguanilebbe – herrscht über Unfälle, Straßenecken, Kreuzungen, Türen, gewaltsame Tode; Schutzpatron der Mörder

Engel

Barbiel/Barchiel/Sartziel: regiert den Skorpion
Kamael/Sammael/Zamael: regiert den Mars und den Dienstag

Keltisch-Walisisch

Göttin: Blodwin – öffnet oder schließt nach Belieben die Tore der

Erneuerung, der Vernichtung, des Todes, des Lebens, der Panik und des Entsetzens
Gott: Dagda – herrscht über Leben und Tod

China
Göttin: Pi-Hsaia-Yuan-Chun – im Zeichen Skorpion ist sie die Schutzpatronin der Neugeborenen und der in den Wehen Liegenden oder Gebärenden
Gott: Chu-Jung – der Gott der Rache. Er setzt Karma und karmische Gerechtigkeit durch

Ägypten
Göttin: Selket – herrscht über sexuelle Freuden der Ehe; Beschützerin und Führerin der Seele nach dem Tod
Gott: Anubis – herrscht über das Einbalsamieren und die Grabmäler und wirkt als Führer und Beschützer der Toten

Griechenland
Göttin: Demeter – herrscht über Wiedergeburt, Erneuerung, Reinkarnation und alle Übergangsriten
Gott: Äskulap – herrscht über die Wiederauferstehung von den Toten und die Bemeisterung des Todes

Indien
Göttin: Kali-Ma – die Schutzpatronin der Zauberei, der Hexen, der Rache, der Vernichtung, des Todes und der Reinkarnation
Gott: Manjushri – der Vernichter, der Herr des Todes, der zugleich Wissenschaft, Erleuchtung und Zivilisation unterrichtet

Japan
Göttin: Amaterasu – herrscht über Leben, Tod, Wiedergeburt und Regeneration
Gott: Emma-O – Herrscher über die Unterwelt der Toten; regiert über den Tod und die Vernichtung

Indianisches und Lateinamerika

Göttin: Huitzilopochtli – »Die Todesgöttin«, alle Aspekte von ihr

Gott: Aipaloovic – der Gott der Korruption, des Mords, der Laster, des Vandalismus, des Skandals und der Vernichtung; er kennt jedermanns Geheimnisse; wird am besten eingesetzt, um Übeltäter zu entlarven

Nordisch-Germanisch

Göttin: Walküren – Beschützerinnen und Führerinnen der männlichen und weiblichen Krieger nach Walhall

Gott: Wodan – herrscht über Reinkarnation, den Tod und die ruhelosen Geister der Menschen, die erschlagen wurden und es nicht nach Walhall schafften

Ozeanien

Göttin: Pelé – im Zeichen Skorpion herrscht Pelé über das menschliche Temperament, den Tod, Gewalt, Vernichtung, Rache und finstere Magie

Gott: Atea – hütet die Geheimnisse der Wiedererneuerung der Lebenskraft mit beliebigen Mitteln

Römisch

Göttin: Ceres – Herrscherin über Reinkarnation, Einweihung, Erneuerung und alle Todesmysterien

Gott: Saturn – im Zeichen Skorpion ist Saturn die Zeit und der Archivar der Vergangenheit, Gegenwart und Zukunft des Lebens; er herrscht über die karmischen Lektionen, Blockaden, Hindernisse und andere Probleme dieser Inkarnation

Heilige

Heiliger Rosenkranz: zur Abwehr und Überwindung von Unheil

Schütze
Neuntes Haus
23. November bis 22. Dezember
Ich theoretisiere

Schlüsselbegriffe: Gottheit, angeheiratete Verwandte, lange Reisen, Magie, philosophische und juristische Berufe
Lektionen: die Entdeckung des eigenen inneren Selbst, der Göttlichkeit und der Macht
Bedeutungen: spirituelle Evolution und Reisen; hinausziehen auf Kreuzzüge des Märtyrertums und der Selbstaufopferung; den Gott oder die Göttin im Inneren suchen; lange Reisen zur Erlangung höherer Bildung in den Gebieten spirituelle Entwicklung, philosophisches Bemühen, religiöses Verständnis, Divination, Träume und alles der esoterischen Natur.

Assoziationen
Farbe: Rot oder Blaupurpur
Tag: Donnerstag
Metall: Zinn
Element: Feuer
Planet/Planetenstunde: Jupiter
Himmelsrichtung: Südosten
Elemental: Salamander
Symbol: Bogenschütze oder Kentaur
Tiere: große Tiere oder tropische Vögel
Edelsteine: Magnetstein, Purpurner Fluorit, Bergkristall und Türkis
Duftstoff: Anis, Datura, Limone, Magnolie, Ahorn, Mädesüß, Muskat, Eiche, Salbei und Sandelholz
Körperpartie: Arterien, Hüften, Gelenke und Oberschenkel

Gottheiten des Schützen
Erfahrung

Afrikanisches und haitianisches Voodoo
Göttin: Ayizan – die Göttin der Magie und Macht der Ahnen
Gott: Ifa – herrscht über die Divination und das Wissen um alle Zeiten

Engel
Advachiel/Adnachiel/Saritiel: herrscht über das Zeichen Schütze
Zachariel/Zadakiel: herrscht über den Jupiter und den Donnerstag

Keltisch-Walisisch
Göttin: Morrighan – beherrscht die Schlachtfelder, den Tod, die Verzauberung, weibliche Gestaltwandler, Frischwasser, Magie, PSI-Kräfte, Priesterinnen, Prophezeiung, Hexerei, die Nacht und die Hexen
Gott: Merlin – herrscht über die Divination, PSI-Kräfte, Rituale, Verzauberungen und Beschwörungen

China
Göttin: Kuan-Yin – im Zeichen des Schützen beherrscht sie die Erleuchtung und die spirituelle Entwicklung
Gott: Yao-Shih – beherrscht die Kontrolle und das Erlernen von PSI-Kräften

Ägypten
Göttin: Nebthet – die dunkle Schwester der Isis, die über alle Geheimnisse der finsteren Magie und des dunklen Wissens verfügt
Gott: Ra – herrscht über die Geheimnisse der rituellen Magie und der Ausführung von Zaubern

Griechenland
Göttin: Kirke – die Göttin der Gestaltwandlung, der Liebesmagie,

der Verzauberung, der Talismane, der Rache, der Hexerei und des Schutzes der Frau durch List
Gott: Daktyloi – herrschen über die Geheimnisse der Herstellung magischer Formeln

Indien
Göttin: Shakti – herrscht über Weisheit, Verstehen, Magie und den richtigen Gebrauch von Energie
Gott: Shiva – männliches Gegenstück zu Shakti

Japan
Göttin: Uzume – beherrscht die Geheimnisse des alten Schamanismus; Magie durch Singsang, Lieder, Tanz, Trance und Meditationen
Gott: O-Kuni-Nushi – beherrscht die Künste der Zauberei und der Heilung

Indianisches und Lateinamerika
Göttin: Spinnenfrau, Hexen, der Aspekt der alten Frau der »Dreifachen Göttin«; alle Aspekte der Magie, die mit der dunklen Seite des Mondes zusammenhängen
Gott: Michabo – herrscht über alle Formen der Magie, der Erfindungen und der Gestaltwandlung

Nordisch-Germanisch
Göttin: Freya – im Zeichen Schütze sind alle Formen der Magie, der Verzauberung, der Hexerei und der Macht ihre Geheimnisse und können von ihr unterrichtet werden
Gott: Odin – es wird erzählt, daß Odin seine Macht und sein Wissen um die Magie von Freya erhielt

Ozeanien
Göttin: Pelé – im Zeichen des Schützen herrscht Pelé über die Gestaltwandlung und die Geheimnisse der weiblichen Macht und Kraft

Gott: Maui – beherrscht alle Aspekte bösartiger Magie, Zauberei, Gestaltwandlung und Verzauberungen

Römisch
Göttin: Diana – herrscht über die Magie, die Zauberei, Betörungen und Hexerei sowie alle Aspekte geistiger Kräfte
Gott: Vulkan – herrscht über die Metallurgie und die Magie

Heilige
Unsere Liebe Frau von Fatima: Reichtümer auf spiritueller Ebene

Steinbock
Zehntes Haus
23. Dezember bis 20. Januar
Ich erkenne

Schlüsselbegriffe: Fortschritt, Ruhm, Ehre, Macht und Beziehungen zu Behörden
Lektionen: Akzeptanz in der Welt zu erlangen und den eigenen Wert einzuschätzen
Bedeutungen: Entdeckung der eigenen persönlichen Macht und der Beziehungen zu Vorgesetzten. Bestimmung der eigenen Ziele, des eigenen Schicksals, Beförderung des eigenen Strebens, der gesellschaftlichen Stellung, der Ehre, der Anerkennung des eigenen Rufs

Assoziationen
Farbe: Schwarz und alle anderen sehr dunklen Farben
Tag: Samstag
Metall: Blei
Element: Erde
Planet/Planetenstunde: Saturn

Himmelsrichtung: Norden
Elemental: Gnome, Hobbits und Trolle
Symbol: Ziege oder Ziegenfisch
Tiere: alle Tiere einschließlich Vögel, Fische und Insekten, die in hierarchisch geordneten Sozialstrukturen leben
Edelsteine: Azurit, Granat, Indikolit und Turmalin
Duftstoff: Schwarze Orchidee, Hyazinthe, Iris, Schlafmohn, Stiefmütterchen, Patschuli, Peyote und Weißwurz
Körperpartie: Knochengerüst, Kreislauf, Ohren, Augen, Herz, Knie, Leber, Nerven und Zähne

Gottheiten des Steinbocks
Reputation

Afrikanisches und haitianisches Voodoo
Göttin: Oduddua – die Muttergöttin; alle Macht und Autorität
Gott: Obatala – der Vatergott; alle Macht und Autorität

Engel
Semaqiel: regiert den Steinbock
Kafziel/Orifiel: regiert den Saturn und den Sonntag

Keltisch-Walisisch
Göttin: Danu – die Muttergöttin der Magie, der Sterblichen und Göttinnen; die Allwissende und mächtige Bescherin von Überfluß, Glück und Fülle
Gott: Dagda – der Vatergott des Himmels, der Magie, der Sterblichen, der Götter; der allwissende und mächtige Spender von Disziplin, Leben und Tod

China
Göttin: Kuan-Yin – die Muttergöttin des Mitleids und der Barmherzigkeit; sie löst Entbehrungen und Furcht im Leben jener auf, die sie anrufen

Gott: Tai-Yueh-Ta-Ti – spendet jenen, die ihn anrufen, große Ehre und Gunst in den Augen anderer

Ägypten

Göttin: Isis – die Höchste Mutter; die Schutzpatronin der Priesterinnen – gebietet über das Wissen und über erfolgreiche Unternehmungen

Gott: Ammon – der Vatergott des Ackerbaus

Griechenland

Göttin: Hekate – eine unglaublich mächtige Muttergöttin; gebietet über Erfolg in allen Bereichen

Gott: Zeus – im Zeichen Steinbock ist Zeus der Große Vatergott, der jene verteidigt, die sich nicht selbst schützen können; Ehre, Reichtum und Gesundheit, ja fast alles, was das Herz begehren mag, obliegt der Macht des Zeus im Steinbock

Indien

Göttin: Aditi – die Mutter des Weltalls und aller Götter; sie ist der Kosmos, das Unmanifestierte, das Chaos, das Ungeborene und die Ordnung; sie gebietet über das Schicksal aller Dinge; sie gebar die zwölf Geister des Zodiaks

Gott: Brahma – der Vater der Götter, der Tiere, der Menschen und des Universums; er verleiht Wissen und Weisheit

Japan

Göttin: Izanami – die schöpferische Muttergöttin, die die ganze Schöpfung gebar

Gott: Izanagi – der Vatergott der gesamten Schöpfung

Indianisches und Lateinamerika

Göttin: Coatlicue – die Große Muttergöttin, allwissend und allmächtig; gibt Hilfe auf allen Gebieten des Lebens, des Wachstums und des Wohlstands

Gott: Viracocho – der Große Vatergott, allwissend und allmächtig; gibt Hilfe in allen Gebieten des Lebens, des Wachstums und des Wohlstands

Nordisch-Germanisch

Göttin: Vanadis – die Herrschende Ahnin vor dem Patriarchat und Odin; eine allwissende und allmächtige Göttin der grenzenlosen Attribute und Fähigkeiten

Gott: Odin – der Vatergott des Himmels, des Kriegs, der Magie, der Gerechtigkeit, des Gesetzes, der Runen, der Waffen, der Künste und des Wetters

Ozeanien

Göttin: Imberombera – die Schöpfergöttin

Gott: Große Regenbogenschlange – er/sie belebt alles Leben, ist bisexuell

Römisch

Göttin: Ceres – die Ewige Mutter der Zivilisation und des Ackerbaus; allwissend und -gebend

Gott: Jupiter – der Höchste Vater des Ackerbaus, des Ruhms und der Reichtümer; allwissend und -gebend

Heilige

Theresa von Lisieux: zur Erlangung der Fähigkeit, jedermann zu lieben

Wassermann
Elftes Haus
21. Januar bis 20. Februar
Ich träume

Schlüsselbegriffe: Umstände, die jenseits der eigenen Kontrolle zu liegen scheinen; Reinigung und Heilung; Einkommen durch Beschäftigung; empfangende Liebe; soziale Gruppen
Lektionen: die eigene Realität unter völlige Kontrolle zu schaffen
Bedeutungen: Beeinflussung von Freunden, Liebhabern und Verlegern; jede Verbindung mit dem gesellschaftlichen Leben, Gleichrangigen und Mäzenatentum durch Reiche; Reformen und Revolutionen; Beschäftigung mit Humanismus, Idealen und hohen Zielen; über die materielle, mentale und spirituelle Ebene hinaus suchen.

Assoziationen
Farbe: dunkles Metallblau
Tag: Samstag
Metall: Blei
Element: Luft
Planet/Planetenstunde: Saturn (Erde) und/oder Uranus (Luft)
Himmelsrichtung: Norden oder Nordosten (nach eigener Wahl)
Elemental: Gnome, Hobbits und Trolle
Symbol: Wasserträger
Tiere: alle Lebewesen, die sich zu sozialen Gruppen zusammenschließen, um Schutz oder Überleben zu gewährleisten
Edelsteine: Amethyst, schwarzer Feueropal, Diamant und opalisierter Turmalin
Duftstoff: Saturn – Schwarze Orchidee, Hyazinthe, Iris, Trichterwinde, Schlafmohn, Stiefmütterchen, Patschuli, Peyote und Weißwurz; *Uranus* – Kaffee, Echter Alant, Ginseng, Kolanuß, Leinsa-

men, Mandragora, Muskat, Granatapfel, Helonie, Bittersüßer Nachtschatten
Körperpartie: Fußknöchel, Waden und Beine

Gottheiten des Wassermanns
Hohe Ziele

Afrikanisches und haitianisches Voodoo
Göttinnen: die Erzulies, astrale Amazonen, die für Reformen und Befreiung kämpfen
Gott: Ogun, der Gott, der Hindernisse und Blockaden beseitigt und den Fortschritt in allen Lebenszielen und -anliegen ermöglicht

Engel
Cambiel/Gambiel/Tzakmaqiel: regiert den Wassermann
Kafziel/Orifiel/Zaphiel: regiert den Saturn und den Samstag

Keltisch-Walisisch
Göttin: Tailtiu – wird angerufen, um in einer ansonsten hoffnungslosen Lage friedliche Umstände und Wohlstand zu erlangen
Gott: Sucellus – bringt Erfolg in jeder ansonsten hoffnungslos erscheinenden Lage

China
Göttin: Kuan-Yin – im Wassermann gebraucht, um Mitgefühl und Barmherzigkeit herzustellen; löst Entbehrungen und Ängste auf, die den Weg des Erfolgs, des Friedens und des Glücks blockieren
Gott: Lei-King – spendet Gerechtigkeit, Genugtuung und Karma für jene, die dem sterblichen Gesetz entkommen sind, wodurch er die Hoffnungen und Bitten der Unschuldigen um Gerechtigkeit erfüllt

Ägypten
Göttin: Renenet – Spenderin des Schicksals und der Zukunft nach der Inkarnation
Gott: Shait – Gebieter über das Schicksal

Griechenland
Göttin: Themis – zuständig für das Gesellschaftliche; Ordnung von Versammlungen und dem kollektiven Unbewußten oder der Unbewußtheit jeglicher Gruppe (von drei oder mehr Menschen), Organisation, Stadt, Staat oder Nation
Gott: Äskulap – gebietet über Träume und Visionen

Indien
Göttin: Shakti – Spenderin von Frieden, Trost, Liebe und Harmonie; vertreibt Furcht und Sorge, wenn sie angerufen wird; verwandelt auch Schwäche in Stärke und Glück
Gott: Agni – reinigt und heiligt; entbietet jenen den Frieden, Trost und Vergebung, die danach streben

Japan
Göttin: Amaterasu – hier zur Herstellung von Frieden, Glück, Mitgefühl und Güte eingesetzt
Gott: Bishamon – im Zeichen des Wassermanns herrscht (und lehrt) er über die Lenkung des Schicksals

Indianisches und Lateinamerika
Göttin: Auchimalgen – bannt böse Geister oder Gedankenformen, die Zweifel, Furcht, Depression und Unglück hervorrufen
Gott: Bochicha – beherrscht alle Aspekte der Zivilisation; zivilisierter Umgang miteinander

Nordisch-Germanisch
Göttin: Nerthus – bringt Frieden, Harmonie, Gleichgewicht und Erfolg bei der Überwindung von Furcht oder Hindernissen, wo Sorge um Reichtum, Fruchtbarkeit und Hexerei vorhanden ist
Gott: Loki – im Zeichen des Wassermanns enthüllt, vereitelt und verdreht Loki die üblen Pläne oder Fallen anderer, die Ihre Hoffnungen, Ziele und gesellschaftlichen Angelegenheiten gefährden

Ozeanien
Göttin: Iberombera – in diesem Haus verleiht sie Frieden, Wohlstand, Ruhe in der Familie oder Zivilisation, während sie zugleich eine effiziente Kommunikation untereinander fördert
Gott: Gidja – beherrscht und manifestiert die Welt der Träume, der Hoffnungen und Ängste

Römisch
Göttin: Fortuna – die Göttin des Schicksals, des Glücks und aller Umstände jenseits des normalen Zugriffs
Gott: Jupiter – im Zeichen des Wassermanns erfüllt Jupiter Träume, Hoffnungen und Herzenswünsche

Heilige
Der Heilige Rosenkranz: Einsatz zur Verhinderung der Überwältigung durch Unheil

Fische
Zwölftes Haus
21. Februar bis 19. März
Ich vollende

Schlüsselbegriffe: geheime Feinde, große Tiere, alle Einschränkungen, Grenzen und Sorgen
Lektionen: allein gegen die Welt zu stehen und zu überleben
Bedeutungen: unnötige karmische Lektionen und Fesseln; geheime Träume, Ängste, Hoffnungen und Wünsche; das Verborgene, das Unsichtbare oder Unerwartete; das kollektive Unbewußte; Beziehung zu den Rollen und Strukturen der Gesellschaft; Selbstzerstörung, Abschottung, Verrat und Verlust; vergangene Leben und das Erkennen der eigenen Unsterblichkeit; Verschwörungen,

geheime Feinde, Spione, Intrigen und geheimnisvolle Erkrankungen.

Assoziationen

Farbe: Königsblau und -purpur
Tag: Donnerstag
Metall: Zinn
Element: Wasser
Planet/Planetenstunde: Jupiter oder Neptun (Wasser)
Himmelsrichtung: Osten oder Westen
Elemental: Nymphen, Sylphen und Undinen
Symbol: zwei Fische
Tiere: alle großen Wassersäugetiere oder Fische
Edelsteine: Blutstein, Koralle, Perlmutt und Perle
Duftstoff: Jupiter – Odermennig, Igelkolben, Klette, Kerbel, Chicoree, Löwenzahn, Schachtelhalm, Hauslauch, Mandragora, Eiche, Mahonienwurzel, Rotklee, Sonnenröschen, Salbei, Skabiose, Weißwurz und Wilde Jamswurzel. *Neptun* – Nordamerikanische Orchidee, Glatte Schildblume, Zitrus, Lobelie, Lotus, Meskal, Narzisse, Passionsblume, Wilder Hanf, Wilder Salat, Wilder Salbei und Wisterie
Körperpartie: Brustbereich, Füße, Gelenke (rheumatisch) und Zehen

Gottheiten der Fische

Beschränkungen

Afrikanisches und haitianisches Voodoo

Göttin: Oyé – Blockaden und Beschränkungen
Gott: Ochosi – Gefängnishaft und Beschränkungen

Engel

Barakiel/Barchiel/Vocatiel: beherrscht das Zeichen Fische
Zachariel/Zadkiel: beherrscht den Jupiter und den Donnerstag

Keltisch-Walisisch

Göttin: Epona – gebietet über alle Aspekte der Fürsorge, des Heilens und der Zähmung von Haus- oder Wildpferden

Gott: Nuada – schützt jene, die von geheimen Feinden bedroht werden

China

Göttin: Tien-Hou – Schutzpatronin der Seeleute sowie aller, die in Gefahr schweben

Gott: Yueh-Ta-Ti – Beschützer von Tieren und Menschen

Ägypten

Göttin: Isis – im Zeichen Fische vertreibt Isis Ängste, gibt Schutz und Überfluß, löst Rätsel und enthüllt Geheimnisse

Gott: Ptah – Einsatz zur Überwindung von Blockaden und Problemen durch schöpferische Kraft zum Neuanfang

Griechenland

Göttin: Hekate – wird im Zeichen Fische eingesetzt, um Schwierigkeiten, Furcht und Hindernisse zu durchbrechen

Gott: Eros – im Zeichen Fische kann Eros blinde Selbstaufopferung herbeiführen oder vernichten

Indien

Göttin: Tara – vertreibt die Furcht, vor allem die Furcht vor dem Tod; lehrt Selbstbeherrschung und die Erforschung des inneren Selbstes

Gott: Ganesha – beseitigt Lebenshindernisse

Japan

Göttin: Izanami – als Göttin sowohl des Bösen wie auch des Guten, ist sie eine Göttin der Unterwelt, die alles Unheil und alle Krankheit, die die menschliche Rasse heimsuchen, herbeiführen oder vertreiben kann

Gott: Sae-No-Kam – beschützt Männer vor jedem Unheil, vor allem unterwegs oder auf Reisen

Indianisches und Lateinamerika

Göttin: Mama Quilla – Beschützerin von (vor allem verheirateten) Frauen

Gott: Kurupira – ein gnomähnlicher Gott, der Tiere und Pflanzen vor Mißbrauch und Gefahr schützt

Nordisch-Germanisch

Göttin: Holda – sie kann das Schicksal, das Karma und das Unheil ändern; vernichtet auch Feinde, während sie Gefahr oder Völlerei entlarvt

Gott: Alegir – Schutzpatron der Seeleute; gebietet über alle Aspekte, die mit dem Meer zu tun haben

Ozeanien

Göttin: Hina – vertreibt und beherrscht alles, was Furcht, Alpträume, Traumata und Unruhe im Leben erzeugt; sie kann verborgene Feinde beseitigen und Gefahr abwenden

Gott: Tinirau – der Meister der Ozeane und Meere; alle Seelebewesen unterstehen seiner Herrschaft; Wale und Haie sind seine Boten

Römisch

Göttin: Proserpina – wird eingesetzt, um das Überleben zu sichern; beseitigt Hindernisse und Blockaden und schlägt verborgene Feinde, während sie einem in aussichtsloser Lage zum Sieg verhilft

Gott: Neptun – der Meeresgott; gebietet auch über Süßwasser und Schiffe, Pferde und Stiere

Heilige

Der Heilige Rosenkranz: für besonderen Schutz

Quiz zu Kapitel 3

1. Welche beiden astrologischen Häuser sind am besten zur Traumkontrolle geeignet?
2. Welche beiden Häuser sind am besten zur Beherrschung von Feinden geeignet?
3. Welches Haus wird am besten eingesetzt, um jene zu beeinflussen, die Macht über Sie ausüben?
4. Welches Haus ist für Tod und Steuern zuständig?
5. Welches Haus herrscht über Reichtum und Überfluß?

Antworten

1. Wassermann (Alptraum) und Schütze (Traumbotschaft)
2. Fische (verborgene Feinde) und Waage (offene Feinde)
3. Steinbock
4. Skorpion
5. Stier

4 Zodiakassoziationen und die Herstellung von Talismanen

Wie schon erläutert, gibt es zu jedem der zwölf Häuser des Zodiaks fünfzehn aufgelistete Assoziationen. Verwendet man mehrere dieser Assoziationen in einer Kombination miteinander, erhält man einen Talisman, der die Eigenschaften des Mutterhauses darstellt.

So würde man beispielsweise zur Herstellung eines Talismans, der Geld bringen soll, das Haus des Stiers verwenden, das über Gelddinge herrscht; dazu würde man wiederum die Informationen benutzen, die unter dem Zeichen Stier aufgelistet sind, wie unten beschrieben. Sinngemäß gilt diese Vorgehensweise natürlich auch für alle anderen Häuser des Zodiaks.

Farbe: Die erste Assoziation ist die Farbe. Um also einen Stier-Talisman oder einen solchen für alles, was in den Herrschaftsbereich des Stiers fällt, herzustellen, kann man ohne Bedenken die Farben Grün und Braun benutzen.

Tag: Die nächste Assoziation betrifft den günstigsten Tag für den Beginn Ihrer Talismanmagie. Im Falle des Stiers würde man am Freitag während der Venusstunde beginnen.

Metall: Bestimmen Sie das Metall, das Sie – sofern überhaupt – für die Herstellung Ihres Talismans verwenden wollen. In diesem Beispiel, in dem es um den Stier geht, wäre es reines Kupfer.

Nun fragen Sie sich wahrscheinlich, weshalb Sie reines Kupfer anstelle von Gold oder Silber verwenden sollen. Die Antwort liegt darin, daß Kupfer eben das Metall des Stiers, des Herrschers über das Geld, ist, während Gold dem Löwen zugeordnet wird. Der Löwe ist das Haus des Vergnügens und der Geburt, und nicht des Geldes. Je mehr

Sie darüber in Erfahrung bringen, um so leichter wird es Ihnen schließlich auch fallen, Talismane herzustellen, die sich beider Häuser bedienen, um gewissermaßen »Geld zu gebären«, doch fürs erste wollen wir uns auf einen Talisman für ein einziges Haus beschränken.

Elemente: Die meisten Menschen sind sich darin einig, daß die Welt mindestens vier Elemente enthält: Erde, Luft, Feuer und Wasser. Jedem dieser Elemente eignen individuelle Merkmale, die für die Magie und die Herstellung von Talismanen wichtig sind. Mit anderen Worten: Sie wissen, daß der Stier zwar einen Planeten hat, der in diesem Haus dominiert, aber daß diese Dominanz dem herrschenden Element der Erde unterworfen bleibt.

So geheimnisvoll und fremdartig Ihnen dies am Anfang auch erscheinen mag, so sollten Sie doch nicht verzagen. All das bedeutet lediglich, daß der Stier vor allem sehr geerdet und materialistisch ist, während seine Sekundäreigenschaft ein liebevolles, gütiges Wesen ist, wie es seinem Herrscherplaneten, der Venus, entspricht.

Diese Erklärung mag zwar Informationen bieten, mit denen Sie bereits vertraut sind, doch dafür gibt es einen guten Grund: Je mehr Sie in okkulten Begriffen zu denken lernen und je mehr Sie okkulte Logik anwenden, um richtig zu begreifen, weshalb irgend etwas so ist oder weshalb etwas funktioniert, um so weniger brauchen Sie diese scheinbar unzähligen Begriffe und Vorstellung auswendig zu lernen. Nur durch ein Verständnis der hinter dem Vorgehen liegenden Logik gelangen Sie schnell über das Novizenstadium hinaus und beginnen, ein natürliches Gespür für die magische Arbeit zu entwickeln. Als nächstes wollen wir kurz die vier Elemente besprechen.

Erde: Die Erde herrscht über alle physischen Bedürfnisse, Bequemlichkeiten und Freuden in Ihrer jetzigen Inkarnation.

Luft: Die Luft herrscht über alles, was mit Intelligenz, Denken und Kommunikation zu tun hat.

Feuer: Feuer regiert das Temperament, das Handeln und die Aggression. Seine Hauptfunktion besteht darin, alles, womit es in Berührung kommt, zu transmutieren oder zu verwandeln.

Wasser: Wasser ist die emotionale Welt und die innere Natur eines jeden von uns. Es herrscht über die Geheimnisse und das, was verborgen ist.

Herrscherplanet: Wie bereits erwähnt, steht der Herrscherplanet nachrangig hinter dem vorherrschenden Element. Durch die Verbindung dieser beiden gelangt man zu einem präziseren und gründlicheren Verständnis der Zuordnungen eines jeden Hauses des Zodiaks.

Die Planetensymbole selbst lassen sich allein oder in Kombination miteinander benutzen, um reine Planetentalismane herzustellen. Sie sind auch verschiedenen Tages- und Nachtstunden zur Ausführung magischer Arbeiten zugeteilt.

Indem Sie sich mit den Planeten und ihrer Bedeutung vertraut machen, wird Ihnen auch verständlich, welche Tages- oder Nachtzeit am besten für Ihre Magie geeignet ist. Dann werden Sie auch begreifen lernen, wie Sie die Planeten einsetzen können, um einander zu beeinflussen und dadurch kompliziertere Talismane herzustellen. Es folgt nun ein kurzer und einfacher Leitfaden für die jedem Planeten zugeschriebenen Eigenschaften.

☉ *Sonne:* Unschuldig, kindlich, vergnügt, verantwortungslos und tollkühn. Die Sonne wird verwendet, um neue Projekte zu beginnen und Männermysterien und -magie zu beherrschen.

☿ *Merkur:* Bildung und Denken. Effizient analysieren und kommunizieren.

♀ *Venus:* Liebevoll, sanft, kreativ, mitfühlend. Die Venus wird vornehmlich bei allen Unternehmungen eingesetzt, in denen es um schöpferisches Bemühen oder um das Herz geht.

☽ *Mond:* Der Mond regiert über die Frauenmysterien und -magie. Er ist empfänglich und intuitiv, der Planet der sanften und liebenden Mutter (einschließlich der Väter/Männer, die sich mit diesen Qualitäten identifizieren).

♂ *Mars:* Körperliche und athletische Wettbewerbe, Sport und alle Formen der Aggression. Die Amazone, der Krieger, sowohl offensiv wie defensiv.

♃ *Jupiter:* Ausdehnung und Wachstum. Geschäftsleben/Geschäftsleute, Politik/Politiker, Arbeitgeber und alle, die älter und/oder Ihnen gegenüber weisungsbefugt sind.

♄ *Saturn:* Saturn befaßt sich mit Schwierigkeiten, Blockaden, Hindernissen, Bürokraten und so gut wie allem, was im Leben zu Frustration oder Sperren führt.

♅ *Uranus:* Wissenschaftler, Erfinder und alles, was mit der modernen elektrischen oder mechanischen Hexerei zu tun hat.

♆ *Neptun:* Der Planet der Mystiker, Magier, Hexen, Zauberer und Spiritisten. Der Planet der Entdeckung, der zum Inneren und Höheren Selbst führt.

♇ *Pluto:* Der Verwandler, der Bewahrer der Geheimnisse des Lebens und des Todes. Pluto herrscht über große Gruppen, Obsessionen, Besessenheiten und Korruption, dazu über die geheimnisvollen Dinge, welche die Nacht durchstreifen.

Planeten und Häuser des Zodiaks

Beim Beispiel des Stiers als Haus des Reichtums bleibend, wollen wir nun einmal kurz der Frage nachgehen, wie jedes der Häuser den Stier beeinflussen würde. Im Haus des Stiers ist die Venus der primäre und herrschende Planet. Jeder andere Planet würde in diesem Haus unter den Einfluß der Venus fallen. Venus, »die Liebe zu ...«, würde jeden anderen Planeteneinfluß dominieren.

Sonne: Reichtum (Erde) erschaffen (Sonne) und seine Früchte genießen (Venus).

Merkur: Wissen um die Beschaffung (Merkur) von Geld (Erde) und die Freude daran (Venus).

Venus: Eine doppelte Venuskraft in diesem Haus erschafft keinen Zustand der Liebe zum Reichtum (Erde), sondern vielmehr eine Besessenheit, und aus diesem Grund wird davon auch abgeraten. So würde man nur den Geizkragen oder Pfennigfuchser erschaffen, jemanden, der nicht genug bekommen kann.

Mond: Emotionale Sicherheit (Mond) durch Reichtum (Erde) und die Freude (Venus), die diese mit sich bringt.

Mars: Die Liebe (Venus) des einzelnen zu einer körperlichen Betätigung (Mars) ist nun zu seinem Beruf und finanziellen Lebensunterhalt (Erde) geworden.

Jupiter: Jupiter verstärkt lediglich, was bereits existent ist. In diesem Fall wird die Liebe (Venus) und der Genuß am Geld (Erde) vergrößert (Jupiter).

Saturn: Beseitigung der Angst vor dem Versagen (Saturn) stellt einen glücklicheren, gesünderen und ausgeglicheneren Zustand (Venus) her, was zum Gedeihen (Erde) führt.

Uranus: Das Genießen (Venus) der Anerkennung durch Leistungen auf dem eigenen Tätigkeitsgebiet (Erde) durch Erfindung oder Wissenschaft (Uranus).

Neptun: Wohlstand (Erde) durch Hilfeleistung für andere (Neptun) und die persönliche Befriedigung (Venus), die dies Ihrem Leben verleiht.

Pluto: Genuß (Venus) am Reichtum (Erde) durch Umgang mit großen Gruppen (Pluto).

Planetenstunden: Durch Anwendung derselben Definitionen der Planeteneinflüsse können Sie auch die Tageszeit bestimmen, die für die Durchführung Ihrer Magie am besten geeignet ist.

Die üblichste Methode der Einteilung des Magiertages besteht darin, die Stunden von einem Sonnenaufgang bis zum nächsten durchzuzählen. Manche verwenden zwar auch die Zählung von Mitternacht bis Mitternacht, doch orientiert sich diese Zeiteinteilung an einer profanen Welt, und somit ist sie äußerst unpräzise für magische Zwecke.

Die erste Stunde nach Sonnenaufgang wird vom jeweiligen Tagesplaneten beherrscht. So regiert beispielsweise die Sonne die erste Stunde des Sonntags. Der Mond regiert die erste Stunde des Montags, und so weiter, die Woche durch. Außerdem beherrscht der Planet die achte, die fünfzehnte und die zweiundzwanzigste Stunde desselben Tages.

Zur Veranschaulichung nehmen wir wieder unser Beispiel vom Haus des Stiers und dem Planeten Venus. Hier würde man etwa den Freitag wählen, weil er, genau wie der Stier, von der Venus beherrscht wird. Auch die erste Stunde nach Sonnenaufgang wird, wie erwähnt, vom Planeten Venus regiert, so daß dies die beste Zeit zur Herstellung Ihres Talismans ist. Ebensogut könnten sie aber auch die achte, fünfzehnte oder zweiundzwanzigste Stunde dafür einplanen, falls Ihnen das frühe Aufstehen nicht liegen sollte. Das gleiche gilt sinngemäß für alle anderen Planeten an ihrem jeweiligen Wochentag.

Himmelsrichtung: Jedes Element hat eine ihm entsprechende Himmelsrichtung, in der man bei der Herstellung eines Talismans am förderlichsten arbeitet. Diese sind:

Erde = Norden; Luft = Osten; Feuer = Süden; Wasser = Westen

Elemental: Bei manchen Formen der Talismanherstellung kann die Energie oder die Hilfe eines Elementals erforderlich sein. Das Einsperren eines Elementals in den Talisman wird nur selten ausgeführt und auch dann nur zu außergewöhnlichen Zwecken. Die Geschichte von Aladins Wunderlampe ist ein gutes Beispiel für einen Talisman (die Lampe) mit einem darin eingesperrten Elemental.

Die Elemente Erde, Luft, Feuer und Wasser beherrschen, wie bereits erwähnt, jeweils eine bestimmte Himmelsrichtung. Ebenso regiert auch jedes Element einen besonderen Typ von Elemental:

Erde = Norden = Gnome und Trolle
Luft = Osten = Sylphen
Feuer = Süden = Salamander
Wasser = Westen = Undinen und Nymphen

Jede dieser einzelnen Gruppen verfügt über ein charakteristisches Energiemuster, und wenn diese Energie in Ihren Talisman kanalisiert wird, wird dieser dadurch korrekt aufgeladen.

Symbol: Symbole haben ihr eigenes, unverkennbares Schwingungsmuster; aus diesem Grund besitzt auch jedes Haus des Tierkreises ein eigenes Symbol, das ausschließlich in seiner Frequenz schwingt.

Wieder nehmen wir als Beispiel das Haus des Stiers, das von dem Bullen sowie dem Planeten Venus symbolisiert wird, so daß das Symbol des Stiers oder Bullen an einem Freitag während der Planetenstunde der Venus auf Kupfer oder Pergament gemalt oder eingraviert wird. Das gravierte Kupfer oder Pergament wird dann mit den Elementarmächten der Erde aufgeladen. Das Ergebnis ist ein mächtiger Talisman für Überfluß.

Tiere: Vor langer Zeit, wie auch in einigen schamanischen Religionen unserer Tage, wurden Krafttiere in magischen Riten verwendet. Sie wurden an Höhlenwände gemalt, auf den menschlichen Körper und auf Gegenstände von ritueller Bedeutung. Die Krafttiere wurden wegen ihrer Energie und ihres Einflusses zitiert, die sich auf die Menschen übertrugen. Diese Kräfte ließen sich daraufhin auf Menschen, Gegenstände oder Orte lenken, um auf diese Weise verschiedene Verwandlungen, Talismane und Kraftorte (heilige Orte) herzustellen.

Wer sich für die Nutzung von Krafttieren interessiert, sei darauf hingewiesen, daß in den Beschreibungen der Häuser Empfehlungen gegeben werden, welche Art von Tier mit diesem Haus zusammen am wirkungsvollsten eingesetzt werden kann. Da es so viele verschiedene Tierarten gibt, handelt es sich dabei lediglich um Vorschläge.

Wenn Sie Ihr Krafttier rufen, wird es Ihnen mitteilen, wo es in Anbetracht Ihrer Herkunft, Ihres Ziels sowie angesichts dessen, was für Sie am besten funktionieren dürfte, hingehört. Die Wege der Menschen unterscheiden sich alle etwas voneinander; seien Sie also nicht beunruhigt, wenn Ihr Nachbar ein Krafttier hat, das für ihn aus dem Norden kommt, während das gleiche Tier für Sie im Osten erscheint. Krafttiere berücksichtigen das Ungleichgewicht und die körperlichen Anforderungen des einzelnen, so daß das Krafttier, sollten Sie Energien aufrufen, die Ihnen schaden oder Sie überlasten könnten, aus der Himmelsrichtung zu Ihnen kommen kann, die für Sie die sicherste ist.

Wenn Sie Ihr Gleichgewicht erst einmal wiederhergestellt haben (vorausgesetzt, Sie haben es vorher verloren), wird das Krafttier sich wieder dort einrichten, wo seine besondere Energie am besten aufgehoben ist.

Edelsteine: Die zu jedem Haus aufgelisteten Edelsteine dienen einem zweifachen Zweck. Der erste ist ihr Wert in der Volksüberlieferung für die Heilung der in ihrem jeweiligen Heimathaus am häufigsten auftretenden Erkrankungen. Sie können also für Talismane eingesetzt werden, die speziell der Heilungsmagie geweiht sind.

Die zweite Funktion der aufgelisteten Edelsteine besteht darin, Ihnen auf ähnliche Weise wie die Krafttiere zu Diensten zu sein.

Duftstoffe: Bei den verschiedenen unter diesem Punkt aufgelisteten Duftstoffen und -ölen handelt es sich um jene, die am besten darauf abgestimmt sind, in ihrem jeweils zugeordneten Haus Einfluß auszuüben.

Körperteile: Dieser Abschnitt mit Assoziationen dient Ihnen zur Herstellung des richtigen Talismans zum Zwecke der Heilung und der Aussteuerung verschiedener Körperbereiche. Verwenden Sie diese Assoziationen zusammen mit den Krafttieren, Edelsteinen und Pflanzen.

Da man davon ausgeht, daß Krankheit durch ein Ungleichgewicht im Denken, im Gefühlsleben und in der Aura entsteht, dienen die aufgeführten Tiere, Edelsteine, Duftstoffe und Pflanzen dazu, dieses Gleichgewicht wiederherzustellen und die Heilung zu unterstützen.

Hier ist ein *Warnhinweis* angebracht. Talismanmagie und andere Formen spiritueller Heilung wirken von außen nach innen auf den Körper ein, während die physische Therapie eines kompetenten Heilberuflers sich in der Regel auf die körperlichen Folgen von Verletzungen oder Erkrankungen konzentriert.

Wir möchten diese Hinweise keinesfalls als Aufforderung mißverstanden wissen, im Krankheitsfall auf die Behandlung eines Heilberuflers zu verzichten. Geben Sie in allen gesundheitlichen Dingen der Vernunft und der Umsicht den Vorzug. Der menschliche Körper hat sowohl seine geistige als auch seine physische Seite, so daß beides der entsprechenden Fürsorge bedarf.

Pflanzen: Die verschiedenen, in dieser Liste aufgeführten Pflanzen besitzen überwiegend Heilkräfte und sind hervorragend zur Integration in Heilungstalismane geeignet. Die anderen haben eine Beziehung zu der dem jeweiligen Tierkreiszeichen zugeordneten Magie. Sie werden am besten zur Opferung oder zur Herstellung eines spezifischen Talismans verwendet, wie er dem dazugehörigen Haus entspricht. Und genau wie beim Krafttier läßt sich die Energie einer spezifischen Pflanze kanalisieren, um die eigene Arbeit damit zu fördern.

Götter und Göttinnen: Die hier aufgeführten Götter und Göttinnen stellen natürlich nur einen Bruchteil jener dar, die im Zuge der Geschichte in Erscheinung getreten sind. Wir haben nur einige der bekannteren Namen aufgegriffen und sie im jeweiligen ethnischen und regionalen Kontext aufgelistet, damit Sie sich jene aussuchen können, die zu Ihrem Glauben und Ihrer kulturellen Herkunft am besten passen. Die Anmerkungen zu jeder dieser Gottheiten sind zwar knapp gehalten, dürften Ihnen aber einen ungefähren Einblick in die Funktion des jeweiligen Gottes oder der entsprechenden Göttin gewähren. Die Listen können Ihnen auch dabei behilflich sein, den Glauben und den historischen Hintergrund anderer besser zu verstehen, indem Sie Ursprung und besondere Funktionen der verschiedenen Gottheiten nachschlagen.

Doch dienen die verschiedenen Gottheiten nicht nur dazu, sich über die spirituellen Glaubenssätze anderer zu informieren, ja, sie könnten eine weitaus größere Bedeutung für Sie besitzen, als Sie vielleicht vermuten. Einige davon, die einem anderen kulturellen Hintergrund entspringen als Sie selbst, könnten Ihnen beispielsweise dabei behilflich sein, Zugang zu einem früheren Leben zu finden. Es ist überhaupt nichts Ungewöhnliches, wenn ein Amerikaner afrikanischer Herkunft nur eine schwache Verbindung zu den Gottheiten Afrikas, dafür aber starke Beziehungen zu einer keltischen oder asiatischen Gottheit bei sich entdeckt. Ebenso kann sich ein Chinese oder Japaner im Umgang mit einer indianischen Gottheit wohler fühlen. Vergessen wir nicht, daß wir nur in dieser Inkarnation sind, was wir eben gerade sind. Der geistige Fortschritt wird nicht durch Rasse, Religion oder Geschlecht eingegrenzt.

Je weiter Sie auf Ihrem gewählten Lebenspfad kommen, um so mehr sind Sie dazu aufgefordert, über die Grenzen Ihres biologischen Erbes hinauszuschreiten. Das geschieht am besten dadurch, daß man mit aufgeschlossenem Intellekt so viele verschiedene Gottheiten der menschlichen Geschichte erforscht wie nur möglich. Dann werden Sie auch feststellen, daß die Menschen, die einst weibliche Gottheiten verehrten, anders lebten als jene, die männlichen Göttern dienten. Die Anhänger männlicher Gottheiten waren in der Regel eher Nomaden, die unentwegt Krieg gegeneinander führten (»Mein Gott ist stärker als dein Gott«).

Dagegen waren jene, die weiblichen Gottheiten folgten, in der Regel passiver, befaßten sich mehr mit dem Ackerbau und waren auch friedlicher (denn alle Göttinnen sind eins). Natürlich gibt es hier, wie überall, auch Ausnahmen, doch allgemein gesprochen trifft diese Beschreibung zu.

Wichtig ist hier das Stichwort »Aufgeschlossenheit«. Die Abwandlung des alten Sprichworts »Des einen Gott ist des anderen Teufel« ist nur zu wahr. Was in der einen Kultur als gütige Gottheit gesehen wird, kann nach der Eroberung durch eine andere plötzlich völlig gegenteilige Züge annehmen. Die Propaganda der zweiten Kultur ist meistens negativ, um die Bevölkerung dazu zu bringen, sich der Gottheit des Siegers zu unterwerfen. Die Geschichte ist voll von »guten« und »bösen« Gottheiten. Wenn Sie die Geschichte der »bösen« Gottheit etwas weiter verfolgen, stellen Sie vielleicht fest, daß der einzige Grund, weshalb diese Gottheit als »böse« bezeichnet wurde, darin bestand, daß sie in einem Krieg auf der Verliererseite stand. Vergessen Sie nicht, daß die meisten Geschichtsbücher von den Siegern geschrieben werden.

Quiz zu Kapitel 4

1. Nennen Sie die vier Grundelemente.
2. Das Element Erde herrscht über die Temperamente. J/N
3. Der Mond regiert die Frauenmysterien. J/N
4. Welche Himmelsrichtung regiert das Wasser?
5. Das Elemental des Feuers ist der Salamander. J/N

Antworten

1. Erde, Luft, Wasser und Feuer.
2. Falsch. Das Feuer regiert das Temperament; die Erde herrscht über alle physischen Bedürfnisse.
3. Ja.
4. Westen.
5. Ja.

Teil Drei

Geschichtliches

5 Die Geschichte der Talismane

Eine der frühesten uns bekannten Formen nichtverbaler Kommunikation zwischen Menschen waren symbolische Darstellungen von vertrauten Tieren, Insekten, Pflanzen und menschlichen Figuren, die gelegentlich auch mit Tierfellen geschmückt waren. Diese groben Abbilder stellten unsere frühesten Amulette und Talismane dar, ob sie an Höhlenwände gemalt oder aus Knochen, Holz, Stein oder Horn geschnitzt wurden.

Manche Texte zum Thema sprechen über »Amulette«, »Zaubergegenstände« und »Talismane«, ohne zwischen diesen im einzelnen zu unterscheiden, dabei gibt es in Wirklichkeit einen sehr prägnanten Unterschied. Ein Amulett oder Zaubergegenstand wird in der Regel als Objekt definiert, das entweder am Körper getragen oder an der heimischen Wand befestigt wird und in erster Linie den Träger oder die Bewohner schützen soll. Das sind meistens »natürliche« Gegenstände, von denen man glaubt, daß sie Böses abhalten oder Wohlstand bringen können. Zwar trifft eine solche Definition auch auf Talismane zu, doch weist der Talisman noch eine weitere Eigenschaft auf, die ihn von den anderen unterscheidet. Ein Talisman ist ein Gegenstand (es kann auch ein Amulett oder ein Zaubergegenstand sein), der mit Energie belebt oder geweiht wurde, um eine bestimmte magische Funktion zu erfüllen. Er kann aus natürlichen oder eigens dafür angefertigten Mischgegenständen bestehen, aus Duftstoffen, Zeichen, Farben und Metallen, soll aber auf jeden Fall einem bestimmten Zweck dienen und nicht allein dem Schutz oder der Herbeiführung von Wohlstand. Die Zwecke, für die Talismane hergestellt werden können, werden allein durch die Vorstellungskraft und das Wissen des Magiers beschränkt.

Der Talisman ist mit Energie geladen, die der menschliche Geist freigesetzt hat. Die Energien werden aus universalen oder irdischen Quellen kanalisiert, sie können von Gottheiten oder Engeln stammen, von Planeten oder Elementalen, oder auch daher, daß sich ein menschlicher Geist (oder mehrere) während einer rituellen Zeremonie darauf konzentriert.

Wenn wir den Ergebnissen der Archäologie folgen, läßt sich feststellen, daß der Ursprung der Symbolik und ihr Gebrauch bei der Herstellung von Talismanen in der Vorgeschichte der Zivilisation begann, als der erste Höhlenmensch das Bedürfnis verspürte, seine Umgebung durch geistige Mittel zu beeinflussen.

Die wissenschaftliche Deutung archäologischer Funde wie Höhlenmalereien, weiblichen Figurinen und geschnitzter Karikaturen hat uns zu dem Schluß geführt, daß diese Gemälde und andere Funde nicht nur Werke der Kunst darstellten, sondern auch magische und religiöse Bedeutung hatten. Das häufigste Beispiel dafür sind die vielen Statuetten, die weltweit gefunden wurden und die zumeist weibliche Darstellungen sind, die für die »Mutter Erde« oder die »Muttergöttin« stehen.

Tiere, Pflanzen, Steine, Gebirge, Flüsse und Seen, die Sonne, die Sterne und Planeten, ja fast alles, dessen das menschliche Auge gewahr wurde, galten als belebt und von einem Geist bewohnt, der häufig die Gestalt einer Gottheit annehmen konnte.

Durch ein Ritual nahm man Kontakt zu dem Geist auf, um die Kooperation der darin wohnenden Gottheit zu gewinnen. Da es normalerweise unklug oder unpraktisch gewesen wäre, einem Tier Auge in Auge gegenüberzutreten oder einen Berg, einen Baum oder einen Fluß in den Wohnbereich zu befördern, stellte man Abbildungen her, um auf diese Weise einen praktischeren und/oder sichereren Zugang zum Geist der Gottheit zu erhalten.

Der geistliche Führer, ob man ihn nun Medizinmann oder -frau, Schamane oder wie auch immer nannte oder titulierte, vollzog meistens ein Ritual, durch das der Geist des Gegenstands zum Zwecke der Kommunikation in das Abbild gelockt werden sollte. Dann wurde um Erlaubnis gebeten, ihn zu töten, falls es sich um ein

Tier handelte, um sein Fleisch oder andere Teile, die für das Überleben des Menschen notwendig waren, zu verzehren; oder man bat den Geist des Gegenstands, von dem man annahm, daß er Gesundheit, Ernteertrag oder Sicherheit des Clans oder Stamms beeinflussen konnte, um eine Gabe.

Viele Menschengruppen haben sich seit der Urzeit bis zu den heutigen Indianerstämmen kollektiv und individuell nach Tieren oder Gegenständen benannt, die als einflußreich oder glückbringend galten.

Die Attribute der vergöttlichten Tiere, Pflanzen oder Gegenstände wurden von Individuen und ganzen Stämmen angenommen. Jedes Individuum oder jeder Stamm besaß einen eigenen persönlichen »Totem«, der ihn sein ganzes Leben lang beschützte. (Der »Totem« konnte entweder ein Amulett oder ein Talisman sein, abhängig davon, ob er »geladen« war oder nicht.) Häufig trug man einen Teil eines Totemtiers, beispielsweise einen Zahn, eine Feder oder einen Knochen am Leib, um dem Geist des Tiers nahe zu bleiben. Diese Totems wurden um Weisheit, Heilung oder Führung angerufen.

So hat sich durch alle Zeitalter, vom Höhlenmenschen bis zu den Sumerern, von den Babyloniern bis zu den Ägyptern der Glaube an die göttliche Belebtheit von Amuletten und Talismanen erhalten. In den Schöpfungsmythen der meisten Religionen gibt es zahllose Beispiele für den Gebrauch von Amuletten und Talismanen. Der Große und der Kleine Schlüssel Salomonis sind hervorragende Beispiele für noch heute verbreitete Talismane. Da sie in fast jedem Text wiedergegeben werden, der sich mit der Herstellung von Talismanen befaßt, wollen wir sie in diesem Buch nicht behandeln. Es gibt zahlreiche Artikel und Manuskripte, darunter auch ganz ausgezeichnete, die die Herstellung von Talismanen in großer Ausführlichkeit behandeln. Migene Gonzalez-Wippler weist in ihrem Buch mit dem Titel *The Complete Book of Amulets and Talismans*, 1991, darauf hin, daß einige der Anleitungen zur Weihung von Talismanen etwas übertrieben sind. Dann stellt sie die Frage, wer schon ein makelloses Kalb schlachten würde, nur um aus seiner Haut Jungfernpergament herzustellen.

Um auf diese Frage zu antworten, möchte ich meinem Zweifel daran Ausdruck verleihen, daß heutzutage irgend jemand so weit gehen würde, *weil es ganz einfach nicht erforderlich ist.* Der in diesem Buch beschriebene Zodiaktalisman macht all die komplizierten, zeitraubenden und umständlichen Vorbereitungen überflüssig, wie sie für die Herstellung alter Talismane erforderlich sind.

Die Herstellung von Talismanen nach Art des Königs Salomo kann Monate oder Jahre erfordern. Die komplizierten Zeichen und geometrischen Formen sowie die rituellen Vorgehensweisen sind schwer zu lernen und lassen sich im allgemeinen unmöglich präzise duplizieren, will man nicht ein zeitraubendes Studium und unendliche Geduld aufbieten. Unser Buch dagegen benutzt die Häuser des Zodiaks als Grundlage für vereinfachte Talismane, und so wollen wir auch dabei bleiben.

Wer sich vielleicht für Erdmagie oder Schamanismus interessiert und gern einen Tiertalisman herstellen möchte, wird das folgende Beispiel außerordentlich nützlich finden. Darin wählen wir ein Haus des Zodiaks aus, das jemandem auf besondere Weise helfen soll. Dazu werden wir den Namen oder das Bild eines tierischen Geisthelfers in das vorher bestimmte Haus zeichnen und ihn um Hilfe durch geistige Macht anrufen.

Gehen wir in unserem Beispiel einmal davon aus, daß jeder einen Menschen kennt (oder von einem solchen gehört hat), den man als »verzagt wie ein Mäuschen« bezeichnen kann. Das ist die Sorte Mensch, die praktisch von jedermann ausgenutzt zu werden scheint. Man hört ihn selten klagen, ebensowenig scheint er jemals etwas gegen diese Behandlung zu unternehmen.

Gehen wir ferner davon aus, daß dieses verschüchterte Individuum endlich aus seiner Rolle heraustreten und aggressiver und selbstsicherer werden will. Er oder sie ist es wahrscheinlich leid, ständig übersehen, unterbezahlt und für selbstverständlich gehalten zu werden und würde es vorziehen, beliebt und anerkannt zu sein, besitzt aber nicht die erforderliche Willenskraft, um das herbeizuführen.

Nun versetzen Sie sich bitte in die Lage dieser Person und suchen sich einen helfenden Tiergeist aus, der die erforderlichen Änderungen in Ihrem Leben herbeiführen soll. Für welche Art von Tier würden Sie sich entscheiden? In welchem Haus des Zodiaks würden Sie dieses Tier plazieren? Wie wäre es mit einem Bären? Oder einem Löwen? Nein! Keiner von beiden wäre für die Veränderung, um die es uns hier geht, geeignet. Obwohl Bär oder Löwe zwar Aggressivität vermitteln, würden andere Leute immer noch gegen jemanden vorgehen, der solche Merkmale aufweist.

Wie wäre es statt dessen mit einem Stachelschwein als tierischer Helfer? Denken Sie doch einmal einen Augenblick darüber nach. Ein Stachelschwein geht meistens dorthin, wo es ihm beliebt, tut im Prinzip alles, was es möchte, und wird auch nicht von allzu vielen anderen Tieren daran gehindert. Es hat ein durchsetzungsfähiges Temperament und seine Stacheln sind spitz. Es braucht gar nicht laut oder prahlerisch aufzutreten, um zu bekommen, was es will. Die Menschen bekämpfen meistens das, was sie selbst sind. Ein Stachelschwein bekommt seinen Willen durch den Respekt gegenüber seiner Beharrlichkeit und seiner verspielten und liebevollen Einstellung. Und genau das ist es auch, was hier gefordert ist.

Als nächstes müssen Sie festlegen, welches der Häuser des Zodiaks die Eigenschaften darstellt, die Sie sich aneignen wollen. Das Haus der Jungfrau, des Arbeitgebers, würde genügen, wenn Sie nur die Beziehung zu Ihrem Chef oder Ihren Kollegen verbessern möchten. Man könnte auch das Haus des Steinbocks nehmen, da es für berufliches Fortkommen zuständig ist.

Indem Sie das Stachelschwein in einem oder beiden dieser Häuser plazieren, stellen sie einen Talisman her, der die Signatur (die einzigartige Schwingung) dieses Tiers nutzt. Das bedeutet, daß Sie auch die Qualitäten annehmen, die das Tier zu bieten hat. Dadurch werden Sie liebevoller und hegen mehr Vertrauen, werden »entkrampfter«. Sie werden an Ihrer Umgebung mehr Gefallen finden, ebenso an den Menschen, mit denen Sie zusammenarbeiten. Sie werden Ihre eigene Macht spüren und in Ihrem Berufsumfeld ein »Revier« aufbauen.

Wer den Fehler begehen sollte, Ihnen in die Quere zu kommen, wird es bereuen. Sie werden dazu fähig sein, spitz, schnell und leise zu kontern, bis keinerlei Freiraum mehr für Einwände oder Flucht besteht. Das ist die Macht des Stachelschweins.

Wir hätten in diesem Beispiel ebensogut auch eine der anderen Naturkategorien einsetzen können. Vielleicht eine Wespe, um eine wunderbare Figur zu bekommen, oder eine Rose, um erotisch interessanter zu werden. Doch sollten Sie eine Rose zur Steigerung der erotischen Anziehungskraft wählen, hüten Sie sich vor den Dornen. Eine Rose ohne Dornen ist zwar romantisch und erotisch, aber viel zu verwundbar. Ein Diamant ist dazu da, beschützt und wertgeschätzt, nicht aber um respektiert zu werden. Ihre Wahl sollte sich also nach dem gewünschten Ergebnis richten.

Versäumen Sie es nicht, die Attribute sämtlicher Häuser des Zodiaks mehrfach durchzulesen. Es ist sehr wichtig, die Schlüsselbegriffe, die Lektionen und die Sinninhalte zu verstehen, wenn man das Gesamtbild in den Griff bekommen will. Die Farben, Wochentage, Metalle, Elemente, Planeten, Planetenstunden, Himmelsrichtungen, Elementale, Symbole, Tier, Edelsteine, Düfte, Pflanzen und Gottheiten sind alle mit den Schlüsselbegriffen, Lektionen und Sinninhalten verbunden. Indem Sie die Assoziationen verschiedener Häuser mischen und aufeinander abstimmen, wobei Sie immer auf der Grundlage ihrer einzelnen Attribute handeln, können Sie die ausgefeiltesten Talismane herstellen, die man sich nur denken kann – genau jene, die exakt Ihrem Ziel angepaßt sind. Was Geisthelfer angeht, so ist die Auswahl schier unerschöpflich.

Quiz zu Kapitel 5

1. Der Akt der »Energetisierung« unterscheidet Talismane von gewöhnlichen Zaubergegenständen und Amuletten. J/N
2. Die Höhlenkunst der Urzeit ist nur kindisches Geschmiere. J/N
3. Der Große und der Kleine Schlüssel Salomonis diente zur Öffnung des Waschzimmers des königlichen Hofmarschalls. J/N
4. Tiergeister können Ihnen in Ihrem Leben behilflich sein. J/N
5. Das Verständnis um die Eigenschaften aller Häuser des Zodiaks ist wichtig für das Begreifen des magischen Gesamtbilds. J/N

Antworten

1. Ja.
2. Nein. Prähistorische Kunst hat eine tiefe magische und religiöse Bedeutung.
3. Nein. Es sind alte Talismane, die noch heute beliebt sind.
4. Ja.
5. Nein. Sie stellen ein unverzichtbares Element für das Gesamtverständnis um die eigene Schicksalslenkung dar.

6 Die Geschichte der Symbole

Wie im vorigen Kapitel erläutert, war eine der frühesten Formen nichtverbaler Kommunikation des Menschen das Piktogramm oder Symbol. Ein umgedrehtes V, um einen Berg darzustellen, eine Reihe von Wellenlinien als Darstellung des Wassers, oder eine menschliche Gestalt mit Speer in der Hand, in der Nähe ein Bär, um anzuzeigen, daß der Mensch sich auf der Jagd befand, sind Beispiele für Piktogramme.

Ein Piktogramm ist ein Abbild von etwas Beobacht- oder Fühlbarem. Ein Symbol, so definiert es *Webster's New Universal Unabridged Dictionary,* ist »ein Zeichen, mit dem ein anderes impliziert wird ...« und »etwas, das für etwas anderes steht oder es darstellt«. Ein Piktogramm (*Petrogramm,* wenn es auf Fels gemalt oder eine *Petroglyphe,* wenn es in Fels gehauen wurde) ist ein einfaches Symbol oder eine Reihe von Symbolen, Zeichnungen, Abdrucken, Repliken oder Gesten, die eine Botschaft vermitteln. Im allgemeinen überwinden sie Sprachbarrieren, da die meisten Symbole universell sind. Wenn Sie in ein fremdes Land kämen, dessen Sprache Sie überhaupt nicht kennen, könnten Sie sich dennoch mit Hilfe symbolischer Gesten mit den Händen und mit Zeichnungen verständlich machen.

Symbole können so schlicht sein wie ein gezeichneter Pfeil als Richtungsanzeige oder so kompliziert wie das Alphabet. Während Sie die Worte auf dieser Seite lesen, kommunizieren wir mit Ihnen durch Symbole. Möglicherweise verstehen Sie nicht alle Symbole, wenn sie in einer Fremdsprache niedergeschrieben sind, denn die hier verwendeten Symbole sind nicht universell. Es handelt sich um die Schriftsymbole der deutschen Sprache.

Nehmen wir einmal als Beispiel das deutsche Wort BÄR. Nehmen wir ferner an, daß ich anstelle der Schriftsymbole B Ä R ein Symbol verwendet hätte, das wie ein gezeichneter Bär aussieht. Dann würden Sie, gleichgültig, welche Sprache Sie sprechen oder verstehen, wissen, was ich gemeint habe. So haben sich zweifellos auch die frühen Menschen verständigt, bevor die gesprochene Sprache entwickelt wurde. Damals hat Org dem Morg einen gezeichneten Bär gezeigt und dabei den Speer gehoben. Dann wußte Morg, daß Org auf Bärenjagd ausziehen wollte.

Seit jener Zeit, als Org das erste Piktogramm oder Symbol des Bären zeichnete, bis zur heutigen Version des Org, der sein Automobil durch den Stau der Hauptverkehrszeit lenkt, ist unser Leben von Symbolen überflutet worden.

Die alte, unter dem Begriff »Keilschrift« bekannte Schreibform der Assyrer und Babylonier war der Abkömmling einer noch früheren Symbolschrift, die tausend Jahre zuvor von den Sumerern entwickelt wurde. Diese keilförmigen Piktogramme konnten von den Archäologen entziffert werden, da diese die Sprache der Symbole beherrschten. Indem wir die Geschichte der menschlichen Schrift und Malerei studieren, erwacht das frühere Leben sehr viel leichter aufs neue, als wenn wir nur alte Knochen und Feuersteinmesser untersuchen.

Die nächste Entwicklungsstufe nach dem Piktogramm war das Ideogramm. Die Umwandlung von Piktogramm zu Ideogramm verlangte etwas mehr Vorstellungskraft und Intelligenz vom Leser, darüber hinaus auch einen Konsens der Gesellschaft oder des Stamms über die zusätzlich definierten Bedeutungen.

Das Ideogramm fügt dem schlichten Piktogramm ein allgemeineres Konzept oder Attribut hinzu. Wenn ein Plakat beispielsweise das Bild einer Zigarette zeigt, so wird damit nur eine Zigarette assoziiert; zieht man aber einen Kreis um sie herum und legt man ein X in den Kreis über diese Zigarette, so begreifen wir, daß hier »Rauchen verboten« gilt.

In *What's in a Word?* (1968) weist Professor Mario Pei darauf hin, daß Ideogramme in den ägyptischen Hieroglyphen eine große Rolle spielten. Das hieroglyphische Piktogramm, das ursprünglich einen alten, gebeugten Mann zeigte, der sich auf einen Stock stützte, bedeutete als Piktogramm nur »alter Mann«, doch wurde daraus schließlich das Ideogramm für »altern«, »gebrechlich« oder »aufstützen«.

Der Magier, der die stärkstmöglichen Talismane herstellen will, muß auch die Sprache der Symbole beherrschen. Symbolische Zeichen, die auf einen Talisman aufgetragen werden, verstärken diese um ein Vielfaches.

Damit wir die Sprache der Symbole verstehen lernen, müssen wir ihren Ursprung noch weiter erforschen. Wie bereits erwähnt, benutzte der Mensch der Frühzeit Symbole, die verschiedene Tiere, Pflanzen und geographische Orte darstellten, um mit ihrer Hilfe zu kommunizieren. Ebenso brauchte er eine Möglichkeit der Kommunikation mit seinen Göttern. Zweifellos war er der Auffassung, daß eine symbolische Darstellung der Gottheit genügen würde. Doch mit zunehmendem Wissen entwickelte sich auch seine Religion immer weiter, bis er eine etwas abstraktere Möglichkeit und Form benötigte, um Kontakt zu den Gottheiten herzustellen: Er brauchte magische Symbole.

Wiederum Professor Mario Pei (1968) folgend, wurden die Menschen immer beschäftigter und bedurften einer einfachen Möglichkeit, ein kompliziertes Konzept zu vermitteln. Anstatt das Bild eines Manns oder einer Frau zu zeichnen, entwickelte ein Schreiber ein Symbol, das einen Menschen zeigte. Das wurde zu einer nützlichen Abkürzung bei der Entwicklung schriftlicher Kommunikation.

Es gibt zwei allgemeine Arten von Symbolen: das natürliche und das künstliche Symbol. Natürliche Symbole leiten sich in der Hauptsache von der Betrachtung natürlicher Gegenstände ab, die bestimmte Folgerungen oder Überlegungen herbeiführt. So ist beispielsweise ein Berg ein natürliches Symbol. Er vermittelt Stärke, Herrlichkeit und Macht.

Das künstliche Symbol dagegen wird erschaffen, um Glaubensinhalte, Wahrnehmungen und Konzepte darzustellen, die dem Geist des Menschen entsprungen sind. Ein Beispiel dafür wären die Bausymbole, wie man sie auf einem Gebäudegrundriß findet. Für den Laien mögen sie zwar unentzifferbar sein, aber dem ausgebildeten Bauingenieur sind sie eine ebenso vertraute Kommunikationsform wie die Alltagssprache.

Die symbolische Sprache des Magiers stellt eine Kombination aus natürlichen und künstlichen Zeichen (mystischen Symbolen) dar, die im Laufe der Zeit von intelligenten Männern und Frauen entwickelt wurden.

Wie ist das geschehen? Der Lehre der Rosenkreuzer zufolge haben ebendiese Männer und Frauen die Natur studiert und beobachtet, um ihrem wahren Wesen auf die Spur zu kommen. Sie blickten auch zum Himmel empor und zur Erde hinunter.

Sie stellten fest, daß dann, wenn bestimmte Dinge immer und immer wieder geschehen, auch bestimmte Bedingungen gegeben sind. Der Mensch entdeckte, daß die Erscheinungen von grundlegenden, einheitlichen Bedingungen abhingen. Diese einheitlichen Bedingungen sind die Gesetze, die unwiderruflichen Kosmischen Wahrheiten.

Diese Naturgesetze bildeten im Geist der Menschen Symbole, mit denen Ereignisse definiert wurden. Sie erkannten, daß die in einem Naturgesetz wahrgenommene Bedeutung im Geist ihr eigenes Symbol erschuf.

Es gibt viele Beispiele für wahre mystische Symbole. Das Allsehende Auge, der Stern oder das Pentakel, das Dreieck, der Kreis und andere geometrisch vollkommene Formen, das Kreuz, die Runeninschriften, die Trigramme und Hexagramme des I Ging und die Bilder des Zodiaks sind nur einige wenige von ihnen.

Für wahre mystische Symbole gibt es daher keinen Ersatz. Ein mystisches Symbol ist die reine Gedankenform des Kosmischen Gesetzes selbst. Sprachen, Sitten und Regierungen mögen wechseln und sich ändern, alte Darstellungen mystischer Symbole jedoch bleiben für alle Zeiten intakt, weil sie auf unumstößlichen Gesetzen des Universums beruhen.

Quiz zu Kapitel 6

1. Eine der frühesten Formen nichtverbaler Kommunikation zwischen Menschen war das Ideogramm. J/N
2. Was ist der Unterschied zwischen Piktogramm, Petrogramm und Petroglyphe?
3. Keilschrift ist eine Schreibform, bei der keilförmige Piktogramme verwendet werden. J/N
4. Es gibt Ersatzmittel für wahre mystische Symbole. J/N
5. Wodurch ergänzt ein Ideogramm ein Piktogramm?

Antworten

1. Nein. Das Piktogramm.
2. Ein Petrogramm ist ein auf Stein gemaltes Piktogramm, während eine Petroglyphe ein in den Fels gehauenes Piktogramm ist.
3. Ja.
4. Nein.
5. Durch ein allgemeines Konzept oder eine Grundeinstellung, die von der Gesellschaft auf breiter Basis akzeptiert ist.

7 Die Geschichte der Numerologie und der Alphabete

Die alten Chaldäer, Ägypter, Griechen, Römer und Chinesen sowie die anderen hochentwickelten, fortgeschrittenen Zivilisationen der Araber, Afrikaner, Hebräer und Japaner sahen in der Numerologie das Studium der Schwingung der Zahlen. Alle zivilisierten Völker haben im Rahmen ihrer Mathematik, Religion, Magie und Wissenschaft Zahlen studiert.

Einige der ältesten Talismane der bekannten Geschichte wurden entweder auf Zahlen aufgebaut oder bestanden selbst aus solchen. Es ist daher nur logisch, daß ihr Gebrauch beim Zodiaktalisman eine wichtige Rolle spielt.

Pythagoras hat die Numerologie einst zusammengefaßt, indem er sagte: »Alles ist nach den Zahlen ausgerichtet.« Er glaubte, daß alle Dinge Zahlen seien und daß die Elemente der Zahlen zugleich die Elemente aller Dinge darstellten.

Auf dieser Zusammenfassung aufbauend, können wir feststellen, daß jede Zahl eine Schwingungsfrequenz darstellt, so wie alles im Universum seine eigene, einzigartige Frequenz aufweist.

Zahlen gelten als das primitivste Ordnungselement im menschlichen Geist, und es heißt, daß das Unterbewußte sie als Ordnungsfaktor (C. G. Jung) benutzt. Unsere Gedanken werden mit Hilfe von Sprachen vermittelt, die wiederum auf Zahlensymbolik basieren. So sind die Zeichen des Alphabets und die Zahlen eng miteinander verwoben.

Jahrhundertelang glaubte man, daß der Name eines Individuums Macht enthält oder dessen Eigenschaften bezeichnet. Bei alten Völkern geschah es häufig, daß man Kindern zwei Namen gab. Der eine galt für die engere Verwandtschaft, der andere für den Clan, den Stamm oder die Gesellschaft, in denen sie lebten. Häufig gab es auch noch einen dritten Namen, den das Kind erhielt, nachdem es erwachsen geworden war oder damit begonnen hatte, Magie zu praktizieren.

Dieser dritte Name war ein streng gehütetes Geheimnis, denn es hieß, den »wahren« Namen eines Wesens zu kennen bedeute, zugleich Macht darüber zu erlangen. Es scheint, als habe man in jeder Kultur und jedem dem Menschen bekannten magischen System daran geglaubt.

So haben beispielsweise die Gnostiker im Glauben daran sehr viel Zeit auf den Versuch verwandt, die vielen alten und geheimen Namen »Gottes« mit Hilfe der Numerologie zu ermitteln. Sie waren davon überzeugt, daß dies ihnen die Macht über die Gottheit verleihen würde, die sie für ihre eigenen Ziele nutzen könnten.

Diese Vorstellung der Gnostiker baute auf jener der Phönizier auf, die im zweiten Jahrtausend vor Christus als erste die Alphabetschrift entwickelten. Die Griechen lernten sie von ihnen und verbreiteten sie über den Rest der Welt.

Auf der nächsten Entwicklungsstufe begann man, Zahlen mit Hilfe von Buchstaben zu schreiben. Griechen, Araber, Juden und Syrer taten dies, indem sie jedem Buchstaben ihres jeweiligen Alphabets einen Zahlenwert verliehen, wodurch jedes Wort oder jede Buchstabenkombination eine numerische Gesamtsumme erhielt. Das war die Grundlage der mystisch-religiösen Doktrin der *Gematria* der Kabbalisten und der *Isopsephia* der Griechen und Gnostiker. Wie oben erläutert, benutzten die Gnostiker diese Methode, um die wahren Namen Gottes festzustellen.

Bei der Anfertigung symbolischer Interpretationen und Berechnungen zur Bestimmung der Zukunft befolgten Kabbalisten, Christen und Muslime dieselbe Prozedur. Sie liegt auch der Traumdeutung und der Talismanherstellung zugrunde.

Daraus läßt sich schließen, daß der Gebrauch von Zahlen oder Alphabetzeichen bei der Herstellung von Talismanen zum selben Ergebnis führen wird. Jeder Zahl entspricht ein Buchstabe, so daß beide dieselbe Variation und Ursprungsbedeutung haben.

Diese Schwingungen ziehen das an, wofür sie stehen. Indem wir eine bestimmte Zahl oder einen Buchstaben aussuchen, erschaffen wir bewußt eine neue Energie in unserem Leben. Das ist eine andere Möglichkeit, einen Talisman herzustellen. Tatsächlich können Sie drastische Veränderungen in Ihrem Leben herbeiführen, indem Sie Ihren Namen ändern, die Schreibweise Ihres bisherigen Namens, oder indem Sie sich eine Adresse oder ein Autonummernschild aussuchen, die die für Sie richtige Schwingung aufweisen.

Es folgt nun ein Beispiel für die Beziehung zwischen Zahlen und Buchstaben, ähnlich jener, wie sie die alten Hebräer verwendeten.

1	2	3	4	5	6	7	8	9
A	B	C	D	E	F	G	H	I
10	20	30	40	50	60	70	80	90
J	K	L	M	N	O	P	Q	R
100	200	300	400	500	600	700	800	
S	T	U	V	W	X	Y	Z	

In unserem Beispiel würde also die Zahl 45 als »ME« geschrieben. Gott ließe sich dann als 7 + 60 + 200 + 200 = 467 schreiben.

Die (exoterische) pythagoräische Methode

Diese Methode ist die im Westen verbreitetste, und sie enthüllt nur das, was offensichtlich ist, nicht aber das Verborgene.

1	2	3	4	5	6	7	8	9
A	B	C	D	E	F	G	H	I
J	K	L	M	N	O	P	Q	R
S	T	U	V	W	X	Y	Z	

Alphabet- und Zahlenentsprechungen

Null oder 0:	Inkubation, Formung, noch nicht manifest;
A, J, S, 1:	neue Seele, Geburt, Wiedergeburt, Anfang;
B, K, T, 2:	Gleichgewicht, Eheschließung, Vereinigung, Pubertät;
C, L, U, 3:	Ergebnis, Kinder, Frucht der Arbeit;
D, M, V, 4:	Fundament, Stabilität, Stagnation, Langeweile;
E, N, W, 5:	Verwandlung, Bewegung, Wachstum, Fließen;
F, O, X, 6:	Aufseher, Familie, Arbeiter;
G, P, Y, 7:	Spiritualität, Verständnis;
H, Q, Z, 8:	Erfolg, der Geschäftsmann;
I, R, 9:	Humanist, Reformator, Weiser.

Die (esoterische) chaldäische Methode

Die chaldäische Methode der Numerologie gilt allgemein als genauer als die pythagoräische, weil sie das Verborgene offenlegt, die okkulte oder metaphysische Grundlinie des Schicksals, wie es im Charakter einer Person enthalten ist.

Diese Methode wurde von den Chaldäern entwickelt, die vor vielen Jahrhunderten das südliche Babylonien bewohnten. In seinem Buch *Numbers and You* (1980/87) stellt Lloyd Strayhorn fest, daß »... das Volk der Chaldäer für seine Beiträge zur Astronomie, zur Mathematik und zu anderen Wissenschaften, vornehmlich zur Astrologie und Numerologie, weit bekannt wurde. Diese galten als so versiert in den metaphysischen Künsten, daß ihr Name synonym mit solchen Studien wurde.«

Strayhorn schreibt ferner: »Alle Zahlen, ob sie nun unter diesem oder dem pythagoräischen System betrachtet werden, weisen prinzipiell dieselbe Bedeutung, dieselben Symbole, dasselbe Grundwesen und dieselbe Zeichnung auf.«

1	2	3	4	5	6	7	8
A	B	C	D	E	U	O	F
I	K	G	M	H	V	Z	P
J	R	L	T	N	W		
Q		S		X			
Y							

In der chaldäischen Methode verläuft die Zahlenreihe von eins bis acht. Die Zahl neun galt als heilige oder göttliche Zahl und wurde deshalb nicht verwendet.

Wenn Sie die pythagoräische oder die chaldäische Methode anwenden wollen, schreiben Sie ein Geburtsdatum und einen Namen auf wie folgt:

Geburtsdatum:	02 (Tag)		Mai (Monat)		1955 (Jahr)		
	2	+	5	+	20	=	27 = 9

Nun betrachten Sie die Geburtszahl dieses Beispiels. Die Zahl neun zeigt im pythagoräischen System das Schicksal an, während der Tag der Geburt, zwei, im chaldäischen System die Persönlichkeit und andere Faktoren darstellt.

Pythagoräisch

K A L A
2 + 1 + 3 + 1 = 7

P A J E O N
7 + 1 + 1 + 5 + 6 + 5 = 25 = 7

7 + 7 = 14 = 5

Geburtszahl = 9; Namenszahl = 5

Die Welt sieht Kala Pajeon als Zahl fünf, also als ein sich wandelndes, wachsendes Individuum. Die einzelnen Namen ergeben als Quersumme jeweils eine Sieben: Spiritualität und Verständnis. Die Geburtszahl neun offenbart ihr Schicksal als Humanistin, Reformerin und Weise. Behalten Sie bitte im Auge, daß es sich bei der pythagoräischen Methode um eine exoterische handelt, also um die Sicht der äußeren Persönlichkeit, so wie Sie Kala sehen würden, wenn Sie ihr begegneten.

Chaldäisch

K		A		L		A								
2	+	1	+	3	+	1	=	7						
P		A		J		E		O		N				
8	+	1	+	1	+	5	+	7	+	5	=	27	=	9

7 + 9 = 16 = 7

Geburtszahl = 2; Namenszahl = 7

Im chaldäischen System erkennen wir die innere oder esoterische Kala. Der erste Name ergibt die Quersumme sieben: Spiritualität und Verständnis. Der Familienname ergibt die Quersumme neun: Humanistin, Reformerin und Weise. Beide Namenszahlen zusammen ergeben sieben. Die Geburtszahl zwei offenbart eine ausgewogene Vereinigung im Leben.

Indem wir sowohl mit dem exoterischen (pythagoräischen) und dem esoterischen (chaldäischen) System der Numerologie eine Person, in diesem Beispiel Kala Pajeon, betrachten, können wir feststellen, ob die innere Persönlichkeit auch dieselbe ist wie jene, als die die Außenwelt sie sieht. In unserem Beispiel stellt sich heraus, daß Kalas innere und ihre von außen betrachtete Persönlichkeit dieselbe sind.

Da es auf der Welt so viele verschiedene numerologische Systeme gibt, haben wir eine allgemeine Bedeutung für jede Zahl von null bis neun aufgelistet, die sich an den gängigsten Assoziationen der Mehrheit aller Systeme orientiert. Sie sieht folgendermaßen aus:

0: Inkubation, unmanifestiert, sich ausbildend, Jahr;
1: neue Anfänge, Geburt, Beginn, ein Zugewinn;
2: Gleichgewicht, Harmonie, Vereinigung, Partnerschaften;
3: Produktivität, Nachwuchs, Schöpfung, Ergebnis;
4: solide Grundlage;
5: schnelle Veränderung oder Wandlung;
6: Heim, Arbeit, Familie, Stabilität und Organisation;
7: Spiritualität;
8: Erfolg;
9: Ende.

Doppelzahlen: Indem wir die Attribute der Einzelzahlen miteinander integrieren, erschaffen wir eine kombinierte Bedeutung. Die kombinierten Aspekte von eins und null beispielsweise erschaffen große Kraft. Hier ist etwas Wildes und Mächtiges dabei, sich zu manifestieren.

Als weiteres Beispiel nehmen wir die Zahlen drei und vier. Hier erschaffen oder produzieren wir eine solide Basis für ein bestimmtes Vorgehen.

Zusammenfassend möchten wir feststellen, daß es in diesem Kapitel nicht darum ging, die Numerologie zu erklären oder die gesamte Geschichte der Alphabete zu referieren. Vielmehr wollten wir den Leser in erster Linie darauf aufmerksam machen, daß Zahlen und Buchstaben mit einer besonderen, bestimmten Bedeutung schwingen. Als Talismane sind Zahlen und Buchstaben sehr einflußreich.

Wenn Sie Talismane mit unserem Zodiak-Arbeitsblatt herstellen, ist es wichtig, daß Sie in den mittleren Kreis alle Informationen schreiben, die Sie über eine Person, einen Ort oder einen Gegenstand zur Verfügung haben, die oder den es zu beeinflussen gilt. Beispiele dafür wären Geburtsdaten, Telefonnummern, Straßenadressen, Sozialversicherungsnummern, militärische Personenkennziffern, Führerscheinnummern und alles, was Ihnen sonst noch einfallen mag.

Es ist nicht erforderlich, diese Informationen auf dem Arbeitsblatt in numerologische Muster umzurechnen. Es genügt, daß Sie sie korrekt und ordentlich aufschreiben. Dann werden sie bei der Beeinflussung des Ergebnisses als Ganzes wirken.

Quiz zu Kapitel 7

1. Wem wird das Zitat »Alles ist nach den Zahlen ausgerichtet« zugeschrieben?
2. Den »wahren Namen« eines Menschen zu kennen, bedeutet, Macht über ihn zu haben. J/N
3. Zahlen und Buchstaben können mit demselben Ergebnis für Talismane benutzt werden. J/N
4. Die Chaldäer haben die Zahl neun in ihrem System der Numerologie nicht benutzt. Weshalb nicht?
5. Ist die pythagoräische Methode der Numerologie esoterisch oder exoterisch?

Antworten

1. Pythagoras.
2. Ja – den Numerologen und Okkultisten zufolge.
3. Ja.
4. Die Zahl neun galt als heilige oder göttliche Zahl und wurde deshalb nicht benutzt.
5. Exoterisch.

Teil Vier

Divinationssysteme

8 Das I Ging

Kurze Geschichte des I Ging

Das I Ging soll um zirka 3000 v. Chr. von Fu Hsi, einem legendären Kaiser und Heros Chinas, entdeckt worden sein. Irgendwann in der legendären Urzeit Chinas schlenderte Fu Hsi gerade am Ufer des Flusses Huang Ho entlang, als plötzlich vor ihm eine mythische Kreatur im Wasser erschien. Dieses Hyppogryph genannte Wesen soll halb Pferd, halb Greif gewesen sein. Als es sich aus dem Wasser hob und dem Kaiser den Weg versperrte, kehrte das Wesen ihm den Rücken zu und zeigte acht Trigramme, die in sein Hinterteil eingemeißelt waren.

Wie der Kaiser Fu Hsi die ursprünglichen acht Trigramme tatsächlich entdeckte, verliert sich im Dunkel der Geschichte und wird vielleicht niemals eindeutig bestimmt werden können. Man schreibt ihm die Benennung der Trigramme und die Zuweisung ihrer Attribute und Bilder zu. Wichtig ist für uns hier jedoch, daß er in ihnen Darstellungen der Tatsache erkannte, daß alle Dinge dem Wandel unterworfen sind, daher auch der Name »I Ging« oder »Buch der Wandlungen«.

Der Wandel ist das Fundament aller himmlischen und irdischen Angelegenheiten. Er liegt außerhalb des Zugriffs des Menschen, läßt sich aber beeinflussen. Wenn mit dem I Ging die Zukunft vorhergesagt wird, werden zugleich auch Entscheidungsmöglichkeiten angeboten. Die Zukunft hängt davon ab, was hinsichtlich einer vorhergesagten Situation unternommen wird.

Viele Gelehrte sind der Auffassung, daß es der König Wen (1171–1122 v. Chr.), der Gründer und Vater der Dschou-Dynastie (zirka 1111–249 v. Chr.), war, der die ursprünglichen acht Trigramme erweiterte und aus ihnen die vierundsechzig Hexagramme schuf.

Nach anderer Lehrmeinung war es der Herzog von Chou, der Sohn des Königs Wen, der die vierundsechzig Hexagramme mit Hilfe der Aufzeichnungen seines Vaters entwickelte. Mit diesen Aufzeichnungen wurde aus dem »Chou I« oder den »Wandlungen von Chou« eine umfangreiche Abhandlung. Nun ließ sich nicht nur feststellen, welche Probleme in der unmittelbaren Zukunft warteten, sondern auch, wie man sie am besten löste.

Die dem Konfuzius zugeschriebenen »Zehn Flügel« enthalten die ersten literarischen Kommentare zum I Ging. Wenn seine Verfasserschaft auch in Zweifel gezogen wurde, ist es doch unstrittig, daß Konfuzius in seinen späten Jahren ein Erforscher des I Ging war.

In moderner Zeit benutzte der anerkannte Psychiater C. G. Jung das I Ging und war von seiner Präzision überrascht. Wenn solch angesehene Gelehrte vom I Ging beeindruckt waren, kann es nicht verwundern, daß es heute eine weite Verbreitung gefunden hat.

Wie bei den meisten esoterischen Symbolen, die das geheime Wissen einer Zivilisation in sich bergen, wurde allerdings auch das I Ging hauptsächlich zu Zwecken der Divination verwendet. Doch wird man damit allein weder der Weisheit noch der Philosophie, die es zu bieten hat, gerecht.

Wie schon erwähnt, nehmen alle Symbole, vor allem jene, die über einen längeren Zeitraum Verwendung gefunden haben, die Energien oder Schwingungen der ihnen zugewiesenen Bedeutungen an. Schon aus diesem Grund kann das I Ging wirkungsvoll als Talisman verwendet werden, da jedes seiner Symbole ein spezifisches Konzept oder eine Idee verkörpert, die von Millionen von Meditierenden seit Tausenden von Jahren manifestiert wurde. Das macht sie zu einem sehr mächtigen Werkzeug.

Das chinesische I Ging besteht aus einer Reihe von vierundsechzig Hexagrammen. Grundlage des I Ging ist die Theorie, daß alles entweder aus männlicher oder weiblicher Energie beziehungsweise aus verschiedenen Kombinationen daraus besteht. Es ist ein System der Harmonie und Ausgewogenheit, symbolisiert durch Yin und Yang. Die Begriffe »negativ« oder »positiv« besagen somit nicht, daß

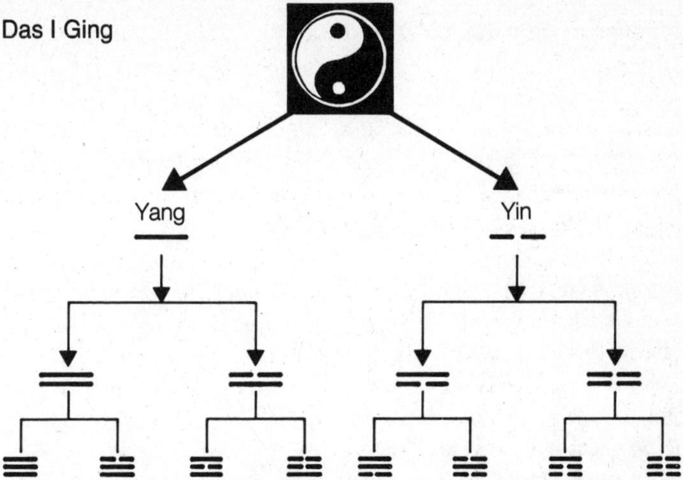

das eine besser oder höherwertiger wäre als das andere, sondern vielmehr, daß es sich um ein Paar einander exakt ausgleichender Gegensätze handelt, die sich als solche auch gegenseitig anziehen, um zusammen ein vollkommenes und vollständiges Ganzes zu erschaffen. Das eine ohne das andere führt zu Ungleichgewicht, und nur dann entsteht im Leben, im Körper oder im Denken Schaden.

Der Yao-Strich

Die Hexagramme des I Ging bestehen aus festen und durchbrochenen Strichen, die man als »Yao-Striche« oder »Linien«/»Balken« bezeichnet. Die für das »Yin« oder die »weibliche Energie« stehende Linie ist in der Mitte durchbrochen, während die für das »Yang« oder die »männliche Energie« stehende Linie fest oder durchgängig ist.

Yin oder weibliche Energie: Dunkel, passiv und still. Polarität: elektromagnetischer Minuspol (–).

Yang oder männliche Energie: Hell und aktiv. Polarität: elektromagnetischer Pluspol (+).

Die acht Grundzeichen

☰ **Ch'ien**

Symbol: Himmel
Schlüsselwort: kreativ
Farbe: Rot
Schlüsselbegriffe: Yang, große Kraft, Tat, Vernunft; starke Schöpfungskraft, Ausdauer, Festigkeit
Konnotation: Dauerhaftigkeit
Zugehörige Menschen: Herrscher
Element: Metall (Erde)

☱ **Tui**

Symbol: See
Schlüsselwort: Ekstase
Farbe: Weiß
Schlüsselbegriffe: Yang, Freude, Glückseligkeit, Sinnlichkeit, Sanftheit, Befriedigung
Konnotation: unvollständig
Zugehörige Menschen: junge Frauen
Element: Wasser

☲ Li

Symbol: Sonne
Schlüsselwort: Erleuchtung
Farbe: Purpur
Schlüsselbegriffe: Yang, Festklammern, Zähigkeit, Helligkeit, Schönheit, Eleganz, Intelligenz
Konnotation: Wahrnehmung
Zugehörige Menschen: Frauen mittleren Alters
Element: Feuer

☳ Chen

Symbol: Donner
Schlüsselwort: Tat (inspirierte)
Farbe: Gelb
Schlüsselbegriffe: Yang, Energie, Gewalt, Erwachen, Zittern, Durchführung, Erweiterung
Konnotation: Erregung
Zugehörige Menschen: Prominenz, Adel
Element: Holz (Erde)

Sun

Symbol: Wind
Schlüsselwort: Durchdringung (durch Größe)
Farbe: Grün
Schlüsselbegriffe: Yin, Gerechtigkeit, Sanftmut, Auflösung, Fortschritt, Zähigkeit
Konnotation: Ferne
Zugehörige Menschen: ältere Frauen, Geschäftsleute
Element: Holz (Erde)

K'an

Symbol: Wasser
Schlüsselwort: Vorsicht
Farbe: Dunkelrot
Schlüsselbegriffe: Yin, Instinkt, Furchtlosigkeit, Beschmutzung, Schwierigkeit
Konnotation: Gefahr
Zugehörige Menschen: Männer mittleren Alters
Element: Wasser

☶ Ken

Symbol: Berg
Schlüsselwort: Stille
Farbe: Gelb
Schlüsselbegriffe: Yin, Meditation, Zurückgezogenheit, Frieden, Ruhe
Konnotation: Gleichmut
Zugehörige Menschen: junge Männer
Element: Erde

☷ Kun

Symbol: Erde
Schlüsselwort: empfänglich
Farbe: Schwarz
Schlüsselbegriffe: Yin, Fruchtbarkeit, Erfüllung, Passivität, Hingabe, Geduld
Konnotation: Rastlosigkeit
Zugehörige Menschen: Durchschnittsmensch
Element: Erde

Die Trigramme werden entweder von unten nach oben oder von innen nach außen gelesen, wie in der Skizze dargestellt.

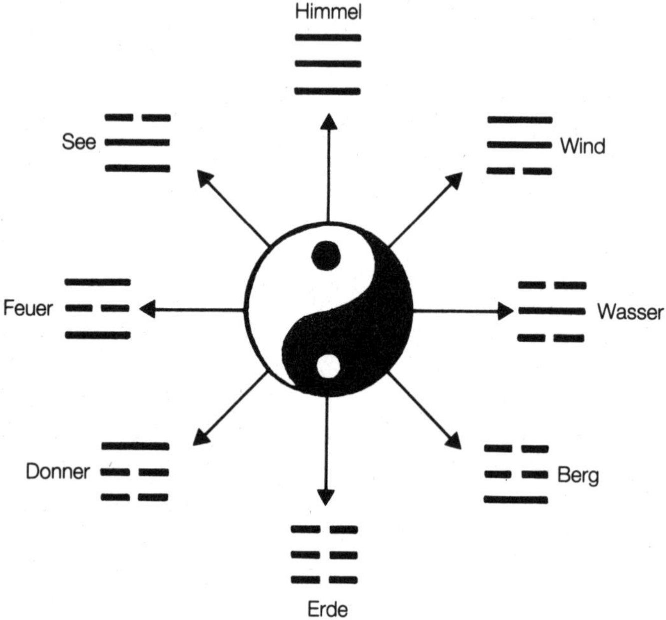

Aus den acht Grundtrigrammen bildeten sich die vierundsechzig Hexagramme, die man erhält, indem man ein Trigramm über das andere legt. Da jedes Trigramm von unten nach oben gelesen wird, gilt der untere Teil als dominierend, es wird ihm also größerer Einfluß zugeschrieben.

Die 64 Hexagramme des I Ging

1. Ch'ien: Himmel

Das Schöpferische

Himmel über Himmel

Der universale und der schöpferische Prozeß sind auf dem Höhepunkt ihrer Macht und Wirksamkeit. Die Macht ist unbegrenzt und der Erfolg ist gesichert. Niemand kann demjenigen, der dieses Hexagramm in der Magie verwendet, widerstehen. Dies ist das Hexagramm des Weisen.

Zunehmender Mond: Aufbau von Stärke und Macht.

Abnehmender Mond: Scheinbar undurchdringliche Verteidigungsanlagen, Lügen oder Behauptungen werden zertrümmert. Perfekt geeignet für ungerechte Gerichtsprozesse gegen Sie.

2. K'un: Erde

Das Empfangende

Erde über Erde

Dieses Hexagramm stellt Energie und Macht der Erde und aller Magie dar, die sie enthält. Es herrscht über die Manifestation materieller Bedürfnisse, über Weisheit und Erfolgsvermögen.

Der Einsatz von K'un sichert zwar den materiellen Erfolg, doch sollten Sie bereit sein, den Rat jener zu befolgen, die weiser und möglicherweise älter sind als Sie. Das kann auch die Kontaktaufnahme zu magischen Reichen (Elementalen) zur Erlangung von Führung beinhalten.

Das Geheimnis der K'un-Macht liegt in ihrer Fähigkeit, sich allen Umständen anzupassen, zu lernen, formbar zu sein und sich den Erfordernissen zu beugen. Daher ist sie auch dort erfolgreich, wo andere versagen. Geduld, Raffinesse, Schlauheit und die Weisheit, zu wissen, wann zu handeln und wann abzuwarten ist, sind die Fähigkeiten von Kun.

Zunehmender Mond: Schaffung von materiellem Erfolg und Vermehrung der Weisheit.

Abnehmender Mond: Auflösung schädigender Magie, korrupter Macht oder von Finanzimperien.

3. Chun: Keimung

Anfangsschwierigkeit

Wasser über Donner

Dieses Hexagramm bezeichnet den Neuanfang, den Geburtsprozeß. Leider ist es, wie alles, was kurz vor der Manifestation steht, verwundbar und instabil. So werden seine Geburtswehen als Hindernisse empfunden.

Zunehmender Mond: Aufbau oder Manifestation von etwas Neuem; Ideen, Situationen und Beziehungen.

Abnehmender Mond: Niederreißen von alten und stagnierenden Situationen, die dem eigenen höchsten Gut/Ziel nicht mehr dienlich sind, um eine Neugeburt zu ermöglichen.

4. Meng: Torheit und jugendliche Rebellion

Unerfahrenheit

Berg über Wasser

Dieses Hexagramm weist darauf hin, daß etwas geboren wurde oder sich manifestiert hat. Doch wie bei allem, was noch unreif ist, ist es so lange verwundbar, bis bestimmte Lektionen bewältigt und eine starke Reife hergestellt wurde. Unerfahrenheit kann zu kindischer Torheit führen, und aus diesem Grund sollte man Umsicht walten lassen und sich weisen Rat suchen. Verwenden Sie dieses Hexagramm als Darstellung für jemanden (oder eine Situation) von unschuldigem oder kindlichem Wesen; also für jemanden, der eher von Gefühlen als von Logik und Vernunft beherrscht wird.

Zunehmender Mond: Umgeben Sie dieses Hexagramm mit anderen, die stark, weise und schützend sind. Wenn Sie ein Kind damit schützen wollen, plazieren Sie das Hexagramm im Löwen.

Abnehmender Mond: Wird dieses Hexagramm bei abnehmendem Mond verwendet, hilft es dabei, eine Person oder Situation von Elementen zu befreien, die Unreife erzeugen.

5. Hsu: Das Warten

Kalkuliertes Warten

Wasser über Himmel

Dem Weisen geziemt das Warten, und dieses Hexagramm verheißt den Sieg über die Finsternis des Unbekannten und die darin lauernden Gefahren. Der Schlüssel zum Erfolg liegt hier in der einfachen

Ausübung der Geduld, im Schonen der Kräfte und in der Anwendung der Vernunft.

So wie eine Katze nicht schon losspringt, bevor die Maus ihr Loch verlassen hat, wird der Erfolg auch nicht durch voreiliges Tun erstritten.

Zunehmender Mond: Sicherung des schlußendlichen Sieges durch Beobachtung und Abwarten, bis die richtige Zeit zum Handeln gekommen ist.

Abnehmender Mond: Andere dazu bewegen, einen törichten Zug zu Ihrem Vorteil zu tun.

6. Sung: Konflikt

Rechtsstreitigkeiten und Mißverständnisse werden bereinigt

Himmel über Wasser

Es ist zu Unstimmigkeiten gekommen, doch ob Sie nun unschuldig oder schuldig sein mögen, Sie werden bereit sein müssen, zu warten und zu verhandeln, um zu einer zufriedenstellenden Lösung zu gelangen und sich durchzusetzen. Seien Sie bereit zum Kompromiß und zur Anpassung, falls erforderlich; das kann Ihnen nur zum Vorteil gereichen.

Sung steht auch für Gerichtsprozesse und weist eine enge Verbindung zum siebten Zodiakhaus der Waage auf.

Geduld und eine unvoreingenommene Einschätzung der Gesamtlage, einschließlich der Rolle, die Sie dabei gespielt haben mögen, werden Ihren Erfolg gewährleisten.

Zunehmender Mond: Beenden eines Streits. Im siebten Zodiakhaus der Waage plaziert, können Sie Ihre Verteidigungsanlagen aufbauen und Ihren Erfolg sichern.

Abnehmender Mond: Verschiebung oder Verhinderung der Schlichtung eines Streits, bis eine passendere Gelegenheit dafür gefunden wurde.

Durch Plazierung dieses Hexagramms im siebten Zodiakhaus Waage bei abnehmendem Mond können Sie die Schwächen in den Zeugenaussagen oder Unschuldsbeteuerungen anderer aufdecken oder zunichte machen.

7. Shih: Das Heer

Kollektive Kraft durch organisierte Führung

Erde über Wasser

Dies ist ein merkwürdiges Hexagramm mit sehr intensiven und faszinierenden Sinninhalten. Einerseits befaßt es sich mit großen Menschengruppen und mit ihrer Energie. Zugleich aber vermittelt es große Weisheit, Sieg, Stärke und Führungsqualitäten.

Auf einer tieferen Ebene weist es darauf hin, daß die Fähigkeit zur Größe und zur Macht von innen stammt. Es ist diese Fähigkeit, die eigene Energie zu kontrollieren, die bei jedem Projekt und in jeder Situation über Erfolg und Scheitern bestimmt.

Zunehmender Mond: Herstellung von Macht, Kontrolle, Erfolg und Prestige zur Beherrschung von Gruppen.

Abnehmender Mond: Verwendung zur Zerstörung von Gruppen oder korrupten Regimen jeder Art.

8. Pi: Zusammenhalt und Vereinigung

Einigung unter weiser Führerschaft

Wasser über Erde

Große Führer müssen gut organisiert sein und scharf denken können, während sie allem ohne Voreingenommenheit begegnen. Um Disziplin gerecht und ausgewogen auszuteilen, muß man lernen, nachgiebig und kompromißbereit zu sein, wenn man versucht, unbändige Fraktionen zu vereinen. Stärke, Klarsicht und überlegte Strategie bringen den Erfolg.

Zunehmender Mond: Verwenden Sie dieses Hexagramm, um Gruppen oder Fraktionen zu verbinden, die sich unter Ihrer Führerschaft nicht einig werden können.

Abnehmender Mond: Auflösung oder Bloßlegung korrupter Führerschaft.

9. Hsiao Ch'u: Grenze oder Zähmung

Die vorübergehende Unterwerfung des Starken durch die Schwachen

Wind über Himmel

Jedem, der die Hilfe oder die Unterstützung von Machthabern benötigt, wird dieses Hexagramm nützlich sein. Das Hexagramm stellt die Macht des Schwachen oder Kleinen/Unbedeutenden dar, Machthaber zu zähmen, einzugrenzen, zu bewegen, zu manipulieren oder vorübergehend zu beherrschen. Doch muß es schnell geschehen, da der Einfluß dieses Hexagramms nur von kurzer Dauer ist.

Zunehmender Mond: Herstellung von Macht, Kraft und Kontrolle über Machthaber. Ideal für Geschäft, Regierung, Politik und Gerichtsverhandlungen.

Abnehmender Mond: Verwendung zur Brechung des Widerstands durch Machthaber.

10. Lu: Auftreten oder Verhalten

Das Schwache; bei respektvollem Auftreten keine offenbare Gefahr

Himmel über See

Die Herstellung oder Aufrechterhaltung von Macht durch Ausübung von kontrollierter Gelassenheit, Gutmütigkeit und gespielter Unschuld. Dieses unbekümmerte und unbedrohliche Erscheinungsbild nimmt andere für Sie ein. Es gestattet Ihnen, jede Situation schlußendlich zu prägen und zu kontrollieren, ohne die Machthaber aufzuschrecken.

Zunehmender Mond: Die Verwendung dieses Hexagramms kann zu einem harmlosen Erscheinungsbild führen, doch hinter der gelassenen und lächelnden Miene steckt Macht und Zielstrebigkeit. Vergleichen Sie dieses Hexagramm mit den Griechen und ihrem Trojanischen Pferd.

Abnehmender Mond: Verwenden Sie dieses Hexagramm, wenn eine Situation, eine Person oder eine Firma nicht das ist, was sie zu sein vorgibt.

11. T'ai: Friede und Wohlstand

Harmonie, Friede, Güte, Glück und Erfolg

Erde über Himmel

Dies ist ein starkes Hexagramm, das für Überfluß und Erfolg in allen Unternehmungen steht. Friede, Harmonie, Produktivität und guter Wille; die Mächtigen teilen ihren Wohlstand mit jenen, die weniger glücklich sind.

Zunehmender Mond: Aufbau von Wohlstand und Aufstieg in den Reihen der Mächtigen. Hervorragendes Hexagramm für Geschäftliches, Politik und Familienleben.

Abnehmender Mond: Abriß, Aufbrechen oder Schwächen einer gedeihenden und harmonischen Situation oder Atmosphäre. Die Verwendung von T'ai bei abnehmendem Mond erschafft P'i (Nummer 12), Stagnation, Aufruhr und Disharmonie.

12. P'i: Stagnation oder Stillstand

Zustand der Stockung

Himmel über Erde

Dieses Hexagramm stellt Verwirrung, Stagnation und eine völlig blockierte Verfassung oder Situation dar.

Bei diesem Hexagramm können Sie mit Hinterhalten, Demütigungen, Lügen, Täuschungen, Verleumdungen, Klatsch, schlechten Ratschlägen und gezielten Versuchen rechnen, jemanden oder etwas zu Fall zu bringen.

Zunehmender Mond: Manifestation des völligen Chaos und Stärkung feindlicher Kräfte. Die Guten, Unschuldigen oder Tugendhaften können nicht gegen die Korrupten siegen.

Abnehmender Mond: Aufbrechung des Chaos und Erschaffung von T'ai (Nummer 11), eine ausgewogene, harmonische und siegreiche Verfassung für die Gerechten.

13. T'ung Jen: Gemeinschaft mit Menschen

Die von einem geführte und wie eins handelnde kleine Gruppe

Himmel über Feuer

Gute Freunde, Bekannte und Gemeinschaft; durch Gebrauch dieses Hexagramms entsteht Wohlstand. Zusammen kann man weiser und klüger sein. Hilfe durch gute Ratgeber, Kollegen und Lehrer.

Es gibt eine Schlüsselfigur, die den Kern dieser guten Beziehungen darstellt. Es ist eine weise Person, die zur Nachgiebigkeit bereit ist und die durch Vermittlung und feinfühliges Eingreifen innerhalb der Gruppe starke harmonische Beziehungen herstellt.

Zunehmender Mond: Förderung gesunder Beziehungen zu anderen; vereint Handeln und Wohlstand für alle erringen. Nutzen Sie dieses Hexagramm, wenn Sie die Freundschaft, Liebe oder Bewunderung anderer gewinnen wollen. Hervorragend geeignet für offene oder geheime Verhandlungen. Verwendung, um zum Mittelpunkt der Führung zu werden.

Abnehmender Mond: Manche Gruppen arbeiten und intrigieren, um anderen zu schaden, und aus diesem Grund ist es das beste, wenn sie sich selbst von innen heraus vernichten. Das Hexagramm T'ung Jen unterminiert die Harmonie und erzeugt Streit.

14. Ta Yu: Besitz von Großem

Souveränität, Gemeinschaft und Erfolg kluger Führung

Feuer über Himmel

Dies ist ein hervorragendes Hexagramm, um unter großen Gruppen von Menschen unterschiedlicher Bedürfnisse zum Wohle aller eine gute Kommunikation und eine gemeinsame Grundlage herzustellen.

Zunehmender Mond: Bei Inangriffnahme neuer Projekte hilft dieses Hexagramm Ihnen, eine gemeinsame Grundlage zum Verständnis der Bedürfnisse jener zu finden, die Sie unterstützen. Es hilft, den inneren Charakter zu stärken und harmonische Beziehungen zu anderen zu fördern.

Abnehmender Mond: Auflösung von Gemeinschaftsgeist, Unterstützung und Kooperation in jeder Gemeinschaft oder politischen Unternehmung.

15. Ch'ien: Bescheidenheit

Demut, Mäßigung und Erfolg durch Innenschau

Erde über Berg

Dies ist ein interessantes Hexagramm, das von großem Erfolg durch Maßhalten, Bescheidenheit oder Demut kündet, ebenso von weisen Ratschlägen und Dienst am anderen.

Es wird häufig für Beamte oder gewählte Amtsinhaber verwendet. Es kündet von der Ehrlichkeit bei der Wahrnehmung der eigenen Stellung, die zur Ehre gereicht, während Täuschung Unehre bringt.

Es warnt vor allen Extremen, denn dieses Hexagramm arbeitet auf Mäßigung in allen Bereichen hin. Mäßigung bringt Ausgeglichenheit, Frieden und Harmonie ins Leben.

Zunehmender Mond: Aufbau positiver Öffentlichkeitsarbeit und Unterstützung durch verstärktes Zuhören und vermindertes Reden. Dieses Hexagramm rät dazu, nur im richtigen Augenblick zu sprechen, das Richtige zu sagen und nur mit dem Geeigneten zu reden.

Abnehmender Mond: Bei abnehmendem Mond verstellt dieses Hexagramm den Blick auf Wahrheit, Ehre und Demut. Es unterstreicht Unvermögen und stellt öffentlich bloß.

16. Yu: Begeisterung

Loyalität und Hingabe anderer

Donner über Erde

Mit Yu ist ein hervorragender Anfang gemacht, will man den Lauf der Ereignisse ändern und die Unterstützung anderer gewinnen. Doch lassen Sie sich nicht hinreißen, denn dies ist erst der Anfang des Wandels, und Ihre Helfer sind noch wenige, obwohl ihre Anzahl wächst. Gehen Sie daher langsam vor, schonen Sie Ihre Kräfte, dann werden Sie Erfolg erzielen.

Zunehmender Mond: Herstellung von Veränderungen im Einklang mit Ihrem Willen und Wollen.

Abnehmender Mond: Beendigung der gegenwärtigen Situation, damit etwas Neues (das Sie bei zunehmendem Mond bestimmen werden) sich manifestieren kann.

17. Sui: Nachfolge, Anpassung oder Harmonisierung

Erneute Anpassung an die Natur bringt großen Erfolg

See über Donner

Indem man Mutter Natur (Weisheit) und ihren Gesetzen (Magie) folgt, wird großer Erfolg errungen. Folgt man jedoch den Lehren der Mutter ohne Freude oder Vergnügen, bringt dies keinen Gewinn.

Dieses Hexagramm steht auch für den Zauber, den eine junge Frau auf einen älteren Mann ausüben kann, und für den Diebstahl von Macht durch die Schwachen von den Starken.

Zunehmender Mond: Wenn Sie ein Geheimnis verbergen wollen, ist dies das richtige Hexagramm dafür.

Wenn Sie als junger Mensch das Herz oder die Gunst eines älteren Menschen (Mann oder Frau) gewinnen wollen, benutzen Sie dafür Sui.

Abnehmender Mond: Zum Erlernen der Magie und dem Erfahren jedes anderen Geheimnisses, ob es in der Vergangenheit, der Gegenwart oder der Zukunft liegt, plazieren Sie dieses Hexagramm einfach in dem Haus, in dem Sie das Geheimnis wähnen, und sehen Sie zu, wie es sich vor Ihnen ungefragt offenbart.

Verwenden Sie es auch, um eine junge Person bloßzustellen, die mit Heimtücke das Herz eines älteren und sehr viel reicheren Menschen für sich gewonnen hat.

䷑ **18. Ku:** Ersetzen oder Beheben von natürlichem Verfall

Beizeiten dem Verfall entgegenzuwirken bringt Erfolg

Berg über Wind

Es entspricht dem natürlichen Lauf der Dinge, daß alles dem Verfall ausgeliefert ist. Das verlangt von Zeit zu Zeit eine Neubewertung, Wiederherstellung und Verbesserung des Ursprünglichen. Ohne diese Wiederherstellung verwandelt sich Verfall in Chaos und völlige Vernichtung, doch periodische Neubeurteilungen, Anpassungen und Wiederherstellungen halten Wachstum und Fortschritt im Lauf.

Zunehmender Mond: Wann immer eine Person, Situation oder Beziehung der Wiederherstellung und Verbesserung bedarf, ist dies das richtige Hexagramm dafür.

Abnehmender Mond: Es gibt Zeiten, da eine Situation oder Beziehung keine Wiederherstellung rechtfertigt. In einem solchen Fall kann Ku eingesetzt werden, um dabei behilflich zu sein, einen Schlußstrich zu ziehen.

䷒ **19. Lin:** Annäherung an Größe

Eine Zeit großer Macht naht

Erde über See

Macht durch Begeisterung, Motivation und das Führen anderer verleiht den Titel eines großen Herrschers. Dieses Hexagramm bringt großen Ruhm, Vermögen und Glück.

Da Lin den absoluten Gipfelpunkt der Macht und des Glücks darstellt, ist es klug, sich vor Augen zu führen, daß diese Vervollkommnung nur flüchtiger Art sein wird. Nutzen Sie diese Zeit und seien Sie bereit, schnell weiterzugehen.

Zunehmender Mond: Verwenden Sie dieses Hexagramm, wenn Sie einen schnellen Sieg brauchen und zu schnellem Voranschreiten bereit sind.

Abnehmender Mond: Wenn Sie einen mächtigen Gegner oder Feind angreifen müssen, wird Lin Ihnen Schlagkraft verleihen, aber seien Sie zugleich auf die Regeneration des Feindes und seinen eventuellen Gegenschlag gefaßt.

20. Kuan: Betrachtung

Betrachtung von Problemen und Suche nach innerem Wissen zu ihrer Lösung

Wind über Erde

Verwenden Sie dieses Hexagramm, wenn Sie eine Situation klug und detailliert analysieren müssen, die später auch andere betreffen wird. Das gilt besonders für Entscheidungen, die das Geschäftsleben und das körperliche Wohlbefinden anderer betreffen (Geschäfts- und Rechtsleben, Politik).

Zunehmender Mond: Mehrung von Weisheit und innerer Betrachtung zur Ermöglichung einer erfolgreichen und kompetenten Entscheidung.

Abnehmender Mond: Beim abnehmenden Mond eingesetzt, kann Kuan die kompetenten Entscheidungen anderer blockieren. Es kann auch dazu verwendet werden, überholte Gesetze oder politische Entscheidungen zu demontieren.

21. Shi Ho: Das Durchbeißen

Berichtigung von Ungerechtigkeiten, Durchführung von Reformen und Ausübung von Recht

Feuer über Donner

Dieses Hexagramm symbolisiert die Herstellung von Gerechtigkeit und das Durchführen der für eine Reform erforderlichen Maßnahmen. Ein solches Vorgehen kann mühselig und manchmal unangenehm sein, doch anders läßt sich kein neues Wachstum und kein Fortschritt verwirklichen.

Es steht auch für Verbrechen, die der Gerechtigkeit überantwortet werden, weshalb es auch eine Affinität zum siebten Zodiakhaus Waage hat, das über kriminelles Tun zu Gericht sitzt und Urteile fällt.

Tatsächlich wird Shi Ho dazu verwendet, um Hindernisse zu beseitigen, die den Fortschritt behindern, ob es sich um Menschen, Verbrechen oder Situationen handeln mag.

Zunehmender Mond: Verwendung zur Stützung des eigenen Plädoyers auf Unschuld und Schutz vor Fehlurteilen.

Abnehmender Mond: Bei abnehmendem Mond eingesetzt, kann es die Argumentation der beklagten oder klagenden Partei zunichte machen oder ihre Schwächen deutlich offenlegen.

22. Pi: Anmut oder Schönheit

Schönheit ist Illusion

Berg über Feuer

Pi ist ein merkwürdiges Hexagramm, da es im Kern besagt, daß »Schönheit nur hauchdünn ist«. Pi lockt die Aufmerksamkeit vieler an, die sich zu seiner strahlenden Schönheit hingezogen fühlen. Doch werden äußerliche oder Oberflächenbedingungen nur selten dem gerecht, was sich hinter diesem schönen Schein verbirgt.

Betrachten Sie Pi als einen Schlüssel, der Ihnen Türen öffnen kann. Nach dem Eintreten müssen Sie sich als würdig erweisen, die Stellung auch zu halten, die Sie durch Ihr bloßes Erscheinen eingenommen haben.

Pi bezeichnet auch einen Zustand der Gnade, in dem alles im Inneren jetzt ausgeglichen ist und neue Möglichkeiten und Glück hervorbringt.

Zunehmender Mond: Bei zunehmendem Mond verwendet, wird es viele Liebhaber anziehen; im Geschäftsleben ziehen Sie damit Leute an wie ein Magnet. Benutzen Sie Pi, um einen Zustand innerer Harmonie, der Schönheit und der Ausgeglichenheit herzustellen; durch seinen Gebrauch erwerben Sie große magische Macht.

Abnehmender Mond: Einsatz zur Abwehr anderer, Gelegenheiten zur Herbeiführung von innerer Disharmonie.

䷖ **23. Po:** Zersplitterung oder Auseinanderbrechen

Zerfall, Vernichtung und Chaos

Berg über Erde

Po kündet von Dingen, die man hat verfaulen lassen, bis sie auseinanderfielen. Es ist eine Zeit des völligen Chaos und der Unordnung, doch aus diesem Zerfall wird Wiedergeburt entstehen, denn alles findet in Kreisläufen statt. Vor jeder Wieder-Geburt muß erst etwas anderes dem Tod weichen.

Zunehmender Mond: Wenn etwas seinen eigenen Nutzen überlebt hat, muß man es zugunsten von etwas Neuem und Besseren beiseite schieben; doch scheint dies im allgemeinen nur selten zu geschehen. Aus diesem Grund wird Po, bei zunehmendem Mond eingesetzt, verdeutlichen, daß der Wandel bevorsteht, ob mit oder ohne die Unterstützung anderer.

Abnehmender Mond: Wenn Veränderungen zu schnell und unkontrolliert geschehen, müssen Sie sie bremsen oder ganz aufhalten.

䷗ **24. Fu:** Wiederkehr

Rückkehr zum Punkt des Irrtums, um eine neue Richtung einzuschlagen

Erde über Donner

Fu ist hervorragend dazu geeignet, jeden Irrtum und Fehler, jede Situation und jede Handlung zu korrigieren. Es öffnet neue Türen und Richtungen, gibt uns eine zweite Chance.

Zunehmender Mond: Wenn im Leben ein Fehler gemacht wurde,

können mit Fu neue Möglichkeiten eröffnet werden, um ihn wieder auszubügeln.

Abnehmender Mond: Einsatz zur Bekanntmachung oder Aufdeckung eines Fehlers oder Übels; ferner zur Milderung der Auswirkungen eines großen Fehlers, um (beim nächsten zunehmenden Mond) neue Möglichkeiten zur Korrektur des Fehlers aufzuzeigen.

25. Wu Wang: Unschuld

Unschuld ist keine Ausrede; das Unerwartete erwarten

Himmel über Donner

Es gibt Zeiten, da es in bestimmten Situationen nicht genügt, unschuldigen Herzens, Geistes und Denkens sowie unschuldiger Seele zu sein. Das Unerwartete schlägt zu und macht alle gutgemeinten und ernsthaften Bemühungen zunichte.

Selbst die unschuldigsten Handlungen und besten Absichten können uns in ernsthafte Schwierigkeiten und zu Fehlverhalten führen; und manchmal können sie uns auch zum Opfer einer durchaus vermeidbaren Situation werden lassen.

Ist man vorgewarnt und rüstet sich mit Wissen und dem inneren Bewußtsein darum, lassen sich solche Probleme vermeiden. Behalten Sie Ihre Gedanken und Ihre eigenen Absichten im Auge, um etwaige Schuld aufzuspüren.

Zunehmender Mond: Verwenden Sie Wu Wang, um sich vor den Energien der Mutter Erde magisch zu schützen. Das ist ein Schutz vor jenen, die Ihnen schaden würden, und er vermeidet auch Fehler oder Unfälle.

Abnehmender Mond: Beseitigung von Einflüssen, die schaden oder Unglück herbeiführen könnten.

26. Ta Ch'u: Des Großen Zähmungskraft

Zurückhaltung häuft Reichtum und Kraft zum Handeln an

Berg über Himmel

Die Speicherung potentieller Energie bedarf der weisen Zurückhaltung. Wurde erst einmal genug davon gespeichert, kann sie zur richtigen Zeit genutzt werden, um großen Überfluß herzustellen.

Zunehmender Mond: Stärken Sie Ihre Kräfte bei zunehmendem Mond mit Ta Ch'u. Sollten Sie das Gefühl haben, daß Sie diese Energien nicht selbst speichern können, laden Sie sie in ein Objekt oder Symbol.

So könnten Sie beispielsweise das Symbol Ta Ch'u in Jade (die Farbe sollte mit Ihnen harmonisieren) anfertigen und den Stein dann in die Hand nehmen. Geben Sie alle Ihre überschüssige Energie in den Stein hinein. Tun Sie das eine Weile, so können Sie immer dann, wenn Sie über wenig Energie verfügen, einfach den Stein aufnehmen oder auch nur an ihn denken, um sich zu kräftigen. Im Laufe der Jahre wird auf diese Weise aus dem Stein ein äußerst mächtiger Talisman.

Abnehmender Mond: Die Herstellung eines Ta-Ch'u-Talismans bei abnehmendem Mond verlangt äußerste Vorsicht. Schauen Sie gründlich Ihre Edelsteine durch, suchen Sie sich einen aus, der zwar Kraft aufnehmen, aber nicht abstrahlen kann. Das wäre beispielsweise ein schwarzer Turmalin. Während die Jade mit Energie geladen wurde, auf die man später wieder zurückgreifen kann, läßt sich der Turmalin so präparieren, daß er jedem, mit dem er in Kontakt gerät, Energie stiehlt.

Der Turmalin speichert diese Energie, zu der man mit den verschiedenen, in diesem Arbeitsbuch geschilderten Methoden Zugang herstellen kann.

27. I: Mundwinkel

Ernährung des Geistes und des Körpers

Berg über Donner

Wenn man lernt, seine Seele mit der Energie des Universums oder des Kosmos (Gottesquelle) zu speisen, wird alles möglich. Energie gibt es für alle Zwecke im Überfluß, und Manifestation findet spontan statt. Oft erschafft ein einfacher Gedanke bereits Wirklichkeit.

Dieser Strom schöpferischer Energie, der den Körper durchzieht und vom Geist gebündelt wird, um vom Willen projiziert zu werden, ist es auch, der alles möglich macht. Indem Sie für andere sorgen, wie das Universum es mit Ihnen tut, gelangen Sie zum Erfolg, da die Mächtigen dadurch zu großzügigen Lehrern werden.

Zunehmender Mond: Zur Herstellung guter Beziehungen und der gleichzeitigen Stärkung aller Beteiligten. Herstellung einer Situation des »Gewinns für alle Seiten«.

Abnehmender Mond: Verhinderung, daß der Wettbewerb mit anderen oder deren Eifersucht Ihre Erfolgsaussichten schmälert.

28. Ta Kuo: Des Großen Übergewicht

Exzeß erschafft Ungleichgewicht, daher steht Wandel bevor

See über Wind

Wenn aus ungenutztem Überfluß ein ungenutzter Exzeß wird, stehen Zusammenbruch und Versagen bevor. Doch der Weise weiß, daß die Verteilung des Überschusses weiteren Wohlstand und fortgesetzten Erfolg bringt.

Zunehmender Mond: Herstellung (oder Aufbau der Grundbedingungen) des Wissens oder des Bewußtseins für die sowie die Bedingung selbst des Überschusses für spätere Verteilung.

Abnehmender Mond: Förderung der klugen Verteilung aller Überschüsse zur Erhöhung der Lebensdauer der Situation, des Geschäfts, und so weiter.

29. K'an: Das Abgründige

Der Abgrund: Entbehrung, Finsternis und Gefahr

Wasser über Wasser

Wenn Ungewißheit und Entbehrung, begleitet von der ernsthaften Möglichkeit der Gefährdung, in Ihrer unmittelbaren Umgebung auftreten, überwinden Sie solche Situationen durch Schaffung von Vertrauen, Konzentration, Führung und der richtigen Einstellung, durch welche dieser Gefahr von innen heraus begegnet werden kann.

Zunehmender Mond: Zum Schutz vor Gefahr benutzen Sie K'an zusammen mit Ta Ch'u (für zusätzliche Energie), Li (damit das Ehrliche und Gute sich durchsetzt), Shi Ho (zum Gedeihen innerhalb der Situation). Fügen Sie sorgfältig auch etwaige weitere Hexagramme hinzu, die der Situation angemessen sind.

Plazieren Sie Ihre Hexagramme im zwölften Zodiakhaus Fische (geheime Feinde) oder im siebten Zodiakhaus Waage (offene Feinde).

Für zusätzlichen Schutz brennen Sie eine blaue oder weiße Kerze als Katalysator ab (siehe Anhang).

Abnehmender Mond: Um die Bemühungen jener zunichte zu machen, die Ihnen schaden wollen, plazieren Sie Ihre Hexagramme im zwölften oder siebten Zodiakhaus, wie oben beschrieben. Verwenden sie Ta Ch'u (Vernichtung der Energie Ihres Gegners) und schreiben Sie zugleich den Namen des Aggressors nieder, sofern es Ihnen möglich ist. Als nächstes plazieren Sie K'an und Ku (zur Vernichtung der Bemühungen Ihres Gegners) neben Ta Ch'u, dazu den Namen des Angreifers, alles im Zodiakhaus Ihrer Wahl.

Für zusätzlichen Schutz brennen Sie eine graue Kerze als Katalysator ab.

30. Li: Haftendes Feuer

Glanz und Wohlstand manifestiert sich aus dem Gott-Selbst

Feuer über Feuer

Wenn eine Situation von zwei maßgeblichen Individuen abhängt, von denen der eine nicht ohne den anderen handeln kann, haben wir es mit Li zu tun: Da ist der eine getrennt vom anderen und doch von ihm abhängig.

Li ist zugleich das Hexagramm des spirituellen Lehrers, des Erleuchters, des Schamanen, der Hexe, des Weisen und des Magiers. Wer Li ernsthaft verwendet, dem enthüllen sich alle Mysterien, ihm wird alle Macht zugänglich und nichts bleibt unmöglich. Li ist das lodernde Feuer der Erleuchtung; ohne Li steigt die Kundalini nicht auf, kann keine Weisheit entstehen.

Zunehmender Mond: Verwenden Sie Li zusammen mit Ta Ch'u (potentielle Energie). Auf diese Weise bauen Sie nicht nur Macht auf, sondern Sie erfahren auch die Geheimnisse des Wissens darum, wie diese Macht klug zu nutzen ist.

Für das profane Leben nutzen Sie Li, um die Kooperation von jemandem zu gewinnen, der Ihnen behilflich sein könnte. Li erschafft auch großen Erfolg, denn die Ehrlichen und die Unehrlichen können vor Ihnen nicht Bestand haben.

Abnehmender Mond: Auflösung oder Verringerung der Wirkung eines magischen Zaubers oder die Negierung der Energie magisch verantwortungslos Handelnder.

Auf der profanen Ebene die Beseitigung einer Schlüsselperson, um Platz für Ersatz zu schaffen. Ein solches Vorgehen kann fördernd oder destruktiv sein.

Seien Sie umsichtig im Gebrauch von Li, damit die Unehrlichen sich nicht gegen die Ehrlichen durchsetzen. Deshalb ist es auch besser, Li stets bei zunehmendem Mond einzusetzen, es sei denn, Sie wissen genau, was Sie tun.

31. Hsien: Die Einwirkung des Werbens

Junge Liebende: Werbung und Anziehung

See über Berg

Hsien kündet vom natürlichen Sichverlieben. Es ist eine wahre Liebe und ein Hingezogensein ohne oberflächlichen Tand, Hintergedanken oder andere Absichten. Dies ist eine Seelenbindung und keine arrangierte Nutzehe um der Macht, des Geldes und der körperlichen Freuden willen.

Zunehmender Mond: Verwenden Sie dieses Hexagramm bei zunehmendem Mond für alle Herzensangelegenheiten, in denen es um eine Kräftigung, Konsolidierung, um ein In-die-Wege-leiten oder einen Liebesbeweis geht.

Abnehmender Mond: Wenn eine Beziehung nicht mehr beiden Parteien zum Nutzen gereicht, ist es oft besser, die Liebe schwinden zu lassen, damit Platz für neue Beziehungen geschaffen wird.

32. Heng: Durchhalten oder Weitermachen

Anpassung an die Bedürfnisse eines anderen: Einswerdung

Donner über Wind

So wie zwei Seiten einer Münze nichts wert sind, bis sie miteinander vereint werden, ist es auch mit Partnerschaften, Ehe und dem seelischen Frieden. Heng wird dazu verwendet, bestehende Bindungen zu stärken, die bereits gut funktionieren. Es erneuert und macht dauerhaft, was bereits begonnen wurde.

Zunehmender Mond: Aufbauen auf dem, was bereits begonnen wurde.

Abnehmender Mond: Abreißen dessen, was nicht mehr erwünscht ist oder einem nicht mehr zum Besten gereicht.

33. Tun: Nachgeben oder Rückzug

Die Weisen mögen nachgeben oder sich zurückziehen, um ihre Kräfte für einen anderen Tag aufzusparen, wenn alles zu ihrem Nutzen ist

Himmel über Berg

Für den westlichen Menschen ist der Gedanke an Rückzug ein Akt der Feigheit. Für den aufgeklärten Geist können Rückzug oder Nachgiebigkeit zur rechten Zeit durchaus etwas Kluges sein.

Diese Taktik verleiht einem die Möglichkeit, Kräfte zu sammeln, an Weisheit und Macht zu gewinnen und einen günstigeren Zeitpunkt des Handelns abzuwarten.

Zunehmender Mond: Zum Einfrieren des Augenblicks oder einer Situation, um Zeit für den Rückzug, die Neuorganisation und für das Überdenken eines Vorgehensplans zu gewinnen.

Abnehmender Mond: Zur Verhinderung des Rückzugs eines anderen in einer bestimmten Situation oder Handlungsfolge.

34. Ta Chuang: Die Macht des Großen

Zu dieser Zeit sind Sie mit großer Macht und Kraft gesegnet, doch wenn Sie dieses Geschenk mißbrauchen, wird es Ihnen wieder weggenommen

Donner über Himmel

Die Gelegenheit zu haben, über große Macht und Kraft (auch Magie) zu verfügen, ist nicht nur ein seltenes Geschenk sondern zugleich eine Prüfung Ihres Charakters.

Das Universum hat Sie jedoch für würdig befunden, Sie zu prüfen, wie Sie mit dieser Gabe umgehen. Ihr Gebrauch oder Mißbrauch dieser Macht entscheidet darüber, was Ihnen in Zukunft geschenkt oder genommen werden wird.

Zunehmender Mond: Der rechte Gebrauch dieses Hexagramms besteht darin, Weisheit zu erlangen und einen Widerstand gegen die Versuchung seines Mißbrauchs aufzubauen.

Abnehmender Mond: Verwenden Sie Ta Chuang bei abnehmendem Mond, um alle Wünsche, Situationen, Personen, Worte, Emotionen oder Gedanken zu verbannen, die dem rechtmäßigen Gebrauch dieses Hexagramms entgegenstehen könnten. Öffnen Sie alle Türen, die Ihnen verschlossen wurden.

䷢

35. Chin: Fortschritt oder Zugewinn

Der richtige Gebrauch von Macht und Kraft bewirkt die weiteren Geschenke der Erkenntnis und Erleuchtung

Feuer über Erde

Dieses Hexagramm steht für tugendhaftes Bemühen. Es kündet von Glück, Reichtum, Ruhm, schnellem Gewinn, Fortschritt und mühelosem Voranschreiten. Dieses Hexagramm spricht auch davon, daß ein solches Glück eine Prüfung durch das Universum darstellt. Der Versuchung anheimzufallen, das eigene Glück zu mißbrauchen, indem man in selbstsüchtiger Weise anderen schadet, wird zum Verlust all dessen führen, was einem gewährt wurde.

Zunehmender Mond: Schutz des eigenen Glücks und des guten Rufs sowie Gewinn oder Aufrechterhaltung von Weisheit.

Abnehmender Mond: Verwendung zur Abwehr von Katastrophen, von Fehlern oder von jedem, der Sie in Versuchung führen könnte, Ihre Talente zu mißbrauchen.

䷣

36. Ming I: Verfinsterung des Lichts

Dies ist die Zeit der Herrschaft der Selbstsüchtigen, der Verbrecherischen, Korrupten, Entehrten, Unmoralischen, Gefährlichen und Eifersüchtigen

Erde über Feuer

So wie der Mond zu- und abnimmt, so schwingen die Zyklen des Lebens von Wohlstand und Bequemlichkeit Zeiten entgegen, da das Glück durch Armut, Verzweiflung und Not bedroht wird.

Das ist oft eine ungerechte Zeit, in der die Menschen kalt und herzlos sind. Um solche anstrengenden Phasen mit voller Integrität zu überstehen, müssen Sie zu einem Rohr im Wind werden; seien Sie nachgiebig, aber zerbrechen Sie nicht daran, daß Sie Ihre Moral und Ihr Urteilsvermögen kompromittieren.

Dies ist die Zeit der Geduld und des Abwartens. Schonen Sie Ihre Kräfte, dann wird, was jetzt wie eine Anhäufung unüberwindlicher Probleme aussehen mag, vor zukünftigem Wohlstand wieder verblassen.

Zunehmender Mond: Aufbau von Kraft, Mut und Macht über jene, die Ihnen schaden wollen. Herstellung einer Gelegenheit zum Handeln und damit auch zum Sieg.

Abnehmender Mond: Verwenden Sie Ming I, um die Macht und die Energie jener zu schmälern, die verbrecherisch und korrupt sind und Ihren Sturz betreiben.

37. Chia Jen: Clan oder Familie

Frieden, Harmonie und gute Familienbeziehungen

Wind über Feuer

Chia Jen steht für ein glückliches Familienleben, bei dem jedes Mitglied individuelle Verpflichtungen hat, die auf die eine oder andere Weise zum Wohlergehen der gesamten Familie beitragen; wo alle Mitglieder gleichermaßen geliebt werden und jeder seine Stellung und seine Verantwortung für das Ganze kennt. Auf diese Weise gedeihen alle Familienmitglieder (gleichermaßen durch die Früchte ihres Werks) sowohl emotional als auch körperlich und geistig.

Zunehmender Mond: Erschaffung einer liebevollen und harmonischen Atmosphäre im Heim. Erlangung von Weisheit, Einsicht und

Mitgefühl gegenüber den Problemen individueller Familienmitglieder. Übernehmen Sie für andere in der Familie die Führung, und geben Sie ihnen das Gefühl, wichtig zu sein.

Abnehmender Mond: Verwendung zur Verminderung von Familienarmut auf allen Ebenen; von Streitereien, Problemen und Unsicherheiten bis zum Zank.

38. K'uei: Widerstand oder Gegensätze

Gegensätzliche Auffassungen, Ziele und Sichtweisen können harmonisch zusammenarbeiten

Feuer über See

K'uei ist das perfekte Hexagramm, um gegensätzliche Ziele und Ansichten zu einer gemeinsamen und konzentrierten Anstrengung zur Erlangung eines gewünschten Ziels zusammenzubringen.

Ob am Arbeitsplatz oder zu Hause, stets wird K'uei unschätzbare Dienste leisten, wenn Streitereien verschiedenartiger Persönlichkeiten zu Disharmonie führen und Ziele sich wegen Meinungsverschiedenheiten nicht erreichen lassen.

Zunehmender Mond: Herstellung von Harmonie zwischen bestimmten Individuen und Vereinigung aller zur Erlangung eines einzigen Ziels.

Abnehmender Mond: Auflösung existierender Disharmonie und Unstimmigkeiten zwischen Individuen, die zu grundlegenden Problemen führen. Unrechtmäßig eingesetzt, kann K'uei auch Spannung und Disharmonie zwischen bestimmten Individuen herstellen. Verwenden Sie es also weise.

39. Chien: Hemmnisse oder Hindernisse

Eine Zeit, um die Hilfe anderer und Heilung zu suchen

Wasser über Berg

Chien ist das Hexagramm der Blockaden, der Hindernisse oder Hemmnisse. Wie in allen blockierten Situationen, ist dies eine Zeit, sich auszuruhen und die Kräfte zu erneuern. Suchen Sie den weisen Rat Ihres Höheren Selbst. Überlegen Sie sich, sich den Rat jener zu holen, die klüger sind als Sie, möglicherweise schließen Sie sich ihnen sogar an.

Zunehmender Mond: Erschaffung von Blockaden für andere oder Schöpfen von Kraft, um gegenwärtige Hindernisse auf Ihrem Weg zu beseitigen. Nutzen Sie Chien, um Unterstützung oder Partner und weisen Rat zu gewinnen, der Ihnen nützlich sein kann.

Abnehmender Mond: Chien ist hervorragend geeignet zur Auflösung aller Blockaden, Hindernisse und Hemmnisse, die Ihnen auf dem Weg zum Erfolg hinderlich sind. Dazu gehören Menschen, Situationen und finanzielle Blockaden.

40. Hsieh: Befreiung

Dies ist die Zeit, nach Unterdrückung und Not, Freiheit und Glück wiederzuerringen

Donner über Wasser

Dieses Hexagramm zeigt an, daß eine schwierige Aufgabe bevorsteht, aber Sie sollten nicht verzweifeln, es ist nur eine kurzfristige Erscheinung und führt schließlich zu großem Glück und zur Freiheit.

Hier wird zur überlegten Zeiteinteilung geraten, verschieben Sie also die gegenwärtige Angelegenheit nicht.

Die anfängliche Anstrengung des Widerstandleistens und der Berichtigung der Situation geht bald vorbei, wenn sich die Freude, das Glück und der Wohlstand durchsetzen. Ihr Erfolg steht bevor.

Zunehmender Mond: Verwenden Sie Hsieh, wenn Sie es mit einer unangenehmen Person oder Situation zu tun haben und einen Vorsprung benötigen.

Abnehmender Mond: Hsieh kann, bei abnehmendem Mond verwendet, die Macht jener, die gegen Sie stehen, weiter mindern. Benennen Sie diese einfach, und legen Sie dieses Hexagramm über ihren Namen oder ihr Bild, um danach Namen und Bild in dem Zodiakhaus Ihrer Wahl (in der Regel im siebten oder zwölften) zu plazieren.

41. Sun: Minderung oder Untergang

Das Streben, zum Allgemeinwohl und dem Wohlstand anderer beizutragen, führt vorübergehend zu eigener Minderung oder zum Abstieg

Berg über See

Will man gedeihen, ist es manchmal klug, die eigene Zeit, das eigene Geld und die eigenen Bemühungen dem Allgemeinwohl zu opfern. Obwohl dies die Freiheit, die Geldmittel und den Kampfgeist des einzelnen belastet, führt es doch am Schluß zu Anerkennung und Gewinn.

Sun läßt sich auch als Gelegenheit deuten, sich in einer Sache zu beweisen. Das könnte bedeuten, daß Sie beispielsweise für weniger Lohn als erwartet oder erhofft arbeiten, bis Sie Ihren Wert unter Beweis gestellt haben. Aber sehen Sie in Sun kein völliges Unglück, denn das ist es nicht. Tatsächlich stellt es Chance und Tor zu weitaus besseren zukünftigen Möglichkeiten dar; aber damit Raum für neue und bessere Dinge im Leben geschaffen werden kann, müssen andere erst sterben oder verlorengehen.

Andere Beispiele des Niedergangs und der Minderung mögen auf den ersten Blick sehr schlimm aussehen, können aber tatsächlich zu besseren Zeiten führen: Rückschläge, Bankrotte, Bankrevisionen, Freiwilligenarbeit, Sozialarbeit, Lohnkürzungen (wegen schlechter Firmenerträge) und so weiter.

Zunehmender Mond: Sun ist ein extrem komplexes Hexagramm. Bei zunehmendem Mond verwendet, kann es eine Situation des Verlusts und der Selbstaufopferung herbeiführen. Es kann auch dazu benutzt werden, um sich vor den exzessiven Auswirkungen eines solchen Verlusts durch das Hexagramm 42, Zugewinn, zu schützen.

Seien Sie umsichtig im Gebrauch von Sun, definieren Sie Ihre Wünsche präzise, und achten Sie genau darauf, wo Sie es innerhalb des Zodiaks plazieren.

Abnehmender Mond: Verwendung zur Verhinderung der Aufforderung, Opfer ohne gerechte Gegenleistung erbringen zu sollen. Verhinderung etwaiger oder sämtlicher Verluste. Bei abnehmendem Mond verwendet, erschafft Nummer 41, Sun, die Nummer 42, I.

Die Wirkung von Sun bei abnehmendem Mond ist nicht so mächtig wie jene von Nummer 42, I, bei zunehmendem Mond, aber dafür ist es auch hervorragend in Notfällen geeignet, ebenso wenn kein zunehmender Mond zur Verfügung steht.

42. I: Gewinn oder Mehrung

Selbstaufopferung führt zu Anerkennung und Wohlstand

Wind über Donner

Wie bereits bei Hexagramm 41 gesehen, hat der Zwang zur Selbstaufopferung oder Behelligung zur Minderung geführt. I jedoch zeigt, daß alle etwaigen Verluste nun überwunden sind und eine Position des Wohlstands, des Respekts und der Macht erreicht wurde. I rät auch dazu, diese Zeit des Glücks nicht durch unehrliches Verhalten zu mißbrauchen, weil sonst bald Ehrlosigkeit und Verlust folgen würden.

Zunehmender Mond: Wenn Sie einen Verlust, gleichgültig welcher Art (Beliebtheit, Geld, Glück, Prestige und so weiter), erlitten haben oder ernstlich bis zum Punkt des Verlusts beeinträchtigt wurden, verwenden Sie I, um sich davon zu erholen und Ihre Stabilität wiederzuerlangen.

Abnehmender Mond: Bei abnehmendem Mond verwendet, erschafft I die Nummer 41, Sun, und einen abschüssigen oder verlustreichen Zustand.

43. Kuai: Durchbruch oder Auflösung

Stellen Sie Korruption bloß, und beseitigen Sie sie, aber mit Vorsicht

See über Himmel

Kuai ist das Hexagramm, mit dem Korruption, Täuschung und Feinde bloßgestellt werden. Kuai bietet Gelegenheit, sich selbst und Ihre Umgebung von unerwünschten Einflüssen zu reinigen.

Es ist lebenswichtig, in dieser Zeit Vorsicht walten zu lassen, da Sie durch Ihre Ehrlichkeit und Ihr Wissen in ernste Gefahr geraten können.

Es bedarf einer gelassenen, kühlen und emotionslosen Haltung, um die Situation richtig und gefahrlos zu handhaben, ebenso müssen Sie über Faktenwissen verfügen. Lassen Sie sich nicht dazu hinreißen, auf Feindseligkeit mit Rachsucht und Zorn zu antworten. Nur durch ruhige Gefaßtheit werden Sie schließlich den Sieg davontragen.

Zunehmender Mond: Verwenden Sie das Hexagramm, um Schutz und Macht gegen jene aufzubauen, die von Ihnen entlarvt werden sollen und die Ihnen schaden möchten.

Abnehmender Mond: Verminderung der Energie und der Macht, die Ihre Feinde über Sie haben.

44. Kou: Entgegenkommen oder Versuchung

Die gegenwärtigen Umstände schaffen Versuchung und Gefahr

Himmel über Wind

Es wird immer Zeiten geben, da die Umstände Augenblicke der Versuchung mit sich bringen. Diese Augenblicke lassen sich zwar vermeiden, doch das geschieht nur selten. So kurz und flüchtig diese Versuchungen auch sein mögen, so können Sie uns doch schließlich in die Katastrophe, in den Ruin, in die Demütigung und in die Verzweiflung treiben.

Ob es das Glücksspiel ist, der Sex, das Geld oder andere Zwänge, die außerhalb Ihres gewöhnlichen Charakterspektrums liegen, stets ist Kou das passende Hexagramm.

Zunehmender Mond: Plazieren Sie Kou im Zodiakhaus (oder in mehreren Häusern), wo Sie am schwächsten und am anfälligsten für Versuchungen sind. Konzentrieren Sie sich darauf, Ihre Widerstandsfähigkeit gegen die Versuchung zu stärken oder eine Indiskretion zu verbergen.

Abnehmender Mond: Um die Auswirkungen jener Personen oder Situationen zu reduzieren oder gänzlich zu bannen, die Sie in Versuchung bringen, plazieren Sie Kou im entsprechenden Haus.

Schreiben Sie in diese Häuser den Namen Ihrer Versucher und womit diese aufhören sollen. Beispielsweise: »Mr. Tomkins, hören Sie mit Ihren Versuchen auf, mich zu verführen«. Plazieren Sie dies in dem für Mr. Tomkins zuständigen Haus: wenn er Ihr Chef ist, im Steinbock; ist Mr. Tomkins ein Kollege, in der Jungfrau.

45. Ts'ui: Sammlung oder Zusammenfügung

Zusammenkommen zu einem gemeinsamen Zweck schafft Erfolg

See über Erde

Ts'ui ist das Hexagramm großer Gruppen, die kooperativ und harmonisch auf ein gemeinsames Ziel hinarbeiten.

Zunehmender Mond: Verwendung zur Herstellung von Harmonie und Einmütigkeit zur Erlangung eines gemeinsamen Ziels.

Abnehmender Mond: Bei abnehmendem Mond eingesetzt, erzeugt Ts'ui Unzufriedenheit, Streit und schließliches Versagen beim Verfolgen eines gemeinsamen Ziels oder Projekts.

46. Sheng: Empordringen oder Fortschritt

Der den Fähigkeiten entsprechende Fortschritt bringt Wohlstand und Selbstvertrauen

Erde über Wind

Sheng ist das perfekte Hexagramm für jeden, der eine bessere Arbeitsstelle sucht, eine Beförderung oder jede Art von Fortkommen. Beachten Sie aber bitte, daß Sheng Ihnen nicht helfen wird, wenn Sie noch nicht qualifiziert genug sind. Dieses Hexagramm unterstützt jene, die qualifiziert sind, ihre angestrebte Stellung zu erbringen.

Zunehmender Mond: Verwenden Sie Sheng zur Erlangung jeder Stellung, für die Sie qualifiziert sind. Das verschafft Ihnen einen Wettbewerbsvorteil gegenüber Ihren Konkurrenten.

Abnehmender Mond: Bei abnehmendem Mond angewendet, mindert Sheng die Chancen Ihrer Mitbewerber. Schreiben Sie einfach die Namen Ihrer Konkurrenten auf ein Stück Papier, und stellen Sie dieses Hexagramm darüber. Dann plazieren Sie die Namen im Haus des Steinbocks (Berufe) oder des Wassermanns (Ihre Wünsche für oder gegen die Konkurrenz).

47. K'un: Bedrängnis oder Feindschaft

Ein erschöpfter, ausgelaugter Zustand schafft Schwierigkeiten

See über Wasser

Will man Erfolg haben, ist es wichtig, maßzuhalten, um Überlastung, Erschöpfung und Verlust der Glaubwürdigkeit zu vermeiden, wenn man den Anforderungen nicht gerecht werden kann. Nimmt man aber zu wenig auf sich, um seine Kräfte zu schonen, gerät man in den Ruf der Faulheit oder der Unfähigkeit.

Die Lösung besteht in gemäßigtem Handeln, bis Kraft und Macht wiederhergestellt sind. Jetzt ist es wichtig, keine starren Meinungen oder Beschwerden zu äußern, da dies zu Streit führt. Zuhören ist wichtiger als Reden.

Zunehmender Mond: Bei zunehmendem Mond erzeugt dieses Hexagramm Erschöpfung, wenn Sie nicht ausdrücklich spezifizieren, daß Sie Energie und Kraft dagegen aufbauen wollen, wofür dieses Hexagramm steht.

Abnehmender Mond: Verwenden Sie K'un bei abnehmendem Mond zur Vertreibung von Krankheit, Streß oder etwaigen anderen Problemen, die Ihren gegenwärtigen Zustand herbeigeführt haben.

48. Ching: Brunnen oder Lebensquelle

Ziehen Sie Wasser aus dem Brunnen des Lebens und der Weisheit

Wasser über Wind

Verwenden Sie Ching beim Meditieren oder wenn Sie Weisheit, Führung oder für andere Antworten auf wichtige Fragen bekommen wollen. Chings Spektrum umspannt Fragen aller Gebiete, wobei es den Schwerpunkt auf Weisheit legt, die um anderer (gesellschaftlich oder auf große Gruppen bezogen) willen angestrebt wird.

Zunehmender Mond: Bei zunehmendem Mond ist Ching für die Mehrung von Weisheit zuständig. Es kann auch dazu verwendet werden, den Kontakt zu inneren Lehrern oder Führern herzustellen. Die einzige Bedingung dabei ist, daß diese Weisheit letztlich anderen zugute kommen muß.

Abnehmender Mond: Eine hervorragende Zeit, um anderen dabei behilflich zu sein, sich von Vorurteilen und irrigen Doktrinen religiöser oder gesellschaftlicher Instanzen zu befreien. Ching ist ausgezeichnet für den Lehrer oder Philosophen geeignet.

49. Ko: Rebellion, Wandel oder Häutung

Verlogene Herrschaft gebiert Korruption und Revolution

See über Feuer

Jeder, der mit Korruption zu kämpfen hat, bedarf des Hexagramms Ko. Es ist ein Hexagramm zur Überwindung von Korruption und zur Bereinigung einer Situation. Verwenden Sie Ko zusammen mit anderen bemächtigenden Hexagrammen zur Erlangung von Schutz, Kraft, Macht und schlußendlichem Erfolg.

Zunehmender Mond: Einsatz zur Bemächtigung und Überwindung.

Abnehmender Mond: Einsatz zur Schwächung von Gegnern.

50. Ting: Der Kelch der Universalen Ordnung

Frieden mit der Göttin, Frieden mit der Welt

Feuer über Wind

Ting ist der Kelch des Lebens. Und als solcher strömt alles Gute aus ihm hervor. Alle Bedürfnisse werden erfüllt. Dies ist das Hexagramm der lange in Vergessenheit geratenen Frauenmysterien und -magie. Meditieren Sie über Ting, um Kontakt zur Energie und zum Schutz der Göttin herzustellen.

Zunehmender Mond: Schutz, Gesundheit, Reichtum, Wohlstand und Frauenmysterien.

Abnehmender Mond: Verbannung all dessen, was nicht zum höchsten und besten Gut dient.

51. Chen: Erregung oder Erschütterung

Schnelles Handeln überrascht

Donner über Donner

Chen kündet von jemandem oder einer Kraft, vielleicht der Natur (oder einem Magier, der Magie einsetzt), der oder die auf schnelle, aggressive und unberechenbare Weise handelt. Dieser Effekt führt zu Überraschung und möglicherweise zu Gefahr, Schreck, Furcht und Entsetzen.

Zunehmender Mond: Schnell handeln und mit genügend Überraschungsschwung Macht und Kontrolle an sich reißen, so daß niemand Ihnen Widerstand entbieten kann. Man vergleiche Chen mit einem Firmenkrieg, bei dem eine Firma plötzlich durch eine andere übernommen wird, eine »feindselige Übernahme«.

Abnehmender Mond: Verhinderung, daß feindselige Handlungen oder Aggressoren in schnellem Tempo die Herrschaft über eine Situation erringen.

52. Ken: Stillhalten oder Innenschau

Suche nach der Weisheit der eigenen inneren Quelle

Berg über Berg

Suchen Sie in dieser Zeit die höhere Führung Ihres Selbst. Nur durch Zwiesprache mit Ihrem Höheren Selbst können Frieden, Gleichgewicht und Wahrheit in Ihrem Leben wiederhergestellt werden. Das führt zu erneuerter Vitalität und zum Glück.

Dieses Hexagramm wird am besten dafür verwendet, meditativ das eigene innere Gleichgewicht und den Lebensweg zu überprüfen.

Zunehmender Mond: Wenn Sie sich aus dem Gleichgewicht geworfen, verloren, unschlüssig und disharmonisch mit Ihrer Umgebung fühlen, erden und konzentrieren Sie Ihre Energie mit Hilfe von Ken in den folgenden Zodiakhäusern: Nummer eins, Widder (körperliches Ungleichgewicht), Nummer drei, Zwillinge (mentales oder intellektuelles Ungleichgewicht), Nummer neun, Schütze (inneres Streben, religiöse Ziele, der Gott/die Göttin des Selbst).

Abnehmender Mond: Plazieren Sie Ken dort, wo Ihnen Blockaden oder Schwierigkeiten zusetzen. Dann wird die Lösung für Ihre Probleme und Hindernisse kommen, und die Situation wird sich von selbst klären.

53. Chien: Allmählicher Fortschritt oder Entwicklung

Befolgung der natürlichen Ordnung zum Glück

Wind über Berg

Es gibt Menschen, die den Erfolg durch Aggression und Abkürzungen suchen, während andere langsam und in gezielter Gelassenheit weitermachen, um die Früchte ihrer Bemühungen zu ernten.

Während vielen Menschen der sicherste und langsamste Weg langweilig oder ruhmlos erscheinen mag, ist es doch der sicherste Pfad zur Harmonie, zum Glück und zum schlußendlichen Erfolg.

Zunehmender Mond: Verwendung zum Aufbau eines starken und festen Fundaments für Erfolge und Wohlstand im Leben.

Abnehmender Mond: Verwendung zur Abwehr all dessen, was nicht dem höchsten und besten Gut dient. Chien ist besonders gut dazu geeignet, bei abnehmendem Mond eingesetzt zu werden. Es beseitigt große Hindernisse und hilft Ihnen, Ihren Weg weniger problembelastet weiterzugehen. Außerdem sorgt es dafür, daß Sie nicht von Blockaden aufgehalten werden, durch die ein Erreichen Ihrer Ziele gefährdet werden könnte.

54. Kuei Mei: Das heiratende Mädchen oder Unterordnung

Anpassung an das Unvermeidliche führt zum Erfolg

Donner über See

Zu manchen Zeiten finden wir uns in einer Situation oder in Umständen wieder, die uns vom Schicksal oder vom Karma zugewiesen wurden, damit wir daraus lernen und unvermeidliche Erfahrungen machen.

Die von Kuei Mei angezeigten Lektionen betreffen Leute, die in dauerhaften Beziehungen stehen, beispielsweise eine Firma und ihren Eigentümer, zwei Geschäftspartner, Ehegatten, Arbeitgeber und -nehmer oder jede andere Beziehung, in der einer den anderen dominiert und erwartet, daß sich der Untergebene auf sämtlichen Ebenen aktiv unterwirft. Für manche Leute hat eine solche Situation keine sonderlichen Konsequenzen, und die Beteiligten passen sich einfach an. Andere dagegen empfinden eine solche Situation oder derlei Umstände als unerträglich, ja erstickend.

Kuei Mei sagt aus, daß das Geheimnis zum Erfolg in einer solchen Situation darin liegt, sich an die Beschränkungen der Beziehung anzupassen und mit ihnen zu arbeiten. Der Versuch, diese Art von Beziehung zu verändern oder zu bekämpfen, führt nur zu Sorge, Verlust und schließlich zu Leid.

Zunehmender Mond: Setzen Sie dieses Hexagramm ein, um Kraft, Stärke und Weisheit zu mehren, die es Ihnen gestatten sollen, in Ihren gegenwärtigen Lebensumständen nachgiebig zu sein, ohne daran zu zerbrechen.

Abnehmender Mond: Verwenden Sie Kuei Mei um einen Ausweg aus Ihrer gegenwärtigen Situation gezeigt zu bekommen und einen alternativen Weg zum Glück zu finden. Kuei Mei läßt sich außerdem bei abnehmendem Mond dazu verwenden, die Auswirkungen einer solchen Lage zu mindern.

55. Feng: Höchste Erfüllung des Überflusses

Der Gipfel des Überflusses ist kurzlebig

Donner über Feuer

Alle Dinge funktionieren in ihrer richtigen und natürlichen Ordnung; so wie dem Niedergang das Wachstum folgt, folgt auf den Wohlstand die Not. Der Weise weiß diesen Augenblick des Überflusses zu nutzen, während er sich auf die nahenden Zeiten der Minderung vorbereitet. Aus diesem Grund sollten Sie bei Einsatz von Feng im Auge behalten, daß seine Wirkungen zwar mächtig, aber kurzlebig sind, damit Sie darauf vorbereitet bleiben, was in der natürlichen Reihenfolge als nächstes kommen wird.

Zunehmender Mond: Erklimmen Sie innerhalb Ihrer jetzigen Situation jeden erdenklichen Gipfel. Ob es um Geld geht, um Macht oder um Herzensangelegenheiten, gegenwärtig ist Ihr Glück stark.

Abnehmender Mond: Verwenden Sie das Hexagramm, um die Auswirkungen von Verlusten in jedem beliebigen Bereich zu mildern und besser zu kontrollieren.

56. Lu: Der Reisende oder Wanderer

Die Notwendigkeit des Reisens kann zu Verwundbarkeit führen

Feuer über Berg

Es gibt Zeiten, da das Reisen erforderlich wird, um den eigenen Erfolg zu sichern. In solchen Zeiten ist man am anfälligsten für Unfälle, kriminelle Zugriffe und die Inkompetenz anderer. Lu erläutert, daß sich viele Probleme des müden Reisenden mit Voraussicht beheben lassen, so daß Zorn, Sorge und viele andere, das Reisen begleitende Probleme ebenfalls vermieden werden können. Verwendet man Lu jedoch als Talisman zusammen mit anderen wichtigen Hexagrammen, hilft das bei der Vermeidung des Unvorhergesehenen und der nicht eingeplanten Schwierigkeiten beim Reisen.

Zunehmender Mond: Verwendung zum Aufbau von Schutz vor dem Unvorhergesehenen oder vor nichteingeplanten Situationen, die den müden Reisenden plagen.

Abnehmender Mond: Verwendung zur Minderung oder auch Verhinderung der oft mit dem Reisen einhergehenden Gefahren.

57. Sun: Sanfter, durchdringender Einfluß

Friedfertiges Handeln und Organisation erschaffen Vermögen

Wind über Wind

Nichtaggressives Handeln und Organisation führen zu neuen Möglichkeiten, den eigenen Wert unter Beweis zu stellen. Ersuchen Sie sanft um den weisen Rat der Erfahreneren, dann werden Sie Fortschritte zu machen beginnen, die schließlich dazu führen, daß Ihre Leistungen durch finanzielle Mehrung anerkannt werden.

Zunehmender Mond: Sun ist hervorragend dazu geeignet, eingesetzt zu werden, wenn Sie in einer neuen Arbeitsstellung sind und sich selbst beweisen wollen, um in die Liste der leistungsfähigen Firmenmitglieder aufgenommen zu werden. Sun ist ausgezeichnet für nichtaggressive Individuen oder für eine Situation, die nach einer sanften, aber wirkungsvollen Handhabung verlangt.

Abnehmender Mond: Verwenden Sie Sun, um jegliche Probleme oder Blockaden aufzulösen.

58. Tui: Heiterer See

Eine fröhliche und höfliche Einstellung führt zum Erfolg

See über See

Das Hexagramm Tui ist vielseitig und kann bei allen Lebensgebieten eingesetzt werden (vor allem zur Herstellung von Beliebtheit), in denen Sie Beachtung finden möchten.

Indem Sie Ihre Mitmenschen ermuntern, können Sie dafür sorgen, daß andere sich für Sie interessieren.

Eine ehrliche und fröhliche Einstellung zieht neue Möglichkeiten, neue Freunde (die auch noch extrem loyal sind) und die Anerkennung Ihrer Bemühungen an.

Tui ist perfekt für jemanden geeignet, der an die Öffentlichkeit treten oder diese begrüßen muß, daher ist es ideal auf dem Gebiet der Politik, der Wirtschaft, der Unterhaltungsindustrie, der Verkaufsförderung sowie im Familienleben.

Eine Ermahnung zur Verwendung von Tui: Eine allzugroße Beliebtheit kann zu Egoproblemen führen, zu gesellschaftlichen Suchterscheinungen und zur Vernichtung Ihres ganzen Werks. Verwenden Sie Tui also stets moderat. Vergessen Sie nicht, daß ein Zuviel an Freude ebenso schlecht sein kann wie ein Zuwenig.

Zunehmender Mond: Tui baut starke Kommunikation und Fertigkeiten von Mitarbeitern auf, wodurch es überall dort tiefe und loyale Bindungen der Freundschaft und Beliebtheit herstellt, wo es plaziert wird.

Abnehmender Mond: Tui öffnet Ihnen die Tore zu gesellschaftlichen, politischen und familiären Funktionen, die Ihnen sonst verschlossen geblieben wären. Das wird durch die starke gesellschaftliche Anziehungskraft bewirkt, die Tui als Talisman herstellt.

59. Huan: Auflösung und Wiedervereinigung

Blockierte Energie schafft Isoliertheit

Wind über Wasser

Wenn Menschen der Zugang zu jenen höheren Quellen abgeschnitten wird, die wir als Götter oder Göttinnen bezeichnen, fühlen sie sich allein, ratlos und machtlos, scheitern sie im Leben.

Wenn das Individuum in sich geht, um diese Energieblockaden (blockierte Chakren) wiederzuentdecken, sie zu öffnen oder zu beseitigen, wird die Kommunikation mit dem Gott oder der Göttin wiederhergestellt. Dann strömt die Manifestationsenergie erneut auf ungehinderte Weise.

An dieser Lebensmarke stellt das Individuum einmal mehr fest, daß der Überfluß nur einen Gedanken oder Wunsch weit entfernt ist. Das Leben ist einmal mehr lebenswert geworden, weil überall das Glück vorherrscht, während die Weisheit keine Frage des angestrengten Bemühens mehr ist, sondern ganz natürlich entsteht.

Zunehmender Mond: Nachdem Sie bei abnehmendem Mond alle Energieblockaden, Fesseln und ungesunden Zustände in Ihrem eigenen Inneren beseitigt haben, beginnen Sie mit dem Neuaufbau dessen, was Sie haben wollen. Das wird im allgemeinen Gesundheit sein, Reichtum, Weisheit und Wohlstand. Alles ist jetzt möglich, da Sie wieder die Verbindung zu Ihrem Gott oder Ihrer Göttin hergestellt haben wie auch zu der Energie, die Sie zur Verwirklichung Ihrer Ziele brauchen.

Abnehmender Mond: Huan ist ein mächtiger Talisman zur Beseitigung von Blockaden, Fesseln und fremden Energien, die Sie daran hindern, spirituelle Erleuchtung und irdischen Erfolg zu erlangen.

60. Chieh: Beschränkungen oder das Ordnen

Schwierige Zeiten werden mit Einschränkungen ertragen

Wasser über See

Zeiten der Entbehrung gibt es immer wieder in unserem Leben, und sie sind dem natürlichen Rhythmus oder den Lebenszyklen unterworfen. Das Wissen darum macht uns um eine Spur weiser, so daß man jenen ein Stück voraus ist, die gegen das Leben ankämpfen. Wer begreift, daß die Zyklen der Natur einfach nur Energiemuster sind, die sich durch den Geist (Magie) ebenso beeinflussen lassen wie durch sorgfältige Vorbereitung, wird solche Zeiten selten als unerträglich empfinden. Schwierige Zeiten können daher kurzlebig sein und durch Umsicht und die Steuerung von Gefühlen, Wünschen, Taten, Diensten, Ausgaben und Produktivität bleibt das Überleben gesichert. Auf gleiche Weise reagieren auch die Zyklen auf Magie.

Zunehmender Mond: Plazieren Sie Chieh überall dort, wo Sie eine Person, einen Ort, ein Ding, ein Objekt, eine Aktion oder eine Handlung begrenzen oder regulieren wollen.

Gemeinsam mit anderen Hexagrammen der Macht und des Schutzes verwendet, kann Chieh vor Depressionen, Rezessionen und Verlusten schützen, je nach eigenen Bedürfnissen.

Abnehmender Mond: Verwenden Sie das Hexagramm, um schwierige Zeiten, Pechsträhnen und negative Energie zu verbannen, welche Beschränkungen jedweder Art herbeiführen. Benutzen sie Chieh bei Gerichtsstreitigkeiten über Gesetze und Vorschriften, die für zu streng erachtet werden. Chieh wird die Macht jener mindern, die Sie bekämpfen, und es wird Ihnen dabei helfen, Ihre Anliegen vorzutragen. Natürlich werden Sie einige andere Hexagramme zusammen mit Chieh einsetzen, um in einem solchen Rechtsstreit Ihre Macht und Ihren Sieg zu sichern.

䷼ **61. Chung Fu:** Innere Wahrheit aus dem Höheren Selbst

Einswerdung mit einem anderen und Verständnis

Wind über See

Chung Fu ist das Hexagramm zur Erlangung von Macht über jene, die keine andere Wahrheit gelten lassen als ihre eigene. Um dies zu bewirken, so lehrt Chung Fu, müssen Sie mit Ihrem Feind oder Gegner praktisch einswerden. Das geschieht durch ein offenes Herz und einen aufgeschlossenen Verstand ohne Vorurteile. Nur auf diese Weise läßt sich die Situation unvoreingenommen bestimmen, kann man zukünftiges Handeln, sofern erforderlich, durchplanen.

Sollte ein Eingreifen erforderlich sein, so verfügen Sie nun über eine klare und ungetrübte Einschätzung der Situation und volles Wissen um alle Schwächen und Stärken Ihres Gegners oder Feindes. Mit solcher Information bewaffnet zu sein, schwächt die gegnerischen Kräfte, gestattet ihnen keinen Raum für den Sieg.

Zunehmender Mond: Verwenden Sie Chung Fu, um einen Gegner mit Hilfe seiner eigenen Schwächen zu besiegen, indem Sie es in dem entsprechenden Zodiakhaus plazieren. Benutzen Sie Chung Fu auch, um Ihre eigenen Aktivitäten zu verschleiern oder zu verbergen, bis Ihr Vorhaben abgeschlossen ist.

Abnehmender Mond: Der Widerstand eines Gegners oder Feindes wird am besten bei abnehmendem Mond gebrochen. In diesem Fall könnte Chung Fu dazu eingesetzt werden, die Energie, die Macht und den Einfluß der Gegner auf eine bestimmte Situation aufzulösen.

䷽

62. Hsiao Kuo: Klein und sanft

Die kleinen Dinge ragen im Leben am meisten heraus

Donner über Berg

Es gibt Zeiten im Leben, da schnelles und aggressives Handeln erforderlich ist (Nummer 28: Des Großen Übergewicht). Aber es gibt auch Zeiten, da ein Angriff von voller Wucht nicht erwünscht, möglicherweise nicht einmal möglich ist. Somit ist Hsiao Kuo das Hexagramm der Entscheidung.

Hsiao Kuo sollte für kleine Siege und Probleme eingesetzt werden, wo offene Aggression das sichere Scheitern einbrächte. Geben Sie bei der Verwendung dieses Hexagramms aber auch acht auf die Einzelheiten; oft sind es die kleinen, winzigen, scheinbar unwichtigen Dinge, die wirklich zählen und Ihnen zum Erfolg verhelfen können.

Hüten Sie sich vor dem Vorwärtsstürmen, wenn sie Hsiao Kuo verwenden; lassen Sie sich Zeit, und gestatten Sie es dem Hexagramm, für Sie zu arbeiten.

Akzeptieren und arbeiten Sie an Ihren kleinen und scheinbar winzigen Siegen. Denn diese werden Sie schließlich zum Erfolg führen.

Vergleichen Sie das verborgene Wirken von Hsiao Kuo mit Wassertropfen, die auf einen großen Stein fallen. Schon bald ist der Stein so geschwächt, daß er sich zu einem Nichts abnutzt, so daß das schwächere und augenscheinlich weniger mächtige Wasser Erfolg und Sieg davonträgt.

Zunehmender Mond: Verwenden Sie Hsiao Kuo in Situationen, in denen laute, aggressive oder allzu offensichtliche Vorgehensweise unklug und unangebracht wäre. Dieses Hexagramm kann auch dazu benutzt werden, als Talisman andere daran zu hindern, Autorität und Macht zu untergraben.

Abnehmender Mond: Arbeitgeber können Hsiao Kuo verwenden, um sich von Querulanten zu befreien und ihre destruktive, zersetzende Energie zu neutralisieren.

63. Chi Chi: Nach der Vollendung oder dem Ende

Der Sieg wird im Laufe des Zyklus zu Lethargie und schlußendlichem Verfall

Wasser über Feuer

Ziele wurden erreicht, Macht und Wohlstand erlangt, ein Zyklus endet und ein neuer fängt an. Der neue Kreislauf bringt Selbstzufriedenheit, Indifferenz und allzuoft auch Verantwortungslosigkeit und Faulheit. Diese Situation führt schließlich zum Verfall, und so beginnt der Kreislauf für jene aufs neue, die nicht wissen, wie sie die Auswirkungen solcher Zyklen beenden oder mindern können.

Und für jene, die sich solcher Kreisläufe bewußt sind: Ist der Erfolg erreicht, kann die Zufriedenheit über die bewältigte Arbeit genossen werden. Achten Sie jedoch auch auf kleinere Aufgaben, deren Bewältigung erforderlich sein wird, um diesen Erfolg zu sichern, und werden Sie nicht träge oder selbstzufrieden. Am besten ist es, sich aller kleinen Projekte anzunehmen, denn auf diese Weise wird Ihr Erfolg dauerhaft gesichert bleiben.

Zunehmender Mond: Verwenden Sie dieses Hexagramm, um das, was hart errungen wurde, zu behalten und zu schützen sowie den Zyklus des Verfalls zu mindern oder ihn zu verhindern.

Abnehmender Mond: Verwenden Sie Chi Chi, um die Auswirkungen von Fäulnis und Zerfall zu mindern, die sonst alles Erreichte und Errungene gefährden würden.

䷿

64. Wei Chi: Vor der Vollendung

Ordnung aus Unordnung

Feuer über Wasser

Wei Chi kann mit einem Märchen verglichen werden, in dem der Held oder die Heldin mitten in der Schlacht steht und verzweifelt versucht, eine neue Ordnung des Friedens und der Ruhe herbeizuführen.

So ist es mit jeder Situation, in der Sie sich mitten im Wandel gefangen fühlen und der Schubkraft und des Muts bedürfen, um die Angelegenheit oder die Umstände bis zum Schluß durchzustehen. In solchen Fällen kann Wei Chi behilflich sein, wobei je nach Umstand auch noch weitere Hexagramme hinzugezogen werden.

Am vordringlichsten ist es, stets im Auge zu behalten, daß Wei Chi unmittelbar »vor dem Ende oder dem Abschluß« irgendeiner wichtigen Angelegenheit eingesetzt wird. Es stärkt, kräftigt und hilft dabei, dem gegenwärtigen Durcheinander die Ordnung abzuringen. Es ist dabei behilflich, einen neuen und gedeihlicheren Zyklus einzuleiten.

Zunehmender Mond: Verwenden Sie Wei Chi, um sich vor den Gefahren oder den Mißlichkeiten zu schützen, die das Herbeiführen notwendiger Veränderungen (Wiederherstellung der Ordnung oder der Gerechtigkeit aus Chaos und Unrecht) mit sich bringt.

Das Hexagramm schafft Weisheit und Klarheit, wo die Situation es verlangt, und zeigt den richtigen Weg des Handelns, der zum Sieg führt.

Abnehmender Mond: Bei abnehmendem Mond eingesetzt, mindert und vertreibt das Hexagramm jene, die die alte Ordnung oder Unordnung aufrechterhalten wollen. Wei Chi kann dazu benutzt werden, korrupte Machthaber zu beseitigen oder ihren Einfluß zu brechen.

Quiz zu Kapitel 8

Bestimmen Sie das Hexagramm, das am besten zu der jeweiligen Beschreibung paßt.

1. Beseitigung des Unglücks aus Ihrem eigenen Leben oder dem eines anderen, und Austausch dieser Negativität durch Fülle.
2. Finden oder Herstellen der wahren Liebe.
3. Befreiung von großen Problemen und von Streß.
4. Wiedererweckung einer sich abkühlenden Liebesbeziehung.
5. Zerstörung oder Schwächung eines Feindes.

Antworten

1. Nummer 11, T'ai, vertreibt jedes Unglück und ersetzt es durch Glück.
2. Nummer 31, Hsien, schafft wahre und selbstlose Liebe.
3. Nummer 32, Heng, befreit und hilft beim Lösen von Problemen.
4. Nummer 40, Chieh, erneuert Liebe.
5. Nummer 23, Po, schwächt gegnerische Kräfte und verschafft dem Angreifer den Sieg.

9 Runen

Definition der Runen: Eine Rune ist ein Ideogramm, eine bildliche Darstellung einer Idee oder eines Konzepts.

Kurze Geschichte der Runen: Runen gehen weit in die Vorgeschichte zurück und erscheinen auf geheimnisvolle Weise überall in ganz Europa. Und doch fällt es ernsthaften Okkultismusforschern, Runologen und Archäologen schwer, den genauen Ursprung, die Bedeutung und den Gebrauch der Runen durch frühe Zivilisationen präzise zu bestimmen.

Im allgemeinen ist man sich jedoch darüber einig, daß das aus vierundzwanzig Runen bestehende Ältere Futhark die Grundlage aller anderen heutigen Runensysteme darstellt.

Es hat Spekulationen darüber gegeben, daß die teutonischen Völker das Ältere Futhark zwischen 300 und 100 v. Chr. aus einer noch früheren und verborgenen Quelle empfangen haben.

Jedenfalls gilt als gesichert, daß die Runen zu magischen Riten verwendet wurden, und so ist es nicht ungewöhnlich, Behausungen, Messer, Kochbesteck und andere persönliche Gegenstände mit verschiedenen magischen Kombinationen aus Runenschriften verziert zu entdecken, die zur Herstellung von Gesundheit, Reichtum, Schutz, Fruchtbarkeit und Wohlgedeihen dienten.

Der Grund, weshalb wir in einem Buch über Talismane auch die Runen miteinbeziehen, liegt darin, daß wir Sie mit einem weiteren System der Divination vertraut machen möchten, das genau wie der Tarot und das I Ging in einen wirkungsvollen und mächtigen Talisman integriert werden kann.

Auf den folgenden Seiten finden Sie die fünfundzwanzig heute am häufigsten verwendeten Runen. Zu jeder von ihnen finden Sie eine Erklärung ihrer Schlüsselbegriffe und ihrer allgemeinen Bedeutung, dazu Hinweise zu ihrer Verwendung bei zunehmendem und abnehmendem Mond.

ᚠ

1. Fehu
Fehu, Foeh
Klangwert: F

Rune der/des: nackten Gewalt

Schlüsselkonzepte: die Verfügbarkeit von Macht zur Manifestation von Reichtum

Profane Bedeutungen: Vieh, Reichtum und Macht

Allgemeine Bedeutungen: Alle Angelegenheiten des Wohlstands und des Reichtums. Bequemlichkeit, Fruchtbarkeit, Fortpflanzung und gesellschaftliche Stellung. Der Schutz des Reichtums vor Diebstahl, Arbeitsverlust, Verletzung oder Schikane. Glück in allen Geldangelegenheiten und beim verdienten Einkommen. Erlangung von Reichtum durch eigene Anstrengung. Fehu wird auch dazu verwendet, um eine bestimmte Situation oder Lage zu beschleunigen.

Magische Verwendung: Die Sende- oder Vernichtungsrune; das Ausschicken magischer Kraft zur Stärkung umgebender Runen, einer Situation oder Lage. Auf jede Angelegenheit oder Person losgelassene magische Kraft als heftige, destruktive oder konstruktive Macht.

Die Kanalisierung und Projektion dieser Kraft klärt die Chakren, reinigt die Aura und verstärkt alle paranormalen Fähigkeiten. Das ermöglicht es uns, mit einem unbegrenzten Zugang zu universaler Energie mühelos die eigene Realität zu manifestieren oder zu erschaffen.

Zunehmender Mond: Verwendung zum Aufbau von Reichtum

und Vermögen. Fehu kann auch dazu benutzt werden, jemanden daran zu hindern, Ihnen Geld zu stehlen oder (bei zunehmendem Mond) Ihre Fähigkeiten einzuschränken.

Abnehmender Mond: Einsatz zur Schwächung oder Vertreibung von Personen oder Hindernissen, die Sie beim Geldverdienen behindern können.

Diese Rune kann, bei abnehmendem Mond verwendet, Arbeitsplatzverlust verzögern oder verhindern, wenn sie im Haus der Arbeitgeber, der Nummer 10, Steinbock, eingesetzt wird.

Bei Gebrauch im Steinbock (bei abnehmendem Mond) vollenden Sie diesen Prozeß mit dem nächsten Neumond (zunehmender Mond), indem Sie Eolh (Schutz – Verteidigung), Tir (Sieg – Krieger), Beorc (neues Wachstum oder Regeneration), Wunjo (glückliches Ende oder Ergebnis) im Haus des Berufs und des Dienstes, Nummer sechs, Jungfrau, benutzen.

ᚢ

2. Uruz
Uruz, Ur
Klangwert: U

Rune der/des: Zügelung oder der Formung der Macht

Schlüsselkonzepte: der Akt der Manifestation; Formbildung aus dem Formlosen im Einklang mit dem eigenen Willen

Profane Bedeutungen: Bison, Ochse, Auerochse, Regen, körperliche Kraft und Macht

Allgemeine Bedeutungen: Neuheit, Geburt; das Öffnen von Türen zur Erschließung neuer Möglichkeiten, Herangehensweisen und von potentiellem Wachstum. Beschleunigung aller Angelegenheiten. Universale oder kosmische Energie. Unbegrenzte Kraft, Macht und Vitalität. Alles Wilde und Ungezähmte in uns, in der Umgebung oder in anderen.

Die Vitalessenz des Lebens, Heilung, Freiheit, Handeln, Mut, der Körper, das Ego, Kühnheit und Heftigkeit.

Weiblichkeit, Mannbarkeit, Übergangsriten und Riten der Selbstverwandlung und Lust. Wachstum, Anpassung und Harmonisierung mit der eigenen Umwelt zur Heilung aller.

Uruz dominiert auch über Brutalität, Überstürzung, Gefühllosigkeit, Gewalt und sexuelle Exzesse oder Perversion.

Magische Verwendung: Heilung durch den Gebrauch von Magie (Energiemanipulation durch den Willen). Der besondere Gebrauch der Energie der Erde und ihrer Magnetfelder zum Zwecke des Rituals, der Erdmagie, des Schamanismus. Erwerb von Weisheit beim Gebrauch der Erdmagie und frühschamanischer Praktiken.

Zunehmender Mond: Verwendung zur Heilung oder zur Durchsetzung von Veränderung mit Hilfe von schierer Willenskraft. Nutzen Sie Uruz, um jede Situation nach Ihrem Wunsch schnell zu formen oder zu prägen. Fügen Sie Uruz anderen Runen bei, um zusätzliche Kraft, Energie und Macht zu erlangen.

Abnehmender Mond: Verwendung zur völligen Vernichtung einer ungewollten Situation. Benutzen Sie Uruz bei abnehmendem Mond mit Vorsicht, da diese Rune nicht nur mächtig ist, sondern auch unberechenbar, heftig und unbeherrscht sein kann.

ᚦ

3. Thurisaz

Thurisaz, Thorn
Klangwert: th

Rune der/des: durch schiere Willenskraft gelenkten Macht

Schlüsselkonzepte: Die Fähigkeit, die rohen Kräfte der Vernichtung und der Selbstverteidigung zu einem bestimmten Zweck in und durch den Körper zu führen.

Profane Bedeutungen: Dorn, Schärfe

Allgemeine Bedeutungen: Der Brecher des Widerstands, der Beschützer, der Blockaden- oder Barrierenbrecher, große Kräfte der Ausdehnung, der Stärke, der Schärfe, der Grausamkeit; Verstohlenheit, Glück und die Macht, die Gegner zu vernichten.

Erschaffung von Liebe und Neubeginn im Leben. Lösung von Problemen. Beherrschung des Bösen, der Bösartigkeit, des Hasses und der Lügen sowie Ausmerzung unerwünschter Subjekte (Männer wie Frauen) in Ihrer Umgebung.

Wird sie durch den Willen gelenkt, so schafft diese mächtig Rune Aktion (Vernichtung) oder Nicht-Aktion (Schutzwall) im Einklang mit den eigenen Wünschen. Diese Rune wird zum Schutz Ihrer selbst und Ihrer Lieben eingesetzt.

Magische Verwendung: Aufbrechen von Liebesmagie und von Flüchen. Erringen der Vorherrschaft in jeder Liebesbeziehung; Ausführung von Liebesmagie und Kontrolle über die Herzensempfindung des Menschen, den Sie lieben. Verwenden Sie diese Rune, um andere nach Ihrem Willen zu binden sowie zur Unterstützung weiterer Runen bei Ihren magischen Bestrebungen.

Hinderung anderer, Ihre Magie zu blockieren. Hervorragend geeignet für alle Anlässe magischer Selbstverteidigung, Aggression und Manifestation des Willens.

Die in dieser Rune enthaltene Macht kann durch den Willen nach außen projiziert werden. Die tatsächlichen Auswirkungen Ihrer mentalen Projektion werden durch eventuell umgebende Runen bestimmt, ebenso durch das Zodiakhaus, in dem Sie arbeiten. Diese Rune ist am wirkungsvollsten im Bereich der Talismanmagie.

Zunehmender Mond: Verwendung bei zunehmendem Mond, um einen starken Schutzwall um das eigene Selbst, um irgend etwas anderes oder jemand anderen zu legen. Thurisaz stärkt die Aura und schärft die Sinne; die Rune ergänzt jede Situation durch zusätzliches Glück.

Abnehmender Mond: Gebrauch bei abnehmendem Mond führt zur völligen Vernichtung von allem, worauf Thurisaz gerichtet wurde. Ist sie einmal aktiviert worden, wird diese Rune ihre Arbeit ausführen, auch wenn Sie es sich plötzlich anders überlegen sollten. Verwenden Sie diese Rune daher weise und vorsichtig. Benutzen Sie Thurisaz bei abnehmendem Mond zur Beseitigung von Hindernissen.

ᚨ

4. Ansuz
Ansuz, Os
Klangwert: A

Rune der/des: geistigen Regsamkeit, Selbstausdrucks und aller Formen der Kommunikation

Schlüsselkonzepte: Magie; die Nachrichtenrune; Channeling der Alten

Profane Bedeutungen: Mund oder Gott

Allgemeine Bedeutungen: Diese Rune zerstört oder zerschmettert alle Versuche körperlichen Mißbrauchs oder jedweder Kraft, die gegen Sie oder jemanden gerichtet wird, den Sie lieben. Die Macht und Essenz der Ahnen oder des Gotts. Spirituelle Ekstase, Signale, Geschenke und Warnungen; das Überbewußte, Bewußte und Unbewußte.

Erziehung, Gelehrsamkeit, Lehre, Sprechen, Schreiben (Mitteilungen in jeder Form), Verhandlungen, Debatten, Umgang mit der Öffentlichkeit oder den Medien, Politiker, Führer, Soldaten, Krieger, weise Führung und kluger Rat.

Sicherung von Glück und Zuversicht in allen Angelegenheiten zwischenmenschlicher Art; Förderung der Freiheit und Vernichtung von Vorurteilen, Ignoranz und Tyrannei.

Magische Verwendung: Die Rune des Charismas und des persönlichen Magnetismus durch die Macht der Kommunikation. Gut für jeden, der mit anderen im Wettbewerb steht oder Erfolg durch die Macht der Mitteilung braucht. Ob Sie Sänger/Sängerin sind, Politiker, Discjockey, Fernsehmoderator, Schriftsteller oder Redner: diese Rune wird Ihr Publikum günstig stimmen.

Sie herrscht auch über die Geheimnisse magischen Wissens, magischer Formeln, Verzauberungen des Mediumismus, des Channelings, der Bannung, der Exorzismen, des Ahnenkults und der religiösen Philosophie. Bei Besessenheit, Spuk und Poltergeistern im Skorpion einzusetzen mit Thurisaz (Macht), Eihwaz (Bannung) und Beorc (Erdmutter).

Zunehmender Mond: Verwendung zum Aufbau des magischen Geists und Körpers; zum Aufbau einer erfolgreichen Karriere vor der Öffentlichkeit durch alle Mittel der Kommunikation.

Abnehmender Mond: Verwendung zur Vertreibung von Ängsten, Gespenstern und unerwünschten Einflüssen in der eigenen Aura, im Heim und in der Umgebung. Vernichtet Tyrannei, Ignoranz und Haß in Ihrem Leben.

ᚱ

5. Raidho
Raidho, Rad
Klangwert: R

Rune der/des: ausgeübten Gerechtigkeit und des Reisens

Schlüsselkonzepte: Reisen, kosmische Unterstützung der Gerechtigkeit für die Unschuldigen

Profane Bedeutungen: ein Rad, reisen oder reiten/fahren, Rad der Kraft

Allgemeine Bedeutungen: Alle Formen des Transports. Bewegung (geistig oder körperlich) in die richtige Richtung. Befriedigung, Schutz und Glück in allen Reiseangelegenheiten.

Wer Rennfahren fährt oder einen Sport betreibt, in dem es um Bewegung oder Reisen geht, findet durch diese Rune Sicherheit und Erfolg. Sicherung des Siegs und der Gerechtigkeit in jeder Situation, in der Sie im Recht sind. Verwenden sie Raidho zusammen mit Jera (das Ernten der eigenen Saat sowie alle rechtlichen Angelegenheiten), wenn Sie vor Gericht gehen.

Magische Verwendung: Channeling und Harmonisierung des Höheren, Mittleren und des Niederen Selbstes; der Weg der Kundalini. Erlernen und richtiger Einsatz der göttlichen Gesetze der Natur in der Magie.

Der Weg zurück zu Frieden, Harmonie, Gesundheit, Wohlergehen, Gedeihen und Ausgeglichenheit, sowie der Weg zurück zum Gebrauch der Magie und zu den Alten Göttern und Göttinnen.

Zunehmender Mond: Verwendung zum Schutz Ihrer selbst oder anderer beim Reisen sowie zur Sicherung des Siegs bei Wettläufen und -fahrten.

Abnehmender Mond: Verwendung zum Aufbrechen von Pechsträhnen, Ängsten oder allen Blockaden, die das Reisen oder die Bewegung beeinträchtigen.

ᚲ

6. Kaunaz
Kaunaz, Ken, Kenaz
Klangwert: K

Rune der/des: Kunst, Magie, Künstler und Handwerker

Schlüsselkonzepte: die schöpferischen Feuer des Lebens und der Leidenschaft, beherrscht durch den Willen, entstehende Ergebnisse, Schöpfung, sexuelle Liebe und neue Wirklichkeiten

Profane Bedeutungen: Licht, Fackel oder Wunde (Verbrennen oder Versengen, was zu einer Wunde führt)

Allgemeine Bedeutungen: Gesundes sexuelles Verlangen, Leidenschaften und Sehnsüchte. Herstellung gesunder, liebevoller Beziehungen oder freundlicher Partnerschaften aus ursprünglich Feindseligem und Destruktivem.

Schutz von Wertsachen, Gesundheit; Stärkung des Selbstbewußtseins, positive Einstellung, neue Beziehungen, Weisheit und Kontakt zum eigenen Höheren Selbst und dem Universum.

Diese Rune erhöht die Fähigkeit zur (magischen) Schöpfung und ist daher hervorragend für Künstler und Handwerker geeignet. Sie bringt Erfolg, da der Handwerker, der ihre Macht nutzt, feststellen wird, daß, gleichgültig was er im einzelnen herstellt, vom Gewöhnlichen ins Außergewöhnliche umgewandelt wird. Das ruft natürlich den Erfolg auf den Schöpfer herab, da die Menschen sich überlegen, was diesen Gegenstand zu etwas so Besonderem macht.

Magische Verwendung: Alle Formen der Liebesmagie, im Rang gleich hinter Gebo in der Sexualmagie; Heilung und Regeneration. Ideal für die Zwiesprache mit den Toten und die Herstellung magischer Kraftgegenstände.

Bannung! Bannung aller niederen Schwingungen, die auf irgendeine Weise Schaden anrichten, sowie Empfängnis des Universalen Lichts, das die Aura kräftigt und Schutz bietet.

Zunehmender Mond: Verwendung zur Einbringung der Energie des Universalen Lichts zum Schutz Ihrer selbst, eines anderen, eines Gegenstands oder einer Situation. Diese Rune ist synonym mit den Kräften des Universalen Lebens, und aus diesem Grund bietet sie allem, was nahe bei ihr liegt, Energie und Schutz. Legen Sie sie auf einen Gegenstand, wann immer Schutz erforderlich sein mag.

Abnehmender Mond: Kaunaz wird am besten zuerst bei abnehmendem Mond verwendet. Danach benutzen Sie die Rune wieder bei zunehmendem Mond, um Schutz herzustellen.

Bannungen aller Art sind hervorragende Betätigungsfelder für Kaunaz. Von den niederen Schwingungen eines desinkarnierten Wesens (Gespenstes) bis zu häßlichen Gedankenformen anderer kann diese Rune dazu verwendet werden, alles zu bannen und Ihr Heim, Ihre Aura und Ihren Arbeitsplatz zu reinigen.

Verwenden Sie Kaunaz auch, um Falschheiten und Blender bloßzustellen, ebenso entsprechende Situationen und Betrug.

ᚷ

7. Gebo

Gebo, Gyfu, Gifu
Klangwert: G

Rune der/des: Partnerschaften, Vereinigungen und Gruppen

Schlüsselkonzepte: Die Polaritätsgegensätze von männlicher und weiblicher Energie. Verbindet die (magischen) Energien beider oder leitet sie stärker auf ein gemeinsames Ziel

Profane Bedeutungen: Geschenk (Dargebotenes, Spende, Opfer)

Allgemeine Bedeutungen: Partnerschaften, Popularität, innerer Frieden, Großzügigkeit bis zur Selbstaufopferung, Verzeihen, Dankbarkeit, Liebe, sexuelle Vereinigung, Frieden und Harmonie zwischen Familienmitgliedern und geliebten Menschen. Eingehen auf Mitarbeiter, Partner; gutausgewogenes Selbstbild.

Magische Verwendung: Der Austausch von Energien (Kraft/Macht) zwischen dem Universum und den Menschen als Geschenk (Magie) des Gotts oder der Göttin zum Wohle des Fortschritts der Gattung.

Mit dem Gott oder der Göttin einszuwerden, heißt, weise zu werden, zentriert, ausgewogen und wahrhaft. Die Vereinigung mit dem Gott- oder dem Göttinnen-Selbst schafft Ekstase, Macht und Wohlergehen. Sexuelle Beziehungen zwischen Partnern zum Zwekke der Sexualmagie – der Große Ritus.

Wo zwei oder mehr zu magischen Zwecken zusammenkommen, wird ihre Macht durch Gebrauch dieser Rune verstärkt.

Zunehmender Mond: Verwenden Sie Gebo in allen Beziehungs- und Beliebtheitsfragen. Wenn Sie ein gesünderes Selbstbild und eine bessere Beziehung zu sich selbst und einer Göttin oder einem Gott brauchen, benutzen Sie Gebo dazu.

Abnehmender Mond: Befreien Sie sich von unerwünschten oder ungewollten Angewohnheiten, Bedingungen oder Problemen, die andere daran hindern, Sie zu mögen. Verwenden Sie Gebo, um andere vergessen zu machen, weshalb sie Sie nicht mögen, wie auch, um in Beziehungen die Tore zu neuen Möglichkeiten aufzustoßen.

ᚹ

8. Wunjo
Wunjo, Wynn
Klangwert: W

Rune der/des: Konsolidierung eines glücklichen Ausgangs

Schlüsselkonzept: große Freude

Profane Bedeutung: Ausgewogenheit schafft Freude

Allgemeine Bedeutungen: Wenn Sie Ihren Talisman mit Runenzeichen anfertigen, sorgen Sie stets dafür, daß Ihre letzte Rune Wunjo ist. Sie sichert den Erfolg und einen glücklichen Ausgang bei allem, was Sie in Angriff nehmen.

Erfüllung, Glück, Liebe, Frieden, Kameradschaft, Freundschaft, Verbindung, Beziehungen und Verträge. Geschäftliches (vor allem Besitz/Eigentum), Handel, Wohlstand, Ruhm, karmische Belohnungen und persönliche Befriedigung; Anziehung, Magnetismus, gute Beziehungen zu anderen. Lachen, Feiern, Vergnügungsparks, Urlaub und Ferien.

Wunjo kann auch gegen Süchte eingesetzt werden, gegen ungewollte Besessenheiten (durch desinkarnierte Wesen), gegen Versklavung, Verzauberung und praktische Undurchführbarkeit.

Magische Verwendung: Bemeisterung der Geheimnisse des Anzapfens und Lenkens verschiedener Arten von Energien und Kräfte, die unsere Welt ausmachen. Die Rune Wunjo läßt sich auch verwenden, um die verschiedenen Techniken zu lernen und zu beherrschen, die zur Harmonisierung dieser Energien erforderlich sind.

Zunehmender Mond: Verwendung zum Kanalisieren verschiedener Arten von Energie und Kraft zu magischen Zwecken und Praktiken. Diese Rune stärkt die Fähigkeit des Kanalisierens solcher Energie und unterstützt umgebende Runen. Verwenden Sie Wunjo, um jemanden zu binden (beugen), und auch, um das gleiche mit einem Gegenstand oder einer Situation nach Ihrem Willen durchzuführen. Herstellung von Frieden, Harmonie und gutem Willen in jeder beliebigen Situation.

Herstellung einer Verzauberung und Stärkung des magischen Erfolgs.

Abnehmender Mond: Auflösung oder Bannung von Verzauberungen, unerwünschten Kräften oder Energien, die Ihren Zwecken nicht mehr dienen.

Wunjo kann auch verwendet werden, um schwerwiegende Probleme zwischen Familienmitgliedern, in Partnerschaften und bei Paaren herbeizuführen. Aus diesem Grund sollte die Rune nur mit Vorsicht und klarer Zielvorgabe verwendet werden.

ᚺ

9. Hagalaz
Hagalaz, Hagalaz
Klangwert: H

Rune der/des: Fortschritts, der erfolgreich bestandenen Lektionen

Schlüsselkonzepte: langsam und mühselig; das Abarbeiten von Einschränkungen oder Grenzen.

Profane Bedeutungen: Schnee, Hagelkorn, Ei oder kosmische Saat.

Allgemeine Bedeutungen: Jede Situation, die eingrenzt oder beschränkt, wird vor Hagalaz' langsamer, aber nach oben gerichteter Bewegung zum schlußendlichen Erfolg aufgelöst. Wo sonst keine positive oder konstruktive Bewegung mehr möglich war, wird Hagalaz sie durchsetzen. Extreme gehören häufig zu Hagalaz, der Runenmutter. Alles wirkt anders, wenn es beginnt und wenn es aufhört. Hagalaz kann in solch schwierigen Zeiten eine Hilfe sein.

Gewinnen Sie die Unterstützung, das Vertrauen, die Liebe und die Loyalität anderer, selbst wenn Sie nicht dieselben Interessen verfolgen sollten. Einsatz bei Gruppen, Familienverbänden, Clans, Stämmen und Regierungen.

Hagalaz läßt sich auch gegen Entbehrungen verwenden, gegen Schmerz, Leid, Verlust, mangelhafte Gesundheit, natürliche oder vom Menschen künstlich herbeigeführte Katastrophen sowie gegen schlechtes Wetter.

Benutzen Sie diese Rune unter Bedingungen oder in Situationen, in denen es um ein kalkuliertes Risiko geht und Glück gefordert ist.

Magische Verwendung: Die Rune des Leids und der Entbehrungen; Hagalaz steht für den Bereich der Hel oder Unterwelt. Es ist die Vereinigung von Gegensätzen, die Rune der Transformation.

Zunehmender Mond: Zur Beeinflussung, Befehligung, Lenkung oder Umstimmung von Gruppen verwenden Sie das siebte Zodiakhaus Waage bei zunehmendem Mond.

Abnehmender Mond: Vernichtung von Krankheit, schlechter Gesundheit, Leiden, Herzschmerzen, Katastrophen und allem Unheil.

ᚾ

10. Naudhiz
Nauthiz, Nied
Klangwert: N

Rune der/des: Befreiung aus Not und Qual

Schlüsselkonzepte: eine Zeit der Reinigung, des Ausgleichs und der Harmonisierung

Profane Bedeutungen: Qual entsteht aus ernster Not, während doch die Möglichkeit und Fähigkeit vorhanden ist, durch die Manipulation der Universalen Macht mit Hilfe des Willens diese Not zu beheben.

Zum Verständnis Ihres Karmas und der in diesem Leben zu absolvierenden Lektionen bei gleichzeitigem Wissen, daß Sie über die Macht verfügen, diese Lektionen zu ändern oder erfolgreich durchzuarbeiten, bedienen Sie sich der Hilfe Naudhiz'.

Allgemeine Bedeutungen: Diese Rune hilft in allen Angelegenheiten, die nach klugem Urteil und unvoreingenommenem Denken verlangen; zur Erlangung von Zielen, Geduld und Entschlossenheit; zur Wiedergutmachung und Tilgung von Schulden.

Verwendung zur Durchtrennung ungewollter Bindungen, die Sie wie ein Sklave an eine Arbeitsstelle, Person, Idee oder Situation fesseln. Holen Sie sich wieder, was Ihnen gegenwärtig im Leben fehlt. Verschaffen Sie sich die grundlegenden Dinge, die Sie zum Überleben und zur allgemeinen Erfüllung Ihrer Bedürfnisse brauchen; Entbehrung, Armut, Hunger, Gefühl und die Unfähigkeit zur Handhabung. Überwindung selbstprogrammierter Muster des Versagens und der Vernichtung.

Magische Verwendung: Die beste Rune für die Magie oder die Divination, um Ihren vollkommenen Partner oder Liebhaber zu finden. Verwenden Sie diese Rune auch dazu, Ihr Liebesleben zu würzen.

Die heiligen Feuer spiritueller und körperlicher Transformation erschaffen Gleichgewicht, Ordnung und einen scharfen magischen Verstand. Diese Rune ist auch gut geeignet zur Anrufung der Geisterwelt und der Krafttiere.

Zunehmender Mond: Herstellung neuer Ziele und Stoßrichtungen; Beschaffung dessen, was gegenwärtig in Ihrem Leben fehlt.

Abnehmender Mond: Loslösung von destruktiven Mustern, Fesseln, Bedingungen und Menschen, die Ihnen nicht mehr zum Besten dienen. Verwenden Sie diese Rune, um Ihr Leben zu transformieren.

ᛁ **11. Isa**
Isa, Is
Klangwert: I

Rune der/des: Einfrierens oder Stehenbleibens

Schlüsselkonzepte: Stillstand, das Blendende oder Hemmende

Profane Bedeutung: Eis

Allgemeine Bedeutungen: Überwindung aller Situationen oder Umstände, die von Komplotten, Verrat, Lügen, Heimtücke, Hinterhältigkeit, Gefahr, Täuschung, Verzauberung geprägt oder die illusorisch sind.

Überwindung von Qual, Erlangung von Zielen, Herstellung von Schutz, Schönheit, Lösung von Konflikten, Herstellung oder Zertrümmerung von Hemmnissen oder Argumenten sowie Aufspüren oder Zurückholen eines Geliebten/einer Geliebten.

Bei Verwendung in der entsprechenden Mondphase wird Isa destruktive Energien aufhalten, die gegen Sie gerichtet sind (zunehmender Mond), diese Energien umkehren und sie gegen den Verursacher richten (abnehmender Mond).

Magische Verwendung: Einfrieren oder Bremsen jeder Situation, um Zeit zur Neustrukturierung zu gewinnen und jede erforderliche Magie auszuführen. Isa ist sehr gut zur kreativen Visualisation geeignet, da sie die innere Klarheit, die Sehfähigkeit sowie die Zwiesprache mit dem Höheren Selbst und den inneren Welten stärkt. Isa kann beliebig im Zodiak plaziert werden, um Täuschung, Intrigen, Vertuschungen oder falsche Identitäten bloßzustellen. Im letzteren Fall gestattet Isa es, jede Magie zu durchschauen, die mit Glanz, Charme oder sexueller Verführung arbeitet, um ihr Ziel zu erreichen.

Zunehmender Mond: Verwenden Sie Isa zusammen mit Jera (das Rechtssystem), Raidho (Sieg der Gerechten) und Wunjo (glücklicher Ausgang), wenn Sie in einer Zivil- oder Strafsache zu Unrecht beschuldigt werden. Isa bei zunehmendem Mond verwendet, wird Ihnen Zeit verschaffen, Ihre Verteidigung vorzubereiten. In einem solchen Fall arbeiten Sie am besten mit dem Zodiakhaus Nummer sieben, Waage (Gerichte, Gesetze, Staatsanwälte und Justiz).

Abnehmender Mond: Verwenden Sie Isa bei abnehmendem Mond, um blockierte oder eingefrorene Zustände zu lösen und stagnierende Situationen umzukehren.

12. Jera
Jera, Jara
Klangwert: J, Y, (A)

Rune der/des: Erntens, der Früchte dessen, was Sie gesät haben, sowie aller rechtlichen Angelegenheiten

Schlüsselkonzepte: Überfluß und Fülle

Profane Bedeutungen: abgeschlossene Jahreszeit oder Jahreszyklus; Ernte

Allgemeine Bedeutungen: Überfluß oder Lohn der Arbeit. Ernten des Ausgesäten. Herstellung von Frieden, Harmonie und Erleuchtung im Leben. Jera, die Rune der Fruchtbarkeit, steht für Samen und Ei, Wiederbelebung und Geburt.

Magische Verwendung: Ausgewogenheit solarer und irdischer Energien, ideal zur Herstellung der Keime magischen Wünschens. Plazieren Sie diese Rune in einem Haus, in dem sich etwas manifestieren soll, und sehen Sie mit an, wie daraus Wirklichkeit wird. Jera ist ideal geeignet, wenn Sie eine physische oder greifbare Manifestation irgendeiner Art brauchen.

Zunehmender Mond: Verwenden Sie Jera, wenn Sie vor Gericht ziehen müssen, um Schulden einzutreiben, Gläubiger abzuwehren, sich vor übler Nachrede zu schützen oder einen Prozeß zu beeinflussen.

Abnehmender Mond: Wenden Sie das Blatt zu Ihren Gunsten, wenn Sie vor Gericht stehen. Umkehr aller gegen Sie unternommenen Vorstöße; werfen Sie den Angriff rechtlich auf den Verursacher zurück.

ᛇ

13. Eihwaz
Eoh, Yr
Klangwert: I oder EI

Rune der/des: Schutzes und der Bannung

Schlüsselkonzepte: Verteidigung; der Baum der Erkenntnis, des Lebens und des Todes

Profane Bedeutung: Eibenast

Allgemeine Bedeutungen: Hüter der Heiligen Feuer; fest und stark, giftig und tödlich; niemand vermag, den vernichtenden Kräften von Eihwaz zu widerstehen.

Dies ist eine hervorragende Rune für den Krieger oder die Kriegerin; Selbstverteidigung, Blockade oder Besiegen anderer. Zugewinn von Geduld, Voraussicht, Kompetenz und Weisheit.

Eihwaz ist die Rune des Rechts oder der Gerechtigkeit. Sie schützt oder bemächtigt die nach Erfolg strebenden Unschuldigen.

Sie transformiert Hindernisse zu Stufen zum Erfolg und hilft in Geschäfts- und Finanzdingen sowie bei der Organisation.

Magische Verwendung: Aufsuchen der Unterwelt, um die Geheimnisse des Lebens, des Todes und der Reinkarnation zu erfahren. Trennung vom physischen Körper und Reise im Astralen an ferne Orte und Zeiten.

Suche nach magischer Weisheit und Wahrheit durch Einweihung in die innerdimensionalen Reiche der Magie.

Zunehmender Mond: Eihwaz ist ideal dazu geeignet, dem kleinen Familienbetrieb zu helfen, der in der großen Firmenwelt überleben will. Eihwaz bemächtigt, schützt und führt zu Erfolg wider alle Wahrscheinlichkeit.

Abnehmender Mond: Verbannung destruktiver Energien im eigenen Leben, in der Aura und in der Umgebung.

ᛈ

14. Perdhro
Perthro, Peordh
Klangwert: P

Rune der/des: Glückspiels und Risikos.

Schlüsselkonzepte: alle Geheimnisse unterstehen der Herrschaft von Perdhro

Profane Bedeutungen: Würfelbecher oder Losschachtel

Allgemeine Bedeutungen: Überfluß und die Exzesse, die der Erfolg mit sich bringen kann. Glück, Lachen, Freude; die Störrischen, Unschuldigen oder Kindlichen; Sucht, Völlerei und alle anderen Exzesse des Lebens; Prostitution, Lüsternheit, Ausschweifung, Geisteskrankheit, sexuelle Fantasien und Perversionen; Glücksspiele und alle riskanten Unternehmungen. Erbschaften, Investitionen, Wiederfinden verlorener Gegenstände, Geheimnisse und verborgene Schätze.

Magische Verwendung: Initiation in die magischen Gebiete des Unerfahrbaren, des Nichts und der Bedeutung des Phönix. Die Geheimnisse der Manipulation von Materie, Energie und des Fatums, um Kontrolle über das eigene Schicksal zu erlangen.

Psychischer Tod und spirituelle Wiedergeburt sowie alle Formen der Divination.

Zunehmender Mond: Wenn Sie im Glücksspiel und anderen riskanten Unterfangen gewinnen wollen, verwenden Sie Perdhro bei zunehmendem Mond im Zodiakhaus Nummer fünf, Löwe, da diese Rune über das Glücksspiel und die Risiken herrscht.

Abnehmender Mond: Perdhro ist die geeignete Rune, will man alte magische Geheimnisse, die der Menschheit inzwischen verlorengegangen sind, wiederentdecken, und dazu wird sie im Haus des Skorpions, Nummer acht (okkulte Geheimnisse), verwendet.

15. Eolh
Eihwaz, Algiz
Klangwert: Z

Rune der/des: göttlichen Schutzes

Schlüsselkonzepte: der Göttliche Schutzschild, schützende Mächte, der Held

Profane Bedeutung: Elch

Allgemeine Bedeutungen: Eine Heldenrune, um zu schützen und zu verteidigen; verstärkt das Glück, die Loyalität und die Kommunikation mit anderen; zur Kontrolle des Selbst, der Emotionen und zum Herbeiführen erforderlicher Veränderungen im eigenen Selbst; sie schützt alle, die sie verwenden, und stärkt die Aura.

Die gewaltige Macht dieser Rune wird am besten dazu eingesetzt, anderen zu helfen und sich selbst zu heilen. Der selbstsüchtige Gebrauch dieser Rune soll sicheres Scheitern auf allen Gebieten einbringen.

Magische Verwendung: Dies ist die Rune des offenen Austausches zwischen den Menschen und den Göttern. Sie verbindet den Übenden zudem mit jeder Welt, die er in völliger Sicherheit bereisen und erforschen will.

Verwenden Sie diese Rune, um auf den inneren Ebenen mit Ihren Geistführern oder Wächtern zu kommunizieren.

Tragen Sie diese Rune bei sich, während Sie die inneren Ebenen bereisen, oder bei der Astral- beziehungsweise Geistreise; sie sorgt für göttlichen Schutz.

Diese Rune ist ideal, um sie auf den magischen Spiegel zu legen. Sie verstärkt die Fähigkeit des Hellsehens und der sicheren Reise in andere Realitäten und Welten sowie der gefahrlosen Kommunikation mit anderen Adepten der Magie.

Zunehmender Mond: Plazieren Sie Eihwaz in jedem Haus, in dem Sie Gefahr, Diebstahl und destruktive Energien abzuwehren haben. Benutzen Sie diese Rune, um sich selbst, jemand anderen, der Ihnen wichtig ist, oder alles andere vor gefährlichen Kräften zu schützen.

Abnehmender Mond: Im Zodiakhaus Nummer sieben, Waage (offene Feinde), und im Haus Nummer zwölf, Fische (verborgene Feinde), plaziert, wird Eihwaz alle Mißgünstigen bannen und ihre Macht über Sie verringern.

ᛋ

16. Sowilo
Sowulo, Sigel
Klangwert: S

Rune der/des: magischen Willens

Schlüsselkonzepte: Verteidigung und Sieg über Unterdrücker

Profane Bedeutungen: Sonne, Sonnenwagen oder Rad

Allgemeine Bedeutungen: Eine der bestgeeigneten Siegesrunen zur Sicherung des Erfolgs in jeder beliebigen Situation. Jeder Widerstand gegen diese Rune wird schnell, effizient und dauerhaft beseitigt.

Sowilo erzeugt unbegrenzte Kraft und stellt diese zur Verfügung, um damit gewünschte Veränderungen herbeizuführen.

Diese Rune bevorzugt Minderheiten, Frauen und jeden, der unter Unterdrückung oder Tyrannei leidet. Sie fördert Wohlstand, Wärme, Wachstum und Bequemlichkeit bei der Arbeit; der Sieg über die Feinde ist gesichert.

Gesundheit, Macht und körperliche Kraft, klares Denken, Selbstwertschätzung und Selbstsicherheit gehören in den Geltungsbereich dieser Rune.

Magische Verwendung: Die Ekstase der Kommunikation im Licht der Sonnengöttin Sol oder Sunna. Das Schwert der Flammenden Göttin; es reinigt, heilt, unterweist, schützt und läßt Gerechtigkeit und Vergeltung widerfahren.

Das Lichtrad oder die Sonne ist auch, wie diese Rune zeigt, mit den Chakren (drehenden Rädern oder Strudeln) in unserem Körper verbunden. Indem wir Sol durch das Scheitelchakra in den Körper führen, wird die Ekstase der Vereinigung erlebt. Es ist diese Kraft, die öffnet, reinigt und das Vorankommen des ernsthaften Magieschülers in Gang setzt. Ohne den Eintritt der Macht Sols in das Chakrensystem ist echte magische Weiterentwicklung unmöglich.

Zunehmender Mond: Plazieren Sie diese Rune in jedem Zodiakhaus, in dem Sie des Schutzes und des Siegs bedürfen, oder um jede Art von Unterdrückung in den Griff zu bekommen und zu überwältigen.

Abnehmender Mond: Wird Sowilo bei abnehmendem Mond in einem Zodiakhaus plaziert, beseitigt, entlarvt und/oder vernichtet diese Rune Heuchelei, Vorurteile, Tyrannei und Unterdrückung. Fügen Sie Tir (siegreicher Krieger) zu Sowilo hinzu, um diese Rune noch zu stärken und jede Ungerechtigkeit zu berichtigen.

ᛏ

17. Tir
Tyr, Tiewaz
Klangwert: T

Rune der/des: siegreichen Krieger

Schlüsselkonzepte: der Krieger oder Gesetzgeber und Verwalter der Gerechtigkeit

Profane Bedeutung: der Gott Tyr

Allgemeine Bedeutungen: Aggressive männliche Energie; Ruhm und Glück; engagierte Gleichrangige. Bewirkt Loyalität, Zuverlässigkeit, Beharrlichkeit, Führung, Selbstaufopferung und selbstlose Sorge um andere.

Weltordnung, Gerechtigkeit, Gesetz und spirituelle Disziplin. Sieg durch Konflikt oder Kampf. Der Glaube daran, daß die Gerechtigkeit siegen wird oder daß Macht Recht schafft.

Magische Verwendung: Glaube durch die Erfahrung, daß die Elementarkräfte der Magie und der Religion eins sind; Ritualmagie. Eigene Erfahrung der Wahrheit und des Lichts. Spirituelle Kämpfe im Inneren.

Zunehmender Mond: Siegreich sein, den Gegner im Kampf besiegen oder hemmen; Konflikte, Gerichtsprozesse und Wettbewerb. Tir kann in jedem Zodiakhaus wirkungsvoll verwendet werden.

Abnehmender Mond: Beruhigung, Negierung oder Verringerung der Fähigkeiten des Gegners in jeder Schlacht, jedem Konflikt, jedem Gerichtsprozeß oder im Wettbewerb.

ᛒ

18. Beorc
Berkana, Berkana
Klangwert: B

Rune der/des: Großen und Schützenden Muttergöttin

Schlüsselkonzepte: die Erdmutter; Wachstum, Zügelung und Verbergen

Profane Bedeutung: Birke

Allgemeine Bedeutungen: Beorc ist ideal dazu geeignet, Ihre Energie auf eine andere Person, einen anderen Ort oder einen anderen Gegenstand zu übertragen. Diese Rune herrscht über Behausungen und alle heiligen Gebiete wie Haine und natürliche Kultstätten (Tempel).

Glück. Alle Angelegenheiten, die der Geheimhaltung und Verschleierung bedürfen: Liebesaffären, Leidenschaften und alle Herzensdinge. Fruchtbarkeit, Säuglinge, Haustiere und Kinder; Familienleben und Beziehungen, alle häuslichen Angelegenheiten. Heilungen sowohl auf körperlicher wie auch emotionaler Ebene.

Magische Verwendung: Aussendung von Frieden, Fruchtbarkeit, Schutz, Harmonie und Liebe mit Hilfe der Talismanmagie.

Diese Rune enthält die Idee der Lebenszyklen oder Übergangsriten: Wiedergeburt, Pubertät, Mutterschaft, Vaterschaft, Alter und Tod.

Benutzen Sie Beorc, um die magischen Hysterien der Jungfrau, Mutter und Vettel zu ergründen und den magischen Weg der Göttin zu bearbeiten.

Beim Gebrauch von Erdmagie, Schamanismus und tierischer Geisthelfer schützt und versteckt oder verbirgt diese Rune.

Zunehmender Mond: Aufbau eines starken, gesunden und pulsierenden Familienlebens. Verschleierung einer Affäre oder Rückholung eines davongelaufenen Liebespartners. Diese Rune kann auch dazu verwendet werden, einen gewünschten Liebespartner anzuziehen, der Sie bisher nicht beachtet hat.

Abnehmender Mond: Aufdeckung einer Liebesaffäre; Verbannung oder Vernichtung von Krankheit; Auflösung von Beziehungen, die Ihnen nicht mehr zum Besten gereichen.

Verwenden Sie diese Rune mit Nummer drei, Zwillinge (gute Kommunikation), Nummer vier, Krebs (Heim und Familie), Nummer fünf, Löwe (Kinder und Romantik), sowie Nummer sieben, Waage (Ehegatte und Ehe).

ᛖ **19. Ehwaz**
Ehwaz, Eh
Klangwert: E

Rune der/des: aggressiven und schnellen Veränderungen

Schlüsselkonzept: Bewegung

Profane Bedeutung: Pferd

Allgemeine Bedeutungen: Wo immer diese Rune plaziert wird, bringt sie Veränderung (oft wird sie gegen bestehende Bedingungen eingesetzt) und verlangt meistens nach Reisen in irgendeiner Form. Man setzt sie am besten zusammen mit anderen Runen ein, die die gewünschten Veränderungen genauer bestimmen. Seien Sie umsichtig, denn Ehwaz hat die Neigung zu schnellen und tollkühnen Veränderungen, wenn dies nicht vorher anders festgelegt wurde.

Alle Arten von Transport, Reisen oder Beförderung. Erschaffung von etwas Neuem. Lehrt Vertrauen, Loyalität, Verläßlichkeit und harmonische Zusammenarbeit mit anderen.

Magische Verwendung: Das Pferd ist ein magisches Tier, und aus diesem Grund wird es auch häufig als Totemtier angesehen. Es verkörpert Weisheit, Schutz, Macht, Treue, Zuverlässigkeit und Schnelligkeit. Viele alten Völker (beispielsweise die germanischen Rassen) ritten im Geist ihre Pferde, wenn sie neue Welten, Dimensionen oder die inneren Reiche des Selbst erforschten.

Da das Pferd eine Art göttlichen Schutzes darstellte, half es dem Reisenden in seinem magischen Streben. Dies ist die ideale Rune für alle, die eine Affinität zu Pferden haben.

Die Rune wird auch von Männern wie Frauen bei Fruchtbarkeitsriten (Beschälung) verwendet und bietet großen Frieden, Freude und Sinnlichkeit.

Sie beherrscht alle Mittel und Arten des magischen Reisens: das astrale, mentale, seelische, emotionale und projektive.

Nachdem Sie das Zodiakhaus ausgewählt haben, in dem Sie

arbeiten wollen, plazieren Sie Ihren Runentext (die Veränderungen, die Sie erzielen wollen) in dem gewählten Haus. Nun fügen Sie Ehwaz hinzu, um diese Veränderungen schnell und im vorgegebenen Sinn herbeizuführen.

Zunehmender Mond: Fügen Sie Ehwaz (im gewählten Zodiakhaus) jeder Runenkombination hinzu, wenn die Zeit ein wichtiger Faktor ist.

Abnehmender Mond: Beim Reisen verwenden Sie Ehwaz, um alle Hindernisse oder Gefahren zu beseitigen, die Ihr sicheres Fortkommen bedrohen könnten.

ᛗ

20. Mannaz
Man, Mann
Klangwert: M

Rune der/des: Menschheit

Schlüsselkonzepte: der Magier oder die Erleuchteten

Profane Bedeutung: Homo sapiens

Allgemeine Bedeutungen: Sicherung der Hilfe anderer. Ego, Selbsterkenntnis und inneres Lernen. Schlauheit, guter Wille, geistige und körperliche Wendigkeit. Der Handwerker, der Arbeiter; die Rune des Magiers. Manipulation unter Kontrolle von Intelligenz, Raffiniertheit und Energie nach eigenen Wünschen. Kontrolle über die eigenen und fremden Verstandesprozesse.

Magische Verwendung: »Eingeweihter, erkenne dich selbst.« Dieser auf den ersten Blick so unscheinbare Satz ist tatsächlich der Schlüssel zur Unsterblichkeit, zu Weisheit, Wahrheit und Magie.

Mannaz ist dabei behilflich, die Macht des Selbst oder des Gott- beziehungsweise Göttinnen-Selbst zu ergründen. Die Rune unterstützt auch bei der Vereinigung und Verschmelzung der drei Egos, die in jedem von uns verborgen liegen und für die Erschaffung der Realität verantwortlich sind, die wir in unserem Leben wahrnehmen.

Zunehmender Mond: Um einen Gedanken in den Geist eines anderen einzupflanzen, verwenden Sie Mannaz bei zunehmendem Mond. Wie in diesem Buch erklärt, plazieren Sie alle wichtigen Daten über die Zielperson in dem Zodiakhaus Ihrer Wahl. Nun legen oder wickeln Sie Ihren Runentext um (oder auf) diese Information. Projizieren Sie jede Nacht zur selben Zeit, wenn die Zielperson schläft, was immer Sie wollen in ihren Geist.

Verwenden Sie Mannaz auch bei zunehmendem Mond, um alle Gedankenprojektionen anderer zu blockieren. Plazieren Sie die Namen und die entsprechenden Schlüsselinformationen jener, von denen Sie argwöhnen, daß sie Sie mit Projektionen behelligen, in die entsprechenden Häuser des Zodiaks (meistens im Haus der Feinde, wenn es sich nicht um Verwandte oder einen Vorgesetzten handelt). Nun blockieren Sie ihre Energien, indem Sie die Informationen in ein mit Mannaz beschriftetes Pergament wickeln.

Abnehmender Mond: Zur Entschärfung jeglicher Gedankenprojektion, Kontrolle oder anderer Personen wie auch zur Bannung manipulierender oder beherrschender Energien anderer tun Sie das gleiche wie oben. Der einzige Unterschied besteht darin, daß Sie Mannaz jetzt bei abnehmendem Mond verwenden.

ᛚ

21. Laguz
Laguz, Lagu
Klangwert: L

Rune der/des: Transmutation und Einweihung

Schlüsselkonzepte: Wasser; Fließen

Profane Bedeutungen: Wasser, See, Meer oder Flüssigkeit

Allgemeine Bedeutungen: Eine Rune der aggressiven weiblichen Energie. Aus dem Meer manifestiert alles Leben das ewig Weibliche und die Erneuerung des Lebens.

Vitalität, Gesundheit, Ernährung, Reinigung und der Akt des Gebärens; die Lebenskraft, vor allem für Frauen. Eine stark beschützende Rune für Frauen und Kinder; alle Angelegenheiten des Gefühls, der Empfindungen, der Liebe und des häuslichen Lebens.

Eine Rune des Künstlers, der Kunst oder des künstlerischen Strebens. Alle Angelegenheiten des Meeres: seine Toten, seine Schätze und seine Geheimnisse.

Magische Verwendung: Verwenden Sie die Rune zusammen mit Weihwasser in der Magie und bei allen Übergangsriten, von der Geburt bis zur Überquerung des schwarzen Nichts oder Abyssos. Das Nichts oder der Abyssos wurde früher auch als Meer oder See gesehen, nach dessen Bootsüberquerung man das Sommerland erreichte, wo man auf eine Gelegenheit zur Wiedergeburt wartete.

Alle Angelegenheiten paranormaler Art oder paranormaler Dinge: Visualisation und Intuition; Träume, Prophezeiungen, Frauenmysterien, das Unbekannte, Rätsel und die Unterwelt. Die Mysterien der Welt der Undinen und der Gebrauch von Wasser in der Magie.

Als Beispiel dafür, wie Laguz und Wasser zu einem Talisman miteinander kombiniert werden können, soll folgendes dienen:

Für Kinder, die im Dunkeln gespenstische Dinge sehen: Um einen bestimmten Raum (ganz besonders Kinderzimmer) vor natürlichen oder unnatürlichen Kräften zu schützen, besorgen Sie sich eine durchsichtige Plastiksprühflasche und füllen sie mit Quell-, Meer- oder »Weihwasser«. Beschriften Sie die Flasche mit dem Runensymbol Laguz, und energetisieren oder »laden« Sie die Flüssigkeit. Nun verwenden Sie sie wie nachfolgend für den Gebrauch bei zunehmendem und abnehmendem Mond angezeigt.

Zunehmender Mond: Zur Herstellung eines Schutzes in einem bestimmten Raum versprühen Sie die Laguz-Formel im Uhrzeigersinn in Ihrem Heim, im Büro, im Kinderzimmer, oder wo Sie es sonst für erforderlich halten. Dadurch werden etwaige Risse, Kluften oder Zugangspunkte versiegelt, durch die destruktive Energien eindringen können.

Nehmen Sie mehrere Fotos des Raums auf, den Sie besprühen

(versiegeln) wollen, und plazieren Sie Ihre Runeninschrift auf der Rückseite einer jeden Aufnahme. Plazieren Sie ferner in jedes ausgewählte Zodiakhaus eines der Bilder, wie hier empfohlen.

1. Plazieren Sie Thurisaz (Verteidigung) und Eolh (Sieg über Feinde) in Nummer fünf, Löwe (Kinder), das für Ihr Kind steht.
2. Plazieren Sie Beorc (mächtige Göttin – mütterlicher Schutz im Heim) in Nummer vier, Krebs (der Zielbereich in Ihrem Heim).
3. Plazieren Sie Lagaz (um Kontrolle über die Situation zu erhalten) in Nummer acht, Skorpion (okkulte Geheimnisse, andere Welten und desinkarnierte Wesen [Gespenster]).
4. Plazieren Sie Eihwaz (Bannung) und Wunjo (glücklicher Ausgang) in Nummer zwölf, Fische (das Unbekannte sowie verborgene Feinde).

Wenn Sie diesen Beispielen gefolgt sind, haben Sie damit einen Talisman hergestellt, der um Ihren Nachwuchs einen starken elterlichen Schutz legt. Damit haben Sie die Situation selbst in die Hand genommen und alle Energien gebannt, die Ihrem Kind Unbehagen verursachen könnten.

Nun folgt noch ein letzter Gegenstand, den Ihr Kind persönlich verwenden kann. Füllen Sie mit dem geladenen Wasser, mit dem Sie den Raum gereinigt haben, eine Wasserpistole oder Sprühflasche.

Geben Sie diesen Gegenstand Ihren Kindern, und weisen Sie sie an, daß sie jedesmal, wenn sie einen Geist, einen Kobold oder etwas anderes, Lärmendes in der Nacht sehen, es damit bespritzen sollen. Das hat mehrere positive Auswirkungen auf Ihre Kinder: Sie lernen dadurch, daß sie nicht hilflos sind und Einfluß auf ihre Umgebung nehmen können. Und außerdem bannt das geladene oder Weihwasser tatsächlich solche unerwünschten Kreaturen.

Mit diesem Gesamtprozeß stellen Sie einen hocheffizienten talismantischen Schutzschild für sich und Ihre Familie her, der zu jedem Neumond oder bei Bedarf erneuert werden kann.

Abnehmender Mond: Verwenden Sie dieselbe Methode wie beim zunehmenden Mond beschrieben. Diesmal richten Sie Ihre Runeninschrift allerdings auf Bannung anstatt auf Schutz. Es ist nicht ratsam, eine Rune bei abnehmendem Mond zum Schutz zu verwenden, da Sie sonst Ihre gesamte vorhergehende Arbeit beim zunehmenden Mond wieder zunichte machen würden.

Tatsächlich wirkt das, was Sie bei abnehmendem Mond tun, lösend und bannend und vertreibt alle unerwünschten Wesen aus dem behandelten Bereich.

ᛝ

22. Ingwaz
Inguz, Ing
Klangwert: Ng

Rune der/des: Bindens

Schlüsselkonzepte: Fruchtbarkeit, männliche Energie, Gemahl der Erdmutter

Profane Bedeutung: der Gott Ing

Allgemeine Bedeutungen: Diese Rune fixiert, befestigt und bindet Ihr gewünschtes Ziel in jeder Lage. Sie verhindert außerdem, daß alles, wofür Sie gearbeitet haben, weggleitet oder von anderen gestohlen wird; und schließlich bewahrt sie Ihre Runeninschrift oder Ihre magischen Bemühungen davor, an Kraft zu verlieren. Aus diesen Gründen ist Ingwaz auch gut geeignet, um mit anderen Runen zusammen benutzt zu werden, vor allem direkt hinter Wunjo (glücklicher Ausgang), also als allerletzte Rune in Ihrer Runeninschrift.

Magische Verwendung: Diese Rune birgt in sich eines der bestgehüteten Geheimnisse der Sexualmagie, eine unerschöpfliche Kraftquelle für jene, die bereit sind zu lernen, wie sie ihre Ressourcen und Mysterien anzapfen können.

Sie wird auch dazu verwendet, alte Energien zu beseitigen, die ein Hindernis im Leben, für die Aura, die Chakren und die jeweilige

Wirklichkeit darstellen. Sie gestattet das Programmieren neuer Erfahrungen und eines bereicherten Lebens.

Zunehmender Mond: Benutzen Sie Ingwaz, um bei Mann oder Frau die Fruchtbarkeit zu erhöhen. Auch die sexuelle Anziehungskraft und die allgemeine Attraktivität für das gleiche oder das andere Geschlecht läßt sich mit Ingwaz stark steigern.

Abnehmender Mond: Bei abnehmendem Mond kann Ingwaz den gegenteiligen Effekt haben. Dann findet ein Liebhaber oder eine Geliebte Sie plötzlich weniger anziehend, und die Fruchtbarkeit wird stark reduziert oder sogar gänzlich blockiert.

ᛞ

23. Dagaz
Dagaz, Daeg
Klangwert: D

Rune der/des: neuen Tags

Schlüsselkonzepte: Heute ist der erste Tag vom Rest Ihres Lebens. Sorgen Sie mit Dagaz dafür, daß ein bedeutsamer Tag daraus wird

Profane Bedeutung: Tag

Allgemeine Bedeutungen: Neuanfang; transformieren oder zum Vorteil verändern; Durchbrechen aller Blockaden und Barrieren; Mehrung oder Minderung zum Besseren; neue Beschlüsse und Einstellungen.

Dagaz kehrt das Destruktive oder Deprimierende um und fördert einen konstruktiven und glücklichen Ausgang. Die Rune hilft auch bei der Neueinschätzung einer Situation oder einer Lebensbedingung, wodurch sie uns in die Lage versetzt, das Ganze genauer und treffender zu betrachten. Er ist die Rune des Erwachens, der Überzeugung und der Erkenntnis.

Magische Verwendung: Verwenden Sie Dagaz, wenn Sie nach neuen Antworten auf alte oder magische Fragen suchen, indem Sie damit meditieren, ebenso im Ritual und bei der Kreativen Visualisation. Das geschieht am besten während der Tageslichtstunden, da die Rune eine Beziehung zum Tageslicht hat.

Zunehmender Mond: Dagaz, bei zunehmendem Mond verwendet, ist ideal, um anderen Gedanken zu übertragen und sie glauben zu machen, daß es ihre eigenen seien. Durch diesen Prozeß können andere dazu gebracht werden, die Dinge auf Ihre Weise zu sehen. Beschriften Sie einfach die Rückseite eines Fotos, eines Pergaments oder Ihr Zodiak-Arbeitsblatt mit den persönlichen Daten des zu beeinflussenden Individuums mit Dagaz und anderen passenden Runenzeichen. Dann plazieren Sie alles im entsprechenden Zodiakhaus der Person, die Sie beeinflussen möchten.

Abnehmender Mond: Damit jemand seine Meinung, seine Glaubenssätze, seine Gefühle ändert, oder um ein Gerichtsurteil umzukehren, verwenden Sie Dagaz.

ᛟ

24. Othalaz
Othel, Ethel, Othilla
Klangwert: O

Rune der/des: Erbes

Schlüsselkonzepte: das kulturelle und familiäre Erbe und die angeborenen Erbmerkmale

Profane Bedeutung: die Ahnen

Allgemeine Bedeutungen: Vorfahren, die Alten, Erbschaft, Testament, Familienwohlstand, Anwesen, Geburtsort, Erbmerkmale, Karma, Vorurteile, Voreingenommenheit, Ethik, Moral, Kleingeistigkeit.

Magische Verwendung: Kontakt mit den Toten auf der Suche nach der Weisheit und den Geheimnissen der alten Frau. Heilungsmagie für die Alten (Tiere oder Menschen). Othalaz ist die Führungsrune, die den Sterbenden beim Übergang in die Reiche des Sommerlands, des Himmels oder des Nirwana hilft.

Zunehmender Mond: Wenn Sie einen Ihrer Lieben, der bereits von Ihnen gegangen ist, aufsuchen wollen, tun Sie folgendes:

Schreiben Sie die relevanten Daten in die Mitte Ihres Zodiak-Arbeitsblatts. Wenn Sie ein Bild des Verstorbenen haben, legen Sie es daneben.

Als nächstes plazieren sie Othalaz in den Zodiakhäusern Ihrer Wahl: Skorpion (Tod – Traumkommunikation), Zwillinge (Kommunikation – Channeling), Widder (physischer Körper – physische Manifestation), oder versuchen Sie es mit einer Kombination aller drei.

Schließlich nehmen Sie eine geladene Kerze, die mindestens drei Tage lang brennt. Ritzen Sie das Runensymbol Othalaz in das äußere Wachs, und plazieren Sie die Kerze nun im Zentrum des Zodiak-Arbeitsblatts, sofern das ohne Gefahr möglich ist, oder in der Nähe, wo keine Brandgefahr besteht.

Der Verstorbene wird Sie in einem Traum aufsuchen, durch die Meditation zu Ihnen kommen oder durch andere Mittel, wenn Sie offen und bereit sind, seine Gegenwart zuzulassen.

Achten Sie dabei auf folgende Zeichen:

1. Gefühl einer Anwesenheit
2. Schatten
3. Dinge, die erscheinen oder verschwinden
4. Stimmen oder merkwürdige Geräusche
5. Träume von dem Verstorbenen
6. Erkennen des Verstorbenen in der Meditation
7. Zeiten, da Sie einfach nicht mehr aufhören können, an sie zu denken; sie sind oft bei Ihnen.

Abnehmender Mond: Häufig bleiben Leute an die Erde gefesselt und können den Übergang nicht vollziehen. Das geschieht am häufigsten, wenn trauernde Angehörige sich selbstsüchtig an den Verstorbenen klammern, ohne zu merken, daß sie damit Schaden anrichten.

Aus diesem Grund ist es am besten, den Verstorbenen dabei zu helfen, den Übergang zu vollziehen, indem man eigens für sie einen Zodiaktalisman herstellt.

Schreiben Sie als erstes so viele Einzelheiten über das Individuum in das Mittelfeld Ihres Zodiak-Arbeitsblatts, wie Sie können.

Nun bereiten Sie eine geladene Kerze von mindestens drei Tagen Brenndauer vor und ritzen den Namen des Verstorbenen sowie die Rune Othalaz in das Wachs. (Wenn Sie ein Brennmittel in einer Glashülle verwenden, benutzen Sie einfach einen Filz- oder Glasstift, um Ihre Information auf das Glasgefäß selbst zu schreiben).

Plazieren Sie persönliche Gegenstände, beispielsweise Haare, ein Foto, einen Kamm oder was sonst noch eine direkte Beziehung zu dem Individuum hatte, im Haus des Skorpions (Tod und Wiedergeburt).

Auf ein anderes Blatt Papier schreiben Sie Ihren Abschiedsgruß. Dies ist die Zeit der Wiedergutmachung; es ist noch nicht zu spät, und das Individuum wird bemerken, was Sie formulieren. Vor allen Dingen aber müssen Sie den Verstorbenen loslassen und ihm klarmachen, daß es jetzt gut ist zu gehen.

Entzünden Sie Ihre Kerze, und lassen Sie sie drei volle Tage durchbrennen oder so lange, bis sie völlig abgebrannt ist. Meistens wird die Essenz oder der Geist drei Tage brauchen, um sich von der stofflichen Welt zu lösen. Während dieser Übergangszeit besucht der Betreffende noch einmal seine Lieben und durchlebt einmal mehr Teile seines körperlichen Lebens, wobei er betrachtet, was andere ihm gegenüber für Gefühle gehegt oder wie sie über ihn gedacht haben.

Visualisieren Sie eine Treppe, die von der Kerze ins Sommerland führt. Vielleicht sehen Sie auf der Treppe sogar andere, die auf den Verstorbenen warten; das ist ein sehr gutes Zeichen.

Während Sie die Fotografien des Verstorbenen betrachten, erklären Sie Ihre Gefühle zu ihm und daß Sie ihn vermissen werden, daß Sie ihn aber ziehen lassen und sich darauf freuen, ihn wiederzusehen. Falls erforderlich, erklären Sie auch, was geschehen ist, sofern Sie seine Fragen spüren. Zögern Sie nicht, mit ihm zu reden, aber ermuntern Sie ihn auch dazu, weiterzugehen. Ist er erst einmal auf der anderen Seite angekommen, kann er Sie sooft aufsuchen, wie es für eine gesunde Abgleichung erforderlich ist.

Wenn der Betreffende an den Auswirkungen einer langjährigen Krankheit, an Alkoholismus oder Drogensucht gestorben sein sollte, kann es sein, daß sein Geist verwirrt und sein Denken durcheinander ist. In einem solchen Fall müssen Sie sich in Geduld üben, während er versucht zu begreifen, was geschehen ist.

Das gilt besonders für jene, die ganz plötzlich und unerwartet gestorben sind, beispielsweise bei Opfern von Autounfällen. Oft begreifen sie noch nicht, daß sie tot sind. Sie brauchen jemanden, der ihnen erklärt, was vorgefallen ist. Sonst bleiben sie an die Erde gefesselt, was zu Heimsuchungen führen kann.

Nachdem Sie dem verstorbenen Menschen oder Tier bei seinem Übergang geholfen haben, nehmen Sie Ihren Brief mit dem Bild und was immer Sie sonst noch in den Talisman eingefügt haben, und vergraben alles. Pflanzen Sie einen Lieblingsbaum, eine Lieblingsblume oder einen -strauch des Verstorbenen über den Talisman. Dadurch wird daraus ein heiliger Ort (Schrein), wo Sie den Verstorbenen besuchen können. Das ist ein sehr viel hübscherer und angemessenerer Ort als jeder Friedhof, wo nur noch eine sterbliche Hülle oder ein Häuflein Asche übrig sind.

25. Wyrd
Karma, Wyrd
Wunschstein

Rune der/des: Karma

Schlüsselkonzepte: die Reinen Energien des Nichts und des Chaos

Profane Bedeutung: das Unwißbare

Allgemeine Bedeutungen: Die leere Rune ist, wie leere Karten auch, reine chaotische Energie. Sie vergrößert und projiziert Energie. Diese Energie läßt sich beherrschen, indem man in der Nähe andere Runen auslegt. Karma wird durch Tun oder Unterlassung erschaffen. Wir befinden uns in einem niemals endenden Zyklus der Herstellung von Lernaufgaben und Erfahrungen in unserem Leben. Wie das Karma, ist auch diese Rune endlos damit beschäftigt, etwas zu erschaffen.

Die beste Position für Wyrd ist der Anfang jeder Runeninschrift, denn diese Energie ist die grundlegende, sie befindet sich gewissermaßen im Säuglingszustand. Sie wird dadurch programmiert, daß man andere Runen oder Karten in der Nähe auslegt. Wyrd kanalisiert die Kraft von allem, was in der Nähe liegt. Betrachten Sie diese Rune als eine Art Kreuzung: Jeder Weg führt in eine andere Richtung. Zusammen mit anderen Runen eingesetzt, steuert Wyrd das, was Sie manifestieren wollen.

Nehmen wir ein weiteres Beispiel zur Veranschaulichung. Betrachten Sie jede leere Rune oder Spielkarte als Joker. Wenngleich diese Rune oder Karte fantastisch dazu geeignet ist, Durcheinander und Chaos zu erzeugen (weil ihre Energie sich in so viele verschiedene Richtungen manifestieren will), ist sie doch auch unberechenbar und ungezügelt.

In den allermeisten Fällen muß diese wilde Kraft gezügelt werden, indem man andere passende Runen oder Karten daneben plaziert, um ihr eine Richtung zu verleihen.

Magische Verwendung: Wyrd ist eine wunderbare Rune, wann immer Sie Magie ausüben. Sie besitzt eine gewaltige Kraft (da sie die reine Kosmische Energie, das Chaos darstellt) und ist aus diesem Grund perfekt für jedes magische Unterfangen geeignet. Sorgen Sie nur dafür, daß Sie diese wilde Energie auch zähmen und formen können, sonst wird das Ergebnis nicht so sein, wie Sie es sich erhofft haben.

Wyrd ist die Rune des Jokers, des Schabernacks oder des Kojoten im indianischen Schamanismus. Würden Sie nichtsahnend vier oder fünf dieser leeren Runen in irgendeinem Haus plazieren, so würden

Sie damit ein völliges Durcheinander erzeugen, und das Ergebnis wäre unberechenbar.

Um es genauer zu erklären: Wenn Sie Wyrd ohne die Hilfe anderer Runen verwenden, die ihre wilden Energien formen, rufen Sie damit die karmischen Lektionen der reinen, formbaren Energie auf.

Bilden Sie sich also nicht ein, Sie würden einem Freund einen Gefallen tun, wenn Sie sein Liebesleben mit einer leeren Rune aufwühlen. Damit würden Sie nur die karmischen Aufgaben dieser Person heraufbeschwören – die konstruktiven wie die destruktiven.

Zunehmender Mond: Erschaffung oder Manifestation von etwas Neuem in Ihrem Leben. Wyrd ist die Rune des »Wie du säst, so sollst du ernten«. Wenn jemand Sie beispielsweise sexuell belästigt, so stellen Sie einen Talisman für dieses Individuum her und plazieren die leere Rune im Haus des Löwen.

Das wird alle karmischen Lektionen heraufbeschwören, die sich dieses Individuum durch seine Belästigung anderer zugezogen hat. Das ist keine destruktive, negative oder schwarze Magie, weil Sie einfach nur dem Universum das Urteil über den Betreffenden überlassen haben.

Eine weitere interessante Anwendungsmöglichkeit besteht darin, diese Rune im entsprechenden Zodiakhaus eines Menschen zu plazieren, der korrupt oder böse ist: Schon bald darauf werden die Behörden hinter ihm her sein.

Abnehmender Mond: Wyrd ist ideal, um destruktive Energie zurückzuwerfen oder aufzulösen, die entweder aus Versehen oder aus böser Absicht gegen Sie gerichtet wurde.

Achten Sie allerdings darauf, dem Talisman keine eigenen bösen Gefühle hinzuzufügen. Gestatten Sie der Rune vielmehr, die Arbeit allein zu erledigen, dann wird der Gerechtigkeit mehr als Genüge getan.

Wenn Sie nämlich Ihre eigenen bösen Absichten oder Gefühle in die Situation hineingeben, so setzen Sie sich, gleichgültig, wie gerechtfertigt diese sein mögen, der Gefahr eines magischen (karmischen) Rückschlags aus.

Überlassen Sie stets dem Universum Ihre Vergeltungs- oder Defensivmagie, dann werden Sie nie unter negativem magischen Karma zu leiden haben. Ebensowenig wird die ausgeübte Gerechtigkeit Sie enttäuschen.

Quiz zu Kapitel 9

1. Fehu wird zur Erschaffung von Macht verwendet. J/N
2. Raidho ist die Rune für sicheres Reisen. J/N
3. Perdhro ist nicht die beste Rune, um die Geheimnisse anderer zu enthüllen. J/N
4. Um zwei oder mehr Menschen an ein einziges Ziel zu binden, verwendet man Gebo. J/N
5. Um eine Situation zu bremsen oder einzufrieren, damit man Zeit gewinnt, den nächsten Schritt zu überdenken, verwendet man Isa. J/N

Antworten

1. Ja.
2. Ja.
3. Nein. Alle Geheimnisse werden durch Perdhro offenbart.
4. Ja.
5. Ja.

Teil Fünf

Spielkarten und Tarot

10 Spiel- und Tarotkarten als Talismane

Zur Geschichte: Wenn Sie irgend jemanden nach dem Ursprung der Karten fragen, werden Sie in der Regel nur sehr vage Antworten, wilde Spekulationen oder ungesicherte Theorien zu hören bekommen. Wenn Sie dabei tatsächlich greifbarer Fakten aus der Forschung habhaft werden sollten, dürfen Sie sich sehr glücklich schätzen.

Die Suche nach dem Ursprung der Spielkarten, ob sie nun zur Divination oder zum Vergnügen verwendet wurden, kann Sie von der Erforschung der Geschichte Atlantis' über die alten chinesischen Kaiserdynastien bis in die tiefen Mysterien des alten Ägypten und Indiens führen.

Nach Ansicht einiger anerkannter Quellen waren die Chinesen bereits um 1120 v. Chr. mit den Vorläufern der modernen Spielkarten vertraut, wenn sie sie nicht sogar erfunden haben. Die Kaiserliche Bibliothek von Paris hat mehrere längliche Karten alter chinesischer Herkunft ausgestellt, die eine frappierende Ähnlichkeit mit den Tarotkarten unserer Tage aufweisen.

Es gibt zahlreiche private Sammlungen, die Hinweise darauf bieten, daß der Ursprung der Karten in Asien, Afrika und im Mittleren Osten liegt. In der Hoffnung, die Ursprünge verschiedener alter Kartensysteme zu bestimmen, haben sich Gelehrte und Okkultisten die Mühe gemacht, die auf diesen Karten vorzufindenden Wörter zu zerlegen und zu analysieren. Doch ließ sich dadurch bisher kein definitives, alleiniges Ursprungsgebiet bestimmen.

Die ursprünglich aus Indien stammenden Zigeuner werden meistens mit Hellseherei und geheimnisvollen Dingen in einem Atemzug genannt, und so wird ihnen allgemein auch zugesprochen, geheimnisvolle Karten über die ganze Welt verbreitet zu haben. Diese merkwürdigen Querverbindungen sind bis heute eine Quelle der Spekulation geblieben und sorgen dafür, daß den rätselhaften Karten immer noch die Aura und der Glanz des Mysteriösen anhaftet.

Einigkeit besteht unter esoterischen Gelehrten weitgehend bezüglich der Tatsache, daß der Tarot einen einzigartigen Satz mächtiger Bilder darstellt, die auf eine geheimnisvolle Weise das Unterbewußtsein berühren. So können sie die Erinnerung an vergangene Leben auslösen, Einsicht in alte Formen langvergessener Weisheit bringen, die Fähigkeit, die Zukunft vorherzusehen und sich an vergangene Geschehnisse zu erinnern, fördern; und sie bieten auch durch Manipulation der kanalisierten Energie mit Hilfe bestimmter Kartenmuster und -symbole die Möglichkeit der Schicksalssteuerung.

Viele Autoren gehen auch davon aus, daß die gewöhnlichen Spielkarten (französisches Blatt) vom Tarot abgeleitet wurden. Bedenken Sie, daß es die besondere Kombination von Farbe, Form und Symbol ist, die das Unterbewußte stimuliert, um dem Magier die gewünschten, geplanten Veränderungen zu bescheren. So betrachtet können auch gewöhnliche Spielkarten ein wirkungsvolles und mächtiges Werkzeug der Talismanherstellung sein.

Die Elemente: Gleichgültig, ob Sie mit einem Blatt gewöhnlicher Spielkarten oder mit Ihrem Lieblingstarot arbeiten, Sie werden feststellen, daß jede »Farbe« der gewöhnlichen Karten ebenso wie die der Kleinen Arcana (Tarot) zu einem der vier Elemente Erde, Luft, Wasser oder Feuer gehört.

Wie in einem früheren Kapitel bereits geschildert, gelten die vier Elemente als spezifische Arten der »Lebenskräfte« der Erde. Diese »Lebenskräfte« beleben unsere Welt und sind unverzichtbar für die Ausübung jeder Art von Magie.

Im Tarot findet sich noch ein fünftes Element, das entweder als »Äther« oder als »Geist« bezeichnet wird. Dieses Element bezieht seine Energie aus der Erde und dem Universum, nicht aus der elementaren Welt. Es ist allein in den Großen Arcana des Tarot enthalten und gilt als Synonym des Magierwillens. Während die gewöhnlichen Spielkarten und die Kleinen Arcana des Tarot über profane Angelegenheiten herrschen können, nehmen die Großen Arcana Einfluß auf Schicksal, Fatum, Bestimmung und Karma. Sie operieren auf einer höheren, mächtigeren Schwingungsebene.

Wir wollen als erstes die Spielkarten und die Kleinen Arcana zusammen betrachten, weil sie eng miteinander verwandt sind. Später werden wir uns in diesem Kapitel auch den Großen Arcana in einiger Ausführlichkeit widmen.

Hier sei der Hinweis erlaubt, daß diese wenigen Seiten keineswegs das letzte Wort oder eine unumstößliche Expertenmeinung über diese Karteneinteilungen darstellen sollen. Im Gegenteil, diese Lektion dient vielmehr dazu, sich auf schnelle und einfache Weise mit den Grundbedeutungen jeder Karte vertraut zu machen. Darüber hinaus gibt es einige hervorragende Bücher, die sich ausführlich mit Bedeutung und Verwendung von Spiel- und Tarotkarten befassen.

Diese Grundbedeutungen ermöglichen erst den Zugang zu dem tieferen Sinn und den weitergehenden Philosophien, die in jeder Karte verborgen liegen. Und diese wiederum ermöglichen die ebenso wichtige Einweihung in die innersten Sphären der magischen Macht. Auch dieses Thema werden wir in dem Abschnitt über die Großen Arcana behandeln.

Spielkarten und Kleine Arcana

Das Element Erde (die materielle Welt und ihre Bedürfnisse) wird beispielsweise bei den gewöhnlichen Spielkarten meistens als Karo dargestellt, während im Tarot ein Pentagramm, ein Baum, eine Pflanze, ein Totemtier, Erdreich oder irgend etwas anderes üblich ist, das die Elementarkräfte der Erde verdeutlicht.

Zur weiteren Veranschaulichung der Darstellung der Elemente dienen die zu jedem Element aufgeführten Assoziationen auf den folgenden Seiten. Diese Assoziationen geben ausführlichere Hinweise auf die Beziehungen zwischen den vier Elementkräften und den Kartenfarben, während sie zugleich verdeutlichen, wie sie sich am besten zur Talismanmagie eignen, um ein gewünschtes Resultat zu erzielen.

Erde

Kartensymbol: Karo oder Münzen, Granatäpfel, Gnome, wilde Tiere, Münzen, Scheiben, Ringe und Steine mit einem Mittelloch
Beziehungen: die materielle Ebene
Lektionen: vom Reichtum und der Macht des Geldes; die Früchte der Arbeit; Ansehen im Geschäfts- und Handelsleben
Konzept: weibliche Reife, Elternschaft und die Früchte des Lebenswerks
Farbe: kräftige Erdtöne
Frühe profane Bedeutung:* Händler oder Geschäftsleute
Zunehmender Mond: Manifestation materieller Bedürfnisse und Erlangung von Zielen im Leben
Abnehmender Mond: Bannung negativer Energien, Geschehnisse, Menschen oder Hindernisse, die dem materiellen Zugewinn und/oder dem Erfolg im Weg stehen.

Luft

Kartensymbol: Kreuz oder Stäbe (Schwerter**), Stöcke, Äste, Schläger, Szepter, Weihrauchbrenner und Vögel
Beziehungen: Mann, Alter, Tod, Weisheit
Lektionen: Sterben, Führerschaft, Gewaltlosigkeit, Weisheit, Mäßigung und junge Lehren
Konzept: Denkebene
Farbe: Gelb- und Himmelblautöne
Frühe profane Bedeutung:* Bauern oder arme Leute
Zunehmender Mond: Förderung mentaler Energie, Macht, Wissen, Weisheit und durch Gedankenkontrolle herbeigeführte Veränderungen
Abnehmender Mond: Zerstreuung unerwünschter Energien, Gedankenformen, Magie und Streß.

Wasser

Kartensymbol: Herz oder Kelch, Kessel, Gral, Wasser und Fische
Beziehungen: Frau, Liebe, Ehe, Geburt, Kindheit, Haustiere und Kinder
Lektionen: das Herz und die Familie
Konzept: emotionale Ebene.
Farbe: Blautöne und alle Blaugrünschattierungen
Frühe profane Bedeutung:* die frühe Kirche
Zunehmender Mond: Stärkung von Liebe, Gefühlsstabilität, paranormaler Begabung und Glück
Abnehmender Mond: Ablösung negativer oder destruktiver Emotionen, Angewohnheiten, Ängste oder Ansichten.

Feuer

Kartensymbol: Pik oder Schwerter (Stäbe**), Feuer, Salamander und Athamen
Beziehungen: Mann, Jugendlicher, Gipfel körperlicher Kraft, Machtbehauptung (die Einstellung »Wer die Macht hat, hat das Recht«)
Lektionen: Handhabung von Macht, Schwierigkeiten und Herausforderungen
Konzept: Transmutationsebene
Farbe: Orange- und Rottöne
Frühe profane Bedeutung:* das Militär
Zunehmender Mond: aggressive Energie und Macht, im Wettbewerb kanalisiert; Sieg über andere oder Wettbewerbsvorteile
Abnehmender Mond: Minderung der Wettbewerbsvorteile anderer.

* Die Franzosen im Mittelalter betrachteten die vier Farben nicht esoterisch, sondern exoterisch – als Stände. Diese Zuordnung wurde von der Kirche toleriert, die esoterischen Zuordnungen galten dagegen als häretisch.

** In einigen Systemen sind Schwerter und Stäbe vertauscht. Verwenden Sie das System, das für Sie am besten funktioniert.

Der Mond

zunehmend 🌑 🌒 🌓 🌔 🌕

Bei den Attributen jeder Farbe werden auch die Phasen des zu- und des abnehmenden Mondes erwähnt. Die zunehmende Phase wird dazu verwendet, etwas anzuziehen oder zu erschaffen. Die abnehmende Phase wird für das Gegenteil benutzt: Abwehr oder Vernichtung. Halten Sie sich also vor Augen, daß bei abnehmendem Mond das genaue Gegenteil wie bei zunehmendem Mond möglich ist.

abnehmend 🌕 🌖 🌗 🌘 🌑

Bedenken Sie dieses Prinzip der Umkehrung, wenn Sie auf den folgenden Seiten die Karteneigenschaften durchlesen, dann haben Sie auch einen wertvollen Schlüssel zum Verständnis der positiven oder aufrechten sowie negativen oder umgekehrten Aspekte sowohl der Spiel- als auch der Tarotkarten in der Hand.

Die Eigenschaften der Karten

Anstatt die oft sehr komplizierten und umfangreichen Bedeutungen der achtundsiebzig Karten (einhundertsechsundfünfzig, wenn Sie die Bedeutungen bei umgekehrter Lage hinzurechnen) auswendig zu lernen, gibt es eine sehr einfache, grundlegende Methode, sich mit der Kernbedeutung jeder Karte vertraut zu machen.

Je mehr Erfahrung Sie mit dieser Grundmethode sammeln, um so mehr wird Ihr Unterbewußtes damit beginnen, Ihren Karten neue oder zusätzliche Attribute zuzuschreiben. Bedenken Sie, daß dies die Kommunikationsmethode Ihres Unterbewußtseins ist. Es wird Sie zu der Karte führen, die am besten für Ihren Talisman geeignet ist, und dies zu jener Zeit, da es Ihnen am meisten nützt.

Je tiefer Sie in die Bedeutung Ihrer Karten eindringen, um so mehr mag es geschehen, daß sich Ihre Interpretation einer bestimmten Karte von der eines anderen geringfügig unterscheidet. Machen Sie sich in diesem Fall keine Sorgen. Denn da Sie auf eine andere Lebenserfahrung zurückgreifen als der andere, wird auch Ihr Grundverständnis der Karten davon abweichen.

Während Sie die folgenden Zuordnungen studieren, wird Ihr Unterbewußtsein Lehrmaterial aufnehmen, das es ihm ermöglicht, sich auf natürliche Weise weiterzuentwickeln, während Sie Fortschritte mit dieser einfachen Methode machen. Schon bald werden Sie soweit sein, daß Sie jede beliebige Karte aufnehmen und ihre Kernbedeutung allein anhand der Elemente, Ziffern und Symbole ermitteln können.

Ein schnelles Studium der Karten

In dem vorhergehenden Kapitel über Numerologie haben Sie die grundlegenden Bedeutungen von Zahlen gelernt. Nun ist die Zeit gekommen, dieses Wissen mit dem, was Sie soeben über die vier Elemente gelesen haben, zu verbinden. Wenn Sie das tun, werden Sie die Kernbedeutungen der zweiundfünfzig Karten erfassen.

Zögern Sie noch? Haben Sie Zweifel? Sie werden feststellen, daß Sie tatsächlich sehr viel mehr wissen, als Sie vermutet haben.

Hier folgt noch einmal eine kurze Zusammenfassung unserer Zahlentabelle.

0: Ausformung; die Joker- oder Trumpfkarte
1: Neuanfang, Geburt, Erfolg
2: Gleichgewicht, Harmonie, Vereinigungen, Entscheidungen
3: Produktion, Kinder, Schöpfung
4: solides Fundament oder Sumpf
5: schneller Wandel oder Veränderung
6: Heim, Arbeit, Familie, Organisation, Stabilität
7: Spiritualität, Prüfungen

8: Erfolg, Einschätzung
9: Ende
10: neuer Zyklus aus Erfahrung und fachmännischem Wissen
11: Bote (Kinder)
12: treibende Kraft (Heranwachsende)
13: schöpferische Kraft (Erwachsene)
14: bezwingende Kraft (Alter).

Alles parat? Dann weiter! Suchen Sie sich jetzt eine beliebige Zahl, mit der Sie einen Talisman herstellen möchten. Wir entscheiden uns hier beispielhaft für die Zahl acht, Erfolg.

Schreiben Sie nun die gewählte Zahl auf ein Stück Papier, und listen Sie darunter die vier Elemente auf.

Nummer 8 Erfolg
Erde
Luft
Wasser
Feuer

Jetzt schauen Sie einmal, ob Sie sich an das eine oder andere Schlüsselwort zu den vier Elementen und den Kräften, über die sie walten, erinnern können.

Nummer 8 Erfolg
Erde – Geld
Luft – Wissen
Wasser – Liebe
Feuer – Macht

Wie ist es gelaufen? Mußten Sie erst zurückblättern und die Begriffe nachschlagen? Kein Problem: Schon bald wird Ihnen dieses Wissen in Fleisch und Blut übergegangen sein.

Nun schauen wir uns einmal an, was wir hier hergestellt haben.

Zahl	8	Erfolg
Erde – Geld	8	Karo/Münzen
Luft – Wissen	8	Kreuz/Stäbe
Wasser – Liebe	8	Herz/Kelche
Feuer – Macht	8	Pik/Schwerter

Erkennen Sie jetzt das Muster? Auf diese Weise lernt man mühelos die Grundbedeutungen aller Karten. Mit dieser knappen Methode können Sie schnell jede der Karten erfassen. Doch wie steht es um die umgekehrte Bedeutung? Erinnern Sie sich noch an die zunehmende und abnehmende Mondphase? Wenn Sie eine oder mehrere dieser Karten bei zunehmendem Mond verwenden, sorgen Sie damit für Erfolg auf diesen Gebieten.

Verwenden Sie dieselbe Karte jedoch bei abnehmendem Mond, schaffen Sie damit die umgekehrte Situation. Nehmen wir einmal an, daß Ihr Ziel darin besteht, am Arbeitsplatz eine bestimmte Situation in den Griff zu bekommen. Dann stellen Sie Ihren Talisman im Steinbock her (erinnern Sie sich noch an die Zodiak-Eigenschaften?), um Ihren Chef zu beeinflussen. Plazieren Sie die Pik 8 (Macht), die Kreuz 8 (Weisheit) und die Karo 8 (Geld) bei abnehmendem Mond im Steinbock. Anstatt für den »Erfolg« von Macht, Weisheit und Geld zu sorgen, wie sie der zunehmende Mond bringen würde, haben Sie die Eigenschaften umgedreht und damit die mentalen Blockaden (Kreuz 8) Ihres Chefs beseitigt, die Sie an einer Beförderung und an weiterem Machtzuwachs (Pik 8) hinderten, sowie daran, mehr Geld (Karo 8) zu verdienen.

In diesem Beispiel könnten Sie noch etwas hinzufügen, womit Sie den Vorgang genauer auf Ihre Bedürfnisse abstimmen, um sicherzugehen, daß der Talisman auch wirklich genau das tut, was Sie von ihm möchten.

Schreiben Sie einfach auf ein Stück Pergament folgendes: »Ich verbanne alle Einflüsse, die mir zu einer Beförderung im Weg stehen, und ich zerstöre alle Einflüsse, die andere über [Name des Vorgesetzten] haben und die mich an dieser Beförderung hindern.«

Das war es schon. Damit haben Sie gelernt, wie man die Bedeutung der Zahlen mit den vier Elementen verbindet, um zu der Kernbedeutung der Kleinen Arcana und der Spielkarten zu gelangen. Außerdem haben Sie ein Beispiel kennengelernt, wie man die umgekehrten Bedeutungen bei abnehmendem Mond einsetzt, um zu einem »positiven« Ende zu gelangen.

Indem Sie jede beliebige Zahl verwenden, die von eins bis vierzehn aufgelistet wurde, und ihre Bedeutung mit den Elementen verbinden, wie es in unserem Beispiel mit der Zahl acht geschah, werden Sie sich die Grundbedeutung von einhundertvier Karten erschließen.

Da war allerdings noch eine Einzelheit, die Sie möglicherweise verwundert hat: In unserem Beispiel haben wir eine Kombination von Karten verwendet, um unser Ziel zu erreichen.

Die Bestimmung, welche Karten Sie miteinander kombinieren sollen, ist sehr leicht herzustellen. Greifen Sie auf die Zahlentabelle zurück, kombinieren Sie einfach die Bedeutung der verschiedenen Zahlen (Karten), die Ihrem Ziel förderlich sind. Durch die Verwendung mehrerer Karten intensivieren Sie eine der Bedeutungen.

Es folgt nun ein weiteres Beispiel, um deutlich zu machen, was Sie soeben gelesen haben: Um eine Liebesaffäre ohne Verbindungen, Verpflichtungen oder die Komplikationen einer Beziehung herzustellen, wählen Sie ein Kreuz-As (1, mentale Welt), ein Pik-As (körperliche Welt) und drei Herz-Asse (aus verschiedenen Blättern: mentales und körperliches Vergnügen), die Sie alle zwischen den beiden anderen Assen im Zodiakzeichen des Löwen (Liebe) plazieren. Sie legen also aus: Herz, Kreuz, Herz, Pik, Herz. Diese Kombination stellt eine bequeme Situation ohne Verpflichtungen her. Beachten Sie auch, daß es sich hier insgesamt um fünf Karten handelt. Wenn Sie die Zahl fünf noch einmal betrachten, werden Sie feststellen, daß es die Zahl des Wandels ist. Auch das weist auf Freiheit hin. Auf diese Weise haben Sie eine offene Beziehung zur reinen Befriedigung der jeweiligen Bedürfnisse hergestellt, ohne daß diese, genau wie Sie es wollten, irgendwelche Verpflichtungen mit sich brächte.

Möchten Sie dagegen eine Situation herstellen, die zur Eheschließung führt, verwenden Sie ein As aus den Farben Kreuz, Karo und Pik, dazu drei Herz-Asse, also insgesamt sechs Karten. Legen Sie die Karten in folgender Reihenfolge aus: Karo, Herz, Kreuz, Herz, Pik, Herz. Die Zahl sechs bezieht sich auf Heim und Familie, stellt aber gleichzeitig sicher, daß es auch körperliche, mentale und emotionale Liebe geben wird. Beachten Sie, daß diesmal Karo vor Herz liegt. Das geschah, weil Sie in diesem Beispiel um der Liebe und nicht des Geldes willen heiraten wollten. Das zusätzliche Karo sorgt hier dafür, daß es genug Geld gibt, um bequem davon leben zu können.

Auf den nächsten Seiten werden Sie jedes der vier Elemente und ihre numerologischen Bedeutungen in größerer Detailliertheit beschrieben finden.

◆ 

Karo – Münzen
Geld- und Alltagsangelegenheiten

Null – Joker – Trumpfkarten

Zunehmender Mond: Hervorbringung und Inkubation gewünschter Veränderungen in Geld-, Geschäfts-, Wohlstandsangelegenheiten.

Abnehmender Mond: Auflösung einer Situation, in der es um Geld geht, bevor diese die Gelegenheit hatte, sich zu manifestieren.

Eins – As

Zunehmender Mond: Beginn, Schöpfung oder Geburt neuer Projekte, in denen es um Geschäftsmöglichkeiten und Geld geht.

Abnehmender Mond: Auflösung von allem, was blockiert, hindert oder neue Entwicklungen auf dem Gebiet des Reichtums verlangsamt.

Zwei
Zunehmender Mond: Ausgleich und Harmonisierung von Geldproblemen und Friedensstiftung zwischen Geschäftspartnern.
Abnehmender Mond: Diese Karte wird am besten dazu verwendet, um mit unerwünschten Geldpartnern, finanziellen Schwierigkeiten, Verwicklungen oder Stagnation zu brechen, diese aufzulösen oder abzustoßen.

Drei
Zunehmender Mond: Geldgewinn durch eigene Arbeit, Handwerk oder Einfallsreichtum.
Abnehmender Mond: Verwendung zur Bremsung von Ausverkauf von Produktion, während zugleich Handwerk und Einfallsreichtum eingeschränkt werden. Läßt sich ebenso dafür nutzen, um das, was sich der erfolgreichen Arbeit in den Weg stellt, aufzulösen oder zu vertreiben.

Vier
Zunehmender Mond: Schaffung einer soliden und bequemen finanziellen Basis. Doch gehen Sie mit Vorsicht ans Werk: Zu den Begleiterscheinungen dieses Erfolgs können nämlich finanzielle Trägheit und Stagnation gehören. Verwenden Sie diese Karte eher, um auf ein finanzielles Ziel zu setzen, als um es zu erreichen (siehe die Acht).
Abnehmender Mond: Verwendung zur Vernichtung von Stagnation und wackligen Fundamenten im Inneren. Gut geeignet zur Beseitigung von finanzieller Korruption und alten, veralteten politischen oder Gesellschaftsstrukturen.

Fünf
Zunehmender Mond: Verwendung zur schnellen Einflußnahme auf jede finanzielle Veränderung.
Abnehmender Mond: Verwendung zur Verlangsamung oder Blockade jeder gegenwärtig in Entwicklung befindlichen Geldsituation.

Sechs
Zunehmender Mond: Verwendung zur Schaffung eines wohlhabenden Hauses, finanzieller Stabilität und angemessener Bezahlung für eine Arbeit. Für unteres Management oder Arbeiter.
Abnehmender Mond: Bei abnehmendem Mond verwendet, kann diese Karte die finanzielle Stabilität des Heims stark gefährden. Sie könnte zu Ehrgeiz, Entbehrung und Konflikten durch Streß führen.

Sieben
Zunehmender Mond: Diese Karte läßt sich am besten mit der Erziehlung von Einkünften durch religiöse, wissenschaftliche, medizinische oder andere abstrakte und doch schöpferische Mittel gleichsetzen.
Abnehmender Mond: Verwendung zur Beseitigung der spirituellen und religiösen Stigmata, mit denen Geld und sein Besitz behaftet sind. Setzt Geld für ein bedürftiges Projekt frei, das durch bürokratische, medizinische oder wissenschaftliche Hindernisse aufgehalten wird.

Acht
Zunehmender Mond: Verwendung zur Schaffung finanzieller Erfolge und des Aufbaus von Reichtum durch kluge Organisation, Management und kaufmännische Handhabung. Eine »Angestellten-Karte«.
Abnehmender Mond: Verwendung zur Vertreibung oder Vernichtung des Reichtums oder des Berufsbereichs eines anderen, oder um die Versuche eines anderen umzudrehen, der Ihren Reichtum oder Ihre Karriere vernichten will. Bannung sämtlicher Energien und Hindernisse, die Ihnen bei der Verfolgung Ihrer Berufskarriere im Weg stehen.

Neun
Zunehmender Mond: Herbeiführung einer klugen, aber großzügigen und ehrlichen Beendigung einer finanziellen Unternehmung. Herstellung einer Situation des »Gewinns für alle Beteiligten«.

Abnehmender Mond: Ablösung aller Negativität, die zu weniger als ehrlichen Geschäften führen würde.

Zehn

Zunehmender Mond: Verwendung für schnelles Handeln, erneuerte Kraft und neues Interesse an alten Projekten, Geschäftsunterfangen und Geldangelegenheiten. Bestärkung von Plänen, Gedanken und Vorhaben für zukünftige Projekte.

Abnehmender Mond: Verwendung zur Verlangsamung jedes erneuerten Interesses an alten oder existierenden Projekten, dadurch Auslösung von Verunsicherung, Zögern und Entmutigung. Auflösung der Unterstützung für zukünftige Projekte.

Elf – Page (Nur Tarot)

Zunehmender Mond: Erhalt von Nachrichten über neue Projekte, bei denen es um Geld, Stellung, finanzielle Angreifbarkeit und Verantwortung geht.

Abnehmender Mond: Entzug aller Unterstützung, Begeisterung und Energie aus jedem neuen finanziellen Projekt, bevor es flügge geworden ist. Ebenso Beseitigung finanzieller Risiken oder Anfechtbarkeiten bei neuen Projekten.

Zwölf – Bube/Ritter

Zunehmender Mond: Förderung des Siegs in allen Geldangelegenheiten durch Entschlossenheit und eindeutiges Wollen. Verwendung zur Befehligung eines anderen, um Geld lockerzumachen oder eine Schuld auszugleichen.

Abnehmender Mond: Gegenseitiges Abziehen von Energie. Beseitigt fremde Energien aus der Aura, die an der Kraft, an der Macht und an der Energie zehren. Behinderung von Geldeintreibern.

Dreizehn – Königin/Dame

Zunehmender Mond: Förderung von finanziellem Überfluß auf allen Gebieten, bei denen es um Geld und materielle Bequemlichkeit geht.

Abnehmender Mond: Möglichkeit, einen anderen in die Armut zu treiben. Vertreibt alles, was Ihrem Überfluß hinderlich ist.

Vierzehn – König

Zunehmender Mond: Stärkt den »Midas«-Effekt. Kluge und pionierhafte Handhabung von Reichtum, Geld und Geschäft; diese Karte erschafft Reichtum und zieht andere Reiche an.
Abnehmender Mond: Treibt einen Gegner in eine »chaotische« Situation. Ein umgekehrter »Midas«-Effekt. Abstoßung von Reichtum. Kann ebenso dazu verwendet werden, zerstörerische Energien aufzulösen, die sonst das Erreichen eines finanziellen Ziels behindern würden.

Pik – Schwerter
Sorge, Transmutation, die physische Welt und die Macht des Körpers

Null – Joker – Trumpfkarte

Zunehmender Mond: Ideal zur Behandlung von Krankheiten in der Aura, die sich noch nicht im physischen Körper manifestiert haben.
Abnehmender Mond: Verwendung zur Ablösung und Transmutierung der Krankheitsenergien.

Eins – As

Zunehmender Mond: Verwendung zum Beginn oder zur körperlichen Manifestation von irgend etwas Gewünschtem in Ihrem Leben, beispielsweise eines erneuerten Körpers durch körperliche Anstrengung.
Abnehmender Mond: Verwendung zur Beseitigung von Fett durch Diät; Beilegung eines niedrigen Selbstwertgefühls und von Depressionen.

Zwei
Zunehmender Mond: Darstellung einer physisch aktiven Person, für die Sie eine körperliche Anziehung empfinden können, eines athletischen Mannschaftskameraden, Freundes oder Genossen.
Abnehmender Mond: Darstellung von jemandem, den Sie aggressiv verabscheuen, ein Feind oder körperlicher Konkurrent.

Drei
Zunehmender Mond: Darstellung von Gruppen, Organisationen, Militäreinheiten, politischen Fraktionen oder Hierarchien.
Abnehmender Mond: Darstellung von Wettbewerbern, Kriegen, Aggressionen und streitbarem Streben.

Vier
Zunehmender Mond: Darstellung des Fundaments, der Wurzeln oder der Grundstruktur, auf denen jede Gruppe oder Organisation aufbaut. Verwendung bei zunehmendem Mond, um das Ganze zu stützen und zu stärken.
Abnehmender Mond: Bei abnehmendem Mond erzeugt diese Karte Durcheinander und Vernichtung in einer Gruppe oder Organisation.

Fünf
Zunehmender Mond: Förderung von schneller und aggressiver Bewegung oder entsprechendem Voranschreiten; Offensivschlag oder feindliche Übernahme. Diese Karte zeigt Wandel durch kontrollierte Aggression und Eroberung an.
Abnehmender Mond: Förderung von Chaos und Verfall in jeder Gruppe, Hierarchie oder Machtstruktur als notwendiger Bestandteil des Lebenszyklus.

Sechs
Zunehmender Mond: Darstellung des Heims oder des Büros und jener, die innerhalb dieser Umgebung arbeiten oder eng zusammenleben.

Abnehmender Mond: Aufbrechen dieses Zustands der Langeweile, der Stabilität und des Verfalls. Herstellung des Gegenteils, d. h. des Chaos.

Sieben

Zunehmender Mond: Förderung von Aggression und Gewalttätigkeit, um andere durch körperliche Gewalt für ein bestimmtes religiöses Dogma zu gewinnen.
Abnehmender Mond: Förderung von nichtaggressiven Handlungen gegen andere auf allen Gebieten der Spiritualität und Religion. Harmonisierung der Werte und der Spiritualität mit der Natur und den Menschen in Ihrer Umgebung.

Acht

Zunehmender Mond: Förderung von Eroberung; Sieg über andere durch physisches Handeln wie Kriege, Wettbewerbe und Einschüchterungen.
Abnehmender Mond: Förderung von Verlust, Entehrung und Niederlage durch Mangel an körperlicher Kraft.

Neun

Zunehmender Mond: Herbeiführung eines physischen und abschließenden Endes. Die »Schlußstrichkarte«. Sie mögen zwar die Schlacht oder den Wettbewerb gewinnen, haben den Krieg oder den Preis aber erst dann für sich entschieden, wenn alles vorbei ist. Daher ist die Pik 8 ideal für das Gewinnen, aber die Pik 9 führt schließlich alles für den Sieg zusammen.
Abnehmender Mond: Verhinderung der erfolgreichen Beendigung einer bestimmten Angelegenheit. Verzögert Rechtssachen und gewährt Ihnen mehr Zeit für das Handeln oder die Verteidigung.

Zehn

Zunehmender Mond: Wie alle Zehner stellt auch diese die Weisheit durch Erfahrung dar; das Ergebnis, wenn neuen Herausforderungen

begegnet wurde. Stärkt schnelles und präzises Handeln, Führerschaft und Respekt.
Abnehmender Mond: Darstellung eines völlig inkompetenten, verachteten Individuums, das zu nichts fähig ist.

Elf – Page (Nur Tarot)
Zunehmender Mond: Wenn die körperliche Arbeit zu langweilig wird wie bei der Pik 6, verleihen Sie Ihrem Leben etwas Würze durch den Pagen. Fördert das Vergnügen an der Arbeit sowie die Beliebtheit.
Abnehmender Mond: Typisch für den Workaholic oder jedes Individuum, das seine Arbeit zu ernst nimmt und nur wenig Gewinn daraus zieht.

Zwölf – Bube/Ritter
Zunehmender Mond: Darstellung eines aggressiven, ehrlichen Individuums, das im Prinzip ein Einsiedler oder ein unbesungener Held ist, alles auf lokaler Ebene. Verkörpert einen Soldaten, einen Krieger, eine Amazone, einen Polizeioffizier oder einen Richter, der Gerechtigkeit, sozialen Frieden und Gleichheit aufrechterhält.
Abnehmender Mond: Bei abnehmendem Mond stellt diese Karte das genaue Gegenteil eines bestimmten Personentyps dar. Steht normalerweise für einen unehrlichen Politiker, Polizisten, Verräter, oder für Kriminelle im lokalen Rahmen.

Dreizehn – Königin
Zunehmender Mond: Durch Gewissen, Erfahrung und bewußte Kontrolle gemäßigtes Vorgehen. Gerechte Landesrichter, Landespolitiker und hochrangige Militärs und Polizeibeamte auf Landesebene.
Abnehmender Mond: Diese Karte steht für Leute, die korrumpieren, Rufmord begehen, vernichten, verhaften oder Freiheiten auf Landesebene abschaffen wollen.

Vierzehn – König

Zunehmender Mond: Weise und reif, stellt der Pikkönig die Anführer einer Nation auf einem Gebiet physischer Bemühungen dar, vor allem jene der Vereinten Nationen, der Nationalgarde, der Streitkräfte und der Reformer im Weltformat.

Abnehmender Mond: Auf nationaler Basis steht der König für Diktatoren, organisierte Kriminelle und Terroristen der Weltklasse.

Kreuz – Stäbe
Wahrheit und
Narretei

Null – Joker – Trumpfkarte

Zunehmender Mond: Pflanzung eines Samenkorns oder einer Idee durch Projektion der eigenen Gedanken und Wünsche. Für Kommunikation und Öffentlichkeitsarbeit.

Abnehmender Mond: Verwendung zur Schwächung, Umkehr oder Vernichtung der Macht jedes parapsychischen Angriffs. Kann auch zur Schwächung des Widerstands anderer gegen paranormale Kommunikation verwendet werden.

Eins – As

Zunehmender Mond: Diese Karte garantiert Erfolg durch Kommunikation über die Medien oder öffentliche Reden.

Abnehmender Mond: Verwendung zur Beseitigung von Hindernissen effektiver Kommunikation mit anderen im Umgang mit der Öffentlichkeit.

Zwei

Zunehmender Mond: Herstellung von Harmonie bei der Kommunikation mit Partnern. Die perfekte Karte für Unterhändler, die auch

noch mächtig genug ist, um als Talisman für Meinungsumschwünge verwendet zu werden.
Abnehmender Mond: Verwendung zur Auflösung von Konflikten, Blockaden oder Meinungsverschiedenheiten bei jenen, die sich Ihnen in den Weg stellen und Ihren Erfolg behindern könnten.

Drei
Zunehmender Mond: Verwendung zur Steigerung des Erfolgs bei allen Formen der Kommunikation, bei denen das Endergebnis beeinflußt wird. Das erfolgreiche Zurschaustellen der Früchte der Arbeit.
Abnehmender Mond: Verwendung zur Vernichtung oder Auflösung von allem, was Ihre Produktivität und Ihren Erfolg blockiert oder verhindert. Überwindung der Barrieren vor der »großen Chance« oder Möglichkeit.

Vier
Zunehmender Mond: Verwendung zum Aufbau eines soliden und festen Fundaments starker Kommunikationsfähigkeiten, die Sie anderen gegenüber in Vorteil setzen.
Abnehmender Mond: Verwendung zur Vertreibung von Verunsicherung und Selbstzweifel.

Fünf
Zunehmender Mond: Entwicklung von Kommunikationsstörungen, Verwirrung und Auflösung auf allen Ebenen der Kommunikation. Häufigster Einsatz zur Herstellung von Streit oder Meinungsverschiedenheiten.
Abnehmender Mond: Wird hier verwendet, um Verwirrung und Mißverständnisse zu beseitigen. Öffnung eines Kommunikationszugangs.

Sechs
Zunehmender Mond: Verstärkt bequeme Kommunikation mit Angestellten, Arbeitgebern, Familienmitgliedern, Freunden und Verwandten.

Abnehmender Mond: Verwendung zur Bannung all dessen, was Ihrer Kommunikation im Wege stehen könnte.

Sieben

Zunehmender Mond: Gebrauch zur Herstellung erfolgreicher Kommunikation auf dem Gebiet des Okkulten und der Spiritualität. Channeling höherer Weisheit und Durchströmung des Körpers mit Energie zum Zwecke der Selbstbemächtigung.
Abnehmender Mond: Hilfreich bei der Beseitigung schaler, fremder oder blockierter Energie, die die spirituelle Weiterentwicklung im mentalen und aurischen Körper behindern würde.

Acht

Zunehmender Mond: Einsatz für Erfolg auf allen Gebieten, bei denen der Verstand im Spiel ist. Stärkt den Willen und ist daher bei Magiern sehr beliebt.
Abnehmender Mond: Mindert die Willenskraft und wehrt die Energie jener anderen ab, die versuchen, Sie zu dominieren.

Neun

Zunehmender Mond: Verwendung zur erfolgreichen Beendigung von Projekten auf dem Gebiet der Kommunikation.
Abnehmender Mond: Verwendung zur Bremsung oder gänzlichen Verhinderung des Erfolgs anderer auf dem Gebiet der Kommunikation. Die Karte macht die Bemühungen anderer zunichte, die Ihre Erfolgschancen im Bereich der Kommunikation oder der Wissenschaft beeinträchtigen wollen.

Zehn

Zunehmender Mond: Verwendung zur Herstellung eines schnellen und erfolgreichen Meinungsumschwungs bei anderen unter Verwendung beliebiger Kommunikationsmittel.
Abnehmender Mond: Verwendung zur Minderung oder Behebung des Wettbewerbsvorteils anderer.

Elf – Page oder Prinzessin (Nur Tarot)
Zunehmender Mond: Zur Erlangung eines schlagfertigen und spritzigen Verstands, der die eigene Beliebtheit steigert und zugleich Vergnügen an der Kommunikation ermöglicht.
Abnehmender Mond: Verwendung zur Vertreibung von Energien, die Ihren eigenen Witz, Charme oder Ihr Charisma beeinträchtigen.

Zwölf – Bube/Ritter
Zunehmender Mond: Verwendung zur Entwicklung schlagkräftiger und aggressiver Dynamik in der geistigen Wendigkeit auf dem Gebiet der Wissenschaften, der darstellenden Künste oder jeder anderen Form der Kommunikation.
Abnehmender Mond: Verwendung zur Verlangsamung oder zur Beeinträchtigung aller schlagkräftigen, dynamischen Individuen oder Gruppen. Auflösung von Energien, die Ihr eigenes dynamisches Vorgehen behindern.

Dreizehn – Dame/Königin
Zunehmender Mond: Diese Karte erschafft Anziehungskraft, Popularität, Charme und Charisma. Sie ist ideal für Prominente geeignet, für Politiker, Verkäufer und jeden, der andere auf positive Weise anziehen will.
Abnehmender Mond: Wenn Ihre Beliebtheit oder die Anforderungen anderer allzu intensiv werden, verwenden Sie diese Karte bei abnehmendem Mond, um Ihre persönliche Anziehungskraft zu mindern. Die Karte läßt sich auch dazu einsetzen, die Popularität anderer zu reduzieren oder Hindernisse auf Ihrem Weg zum Erfolg zu beseitigen.

Vierzehn – König
Zunehmender Mond: Verwendung zur Sicherung des Rats anderer, die weiser sind als Sie. Hilft bei der Entwicklung zum Experten und der Anerkennung als solcher auf den Gebieten der Wissenschaft und der Kommunikation.

Abnehmender Mond: Verwendung zur Beseitigung mentaler Blokkaden, die Sie daran hindern, auf einem beliebigen Gebiet der Kommunikation oder der Wissenschaft die Meisterschaft zu erzielen. Vereitelt auch alle Versuche anderer, Ihren Erfolg aufzuhalten.

♥ 

Herz – Kelche
Herzens- und Gefühlsangelegenheiten

Null – Joker – Trumpfkarte

Zunehmender Mond: Verwendung zur Beschaffung eines Liebespartners, dessen Identität noch nicht bekannt ist. Kanalisierung universaler Energie zur Manifestation des perfekten Partners, Liebhabers, Freundes oder Gefährten.

Abnehmender Mond: Bannung unerkannter Energien und Blockaden, die Ihren perfekten Partner, Liebhaber, Freund oder Gefährten daran hindern, sich vor Ihnen zu manifestieren.

Eins – As

Zunehmender Mond: Zieht ein bestimmtes Individuum für Romanzen, Liebe oder eine Affäre an. Außerdem nützlich zur Bindung der Liebe oder des Herzens eines anderen oder des Pflanzens des Samens von Liebe, des Verlangens oder der Leidenschaft für Sie.

Abnehmender Mond: Verwendung zur Vereinsamung eines anderen, damit er bei zunehmendem Mond empfänglicher für Ihren Ruf wird.

Zwei

Zunehmender Mond: Herbeiführung von Verlobungen und Eheschließungen; Bindung der Liebe enger Freunde. Regiert die sexuelle Vereinigung.

Abnehmender Mond: Erhöht die Chancen von Meinungsverschiedenheiten, Trennung oder Scheidung von Paaren. Wenn die Situation bereits belastet ist, kann der Konflikt in sein Gegenteil verkehrt werden.

Drei

Zunehmender Mond: Läßt sich von einem zudringlichen Dritten verwenden, der eine Dreierbeziehung herbeiführen will, indem er die Liebe eines anderen stiehlt.

Abnehmender Mond: Verhindert die Bildung einer Dreierbeziehung durch Minderung des Zugriffs durch einen Eindringling auf den Ehe- oder Liebespartner.

Vier

Zunehmender Mond: Verwendung zum Aufbau einer gesunden Liebesbeziehung. Diese Karte kann zu langweiligen Beziehungen führen, weshalb Sie sie zusammen mit dem Pagen/der Prinzessin des Tarot verwenden sollten, um der Beziehung etwas Freude und Vergnügen hinzuzufügen.

Abnehmender Mond: Wenn Beziehungen keinem konstruktiven und für alle Beteiligten nützlichen Zweck mehr dienen, können Sie mit Hilfe dieser Karte damit beginnen, sich davon zu trennen. Schon bald lösen sich die Grundlagen der Beziehung auf und beide Partner sind wieder frei.

Fünf

Zunehmender Mond: Verwendung zur Herbeiführung schneller Veränderungen in Liebesdingen, in Beziehungen oder Gefühlen, wo eine Situation fade oder langweilig zu werden droht, oder wenn eine andere Person Ihnen Ihren Liebespartner ausspannen will.

Abnehmender Mond: Verwendung zum Aufhalten der zur Verhinderung in Gang gesetzter Veränderungen in Liebes- oder Gefühlsbeziehungen. Wenn Ihr Ehe- oder Liebespartner sich in einen anderen verliebt, verwenden Sie die 3 und die 5 im Haus des Löwen. Das bremst die Entwicklung und setzt eine Umkehr in Gang.

Sechs

Zunehmender Mond: Verwendung zur Herstellung eines glücklichen und liebevollen Heims, einer ebensolchen Familie, von Freundschaften und einer entsprechenden Arbeitssituation.
Abnehmender Mond: Verwendung zur Vertreibung von Unglücksgefühlen in Ihrem Heim oder am Arbeitsplatz.

Sieben

Zunehmender Mond: Verwenden Sie diese Karte, um die Liebe des Universums, Gottes, der Göttin oder des Höheren Selbstes zu erforschen und zu erfahren. Lernen Sie so verstehen, daß der Liebesakt schön und kraftvoll sein kann, wenn er richtig durchgeführt wird, und daß er als Werkzeug zur Energetisierung Ihres Talismans verwendet werden kann.
Abnehmender Mond: Bei abnehmendem Mond kann die Herz 7 das Verlangen nach Liebe zerstören und Perversion, Keuschheit, Impotenz und Mißbrauch herbeiführen.

Acht

Zunehmender Mond: Steigerung von Glück und Erfolg in allen Unternehmungen, bei denen es um Liebe, Romanzen und Affären geht. Die Karte kann Sie unwiderstehlich (zu einem Romeo, einem Gigolo oder einem Idol) für andere machen.
Abnehmender Mond: Eine hervorragende Karte, um einem frechen, selbsterklärten Don Juan das Interesse zu nehmen. Funktioniert hervorragend bei Männern und bei Frauen.

Neun

Zunehmender Mond: Eine ideale Karte, um eine Liebesbeziehung friedlich zu beenden, damit man sich in Freundschaft trennen kann.
Abnehmender Mond: Verbannt Negativität, Langeweile und Blockaden, die eine Liebesbeziehung daran hindern, ihr Potential voll auszuschöpfen. Jede Beziehung erreicht ungefähr alle sieben Jahre einen kritischen Punkt.

Zehn

Zunehmender Mond: Wenn Liebesbeziehungen schwächer werden, kann diese Karte schnell die Feuer der Leidenschaft wieder entfachen.

Abnehmender Mond: Verwendung zur abrupten Beendigung einer Beziehung, sofern dies gewünscht wird, aber auch zur Bannung von Energien, die absichtlich oder ungewollt von anderen ausgesandt werden, um einer Beziehung zu schaden.

Elf – Page oder Prinzessin (Nur Tarot)

Zunehmender Mond: Ergänzen Sie mit Hilfe dieser Karte eine ansonsten zu ernste Beziehung durch Heiterkeit und Vergnügen. Diese Karte beschleunigt auch alle Mitteilungen von Liebespartnern, die nur durch räumliche Distanz voneinander getrennt sind.

Abnehmender Mond: Bei abnehmendem Mond ist dies die Karte des Amor, die, wenn sie als Liebestalisman verwendet wird, das Verlangen nach Liebe aussendet oder herstellt.

Zwölf – Bube/Ritter

Zunehmender Mond: Wenn der Mensch, den Sie lieben, nichts von Ihrer Existenz ahnt, wird diese aggressive Karte den Weg zu ihm bahnen. Sie verleiht ihrem Anwender eine Aura der Macht und des Geheimnisvollen, die unwiderstehlich ist.

Abnehmender Mond: Wenn der Mensch, den Sie lieben, einen anderen liebt, können Sie mit dieser Karte den Zugriff der Konkurrenz verringern. Dann wird die Anziehungskraft des Mitstreiters schwinden und Sie können bei zunehmendem Mond einschreiten.

Dreizehn – Königin

Zunehmender Mond: Die Königin gewährt Überfluß in allen Bereichen der Romanze, der Liebe, der Freude und der Nachkommenschaft.

Abnehmender Mond: Bannung von allem, was Sie an Liebe und Freude hindert.

Vierzehn – König

Zunehmender Mond: Der König stellt in allen Herzensangelegenheiten die Stimme der Erfahrung dar. Wenn Sie Rat oder Hilfe brauchen oder sich Klarheit über die Gefühle eines anderen verschaffen wollen, werden Sie Zugang dazu bekommen, sobald Sie den König in Ihrem Talisman verwenden.

Abnehmender Mond: Wenn ein geliebter Mensch sich nicht öffnen und innere Geheimnisse und Gefühle offenbaren kann, antwortet der König darauf bei abnehmendem Mond. Dann werden Sie zum König, zu einer gütigen, zuverlässigen und vertrauenswürdigen Gestalt, der sich der geliebte Mensch mitteilen kann.

Eine persönliche Einschätzung des Tarot-Talismans

Vielleicht haben Sie schon die verschiedenen Bilder der Großen Arcana des Tarot in Schmuck eingraviert oder auf T-Shirts und Postern gedruckt gesehen. Meistens handelt es sich dabei um Reproduktionen aus einem der vielen beliebten Tarotblätter, doch die große Mehrzahl verwendet die Bilder der Karten des Rider-Waite-Blatts. Dieses Blatt ist sehr eindringlich und äußerst machtvoll, weshalb es zu meinen Lieblingsblättern bei der Herstellung von Talismanen zählt.

Als erfahrener Anwender von Talismanen und weil ich zugleich die in den Karten verborgene Kraft hochschätze, erwarb ich ein Tarot-T-Shirt mit der Nummer 8 der Großen Arcana darauf, die auch unter der Bezeichnung »Die Kraft« bekannt ist, als ich es in einem okkulten Buchladen entdeckte.

T-Shirts, auf denen im Siebdruckverfahren verschiedene Tarotsymbole aufgetragen sind, binden den Träger an die Eigenschaften und Kräfte der jeweils dargestellten Karte und ihrer Symbole.

Sobald ich das T-Shirt mit der Karte 8 angezogen hatte, energetisierte ich es und die darauf befindlichen Symbole, indem ich die Energien anrief, für die sie standen. Nun besaß ich einen Krafttalisman, den ich immer mit mir führte, sobald ich das Hemd trug.

Die Großen Arcana sagen Einweihungsperioden im Leben voraus, wie jeder weiß, der sie einmal als Werkzeug der Magie, der Meditation oder der Divination angewendet hat. Das Wort »Einweihung« bedeutet in diesem Zusammenhang eine Phase des Lernens, die sowohl schmerzlich als auch freudvoll sein kann, je nachdem, wie diese Zeit der Weiterentwicklung gehandhabt wird. Eine der angenehmen Eigenschaften des Tarot liegt darin, daß man diese Einweihung bereits im voraus betrachten kann, indem man sich auf die verschiedenen Kartensymbole einschwingt.

Auf diese Weise können Sie erkennen, welche Energien in Ihrem Leben wirksam sind oder es noch werden. So wissen Sie im voraus, mit welchen Lektionen oder Entwicklungsschritten Sie es zu tun bekommen werden.

Mit anderen Worten: Sie können sich durch Vorwarnung vorbereiten. Auf diese Weise ist es Ihnen möglich, dramatische Erfahrungen zu mildern und andere karmische Lektionen entweder zu vermeiden oder zu modifizieren. Bedenken Sie dabei, daß karmische Lektionen keine Strafe darstellen, sondern ein Gelegenheit sind, dazuzulernen und sich weiterzuentwickeln. Wenn eine Lektion sich ebensogut auf weniger dramatische oder schmerzliche Weise bewältigen läßt, ist es aber durchaus sinnvoll, zu versuchen, dafür zu sorgen, daß dies geschieht.

Man kann einen Talisman dafür herstellen, um bei karmischen Lektionen hilfreich zu sein. Stellen Sie sich vor, wie die Auswirkungen von Leid, Trauer, Schmerz, Armut, und so weiter gelindert werden. Die Macht des menschlichen Körpers und Geistes ist unbegrenzt. Kombinieren Sie dieses Potential mit der unbegrenzten Energie, die uns die Erde und das Universum zur Verfügung stellen, und Sie können die Welt verändern.

Kehren wir nun zu dem T-Shirt zurück, das ich damals kaufte. Vor ungefähr acht Jahren machte ich eine ziemlich harte Phase des Lernens durch, die mein geistiges, körperliches und schöpferisches Durchhaltevermögen stark auf die Probe stellte.

Um die Last etwas zu erleichtern und die Auswirkungen zu verringern, legte ich zu Hause ein Zodiak-Arbeitsblatt auf den Tisch und schuf einen Zodiaktalisman mit dem Ziel, meinen physischen Körper zu stärken (Widder), meinen Intellekt (Zwillinge), meine schöpferische Natur (Löwe) und meine Sicht jener, die Macht über mich hatten, nämlich meinen Arbeitgeber (Steinbock), zu verfeinern.

Die Karten, die ich in diese Bereiche auf meinem Zodiak-Arbeitsblatt auslegte, wechselten am Anfang fast täglich, doch das verlangsamte sich mit der Zeit, als ich eine immer behaglichere und handhabbarere Situation herstellte.

Aber was war nun mit meinem Hemd? Nun, dieses Hemd trug ich, wann immer ich das Gefühl hatte, unter Streß zu stehen. Und indem ich es trug, hatte ich eine direkte Verbindung zu dem mächtigen Talisman, den ich zu Hause hergestellt hatte, da das Hemd zu einer Art Verlängerung des größeren Talismans geworden war.

Es war erstaunlich, wie gut das funktionierte. Hätte ich vorher nichts von Magie verstanden, hätten mich diese acht Jahre durchaus um meine körperliche und geistige Gesundheit bringen können.

Ebensogut hätte ich aber auch einen silbernen Anhänger an einer Halskette oder irgendeine andere Darstellung verwenden können, beispielsweise die farblosen Tarotkarten, Poster, Ringe und Armreifen, die dieselbe Karte Nummer 8 zeigten; das hätte ebensogut funktioniert.

Die bunten Poster sind ideal, um geistig mit den dargestellten Karten zu verschmelzen und ihre Symbole zu erforschen. Sie werden wahrscheinlich staunen, welch tiefes Verständnis Sie durch eine solche Erfahrung für die Erschaffung persönlicher Talismane gewinnen können.

Die schwarzweißen Tarotkarten sind vergleichbar mit den Postern, doch geschieht hier die Verschmelzung, indem Sie die verschiedenen Symbole selbst kolorieren. Das langsame, sorgfältige Ausmalen mit Farbe führt zu einem tiefen, unterbewußten Verständnis, das sehr viel weiter geht als jedes bewußte Verschmelzen.

In beiden Fällen können das durch eine solche Arbeit erworbene Wissen und die entsprechende Kraft nur von jenen wirklich verstanden werden, die durch den Einfluß jeder Karte darin eingeweiht wurden. Dem ernsthaft Suchenden erschließen sich durch die Bearbeitung der verschiedenen Pfade der Erleuchtung ihre verborgenen Bedeutungen und Attribute.

Diese verborgenen Eigenschaften werden jedem von uns auf andere Weise offenbar. Jede Karte enthält viele Abstraktionen und hinter den dargestellten Symbolen liegen esoterisch-philosophische Konzepte. Die Farben, Zahlen, Buchstaben, Bilder und ihre zahlreichen Kombinationen erschaffen zusammen ein kompliziertes Gespinst. Jeder Mensch kann nur einen Bruchteil der zahllosen Symbole wirklich erfassen, die in echten Tarotkarten enthalten sind.

Das ist auch der Grund, weshalb es so viele verschiedene Systeme mit zahlreichen Attributen gibt, die den einzelnen Karten der Großen Arcana zugeschrieben werden. Und weshalb jede Karte der Großen Arcana sich auch nur ansatzweise einem bestimmten Haus des Zodiaks zuordnen läßt. Denn keine Karte enthält die »reinen« Qualitäten, die für die zweifelsfreie Zuordnung zu einem bestimmten Planeten oder Haus erforderlich wären.

Um also Verwirrung zu vermeiden, betrachten Sie die Großen Arcana als etwas, was jenseits der konventionellen Methoden reiner Klassifizierung liegt. Tatsächlich bestehen sie aus kleinen Kombinationen zahlreicher Assoziationen und Attribute. Gelehrte Experten des Okkulten haben sich bemüht, die vorherrschenden und offensichtlichsten Eigenschaften jeder Karte zu bestimmen. So läßt sich jede Karte unter einem der Planeten oder Häuser des Zodiaks einordnen, was dem besseren Verständnis dient.

All das bedeutet für Sie, daß jede Karte irgendwo verborgen in ihrer Struktur die geheimen Qualitäten des jeweiligen Planeten oder Zodiakhauses enthält, dem sie zugeordnet ist. Deshalb kann die Karte auch verwendet werden, um bei einem Talisman den jeweiligen Planeten oder das entsprechende Haus darzustellen.

Als Beispiel für diese Herangehensweise betrachten wir einmal die Darstellung der Göttin der Liebe, Venus, ihres Zeichens, ihrer Schwingung oder Signatur sowie ihrer anderen Attribute und Eigenschaften: Für all dies benötigen wir aus den Großen Arcana nur die Karte »Kaiserin« (Nummer 3), obwohl die Kaiserin auch viele andere Eigenschaften besitzt, die ganz offensichtlich nicht der Liebesgöttin und auch nicht dem Zodiakhaus des Planeten Venus zugehören.

Um ein weiteres Beispiel für die Anwendung dieses Systems zu bieten, möchte ich Ihnen eine kurze Geschichte erzählen, wie ich den Tarot bei einem weiteren Talisman angewendet habe.

Als mein Verlangen, als Autor publiziert zu werden, immer größer wurde, griff ich einmal mehr auf mein Wissen um Talismane zurück, um mir bei dieser Angelegenheit zu helfen.

Ich fing damit an, daß ich einen silbernen Anhänger kaufte, der die Karte der Hohepriesterin darstellte. Diesen trug ich später an einer silbernen Halskette, nachdem ich ihn geladen hatte. Nun legte ich mein Zodiak-Arbeitsblatt auf dem Tisch aus und suchte mir drei weitere Tarotkarten. Das waren die Karte »Sonne«, der »Stern« und die Drei der Münzen. Ich legte alle drei Karten zusammen mit dem Anhänger in das Haus der Zwillinge und lud daraufhin meinen Talisman.

Dazu möchte ich noch erklären, daß die Hohepriesterin ideal dazu geeignet ist, die Fähigkeiten der Kommunikation, das heißt in diesem Beispiel des Schreibens, zu steigern. Die Sonne hat eine Beziehung zu erfolgreichen Unternehmungen, während der Stern für Würdigung und Anerkennung zuständig ist, und die Drei der Münzen eine beendete Arbeit oder ein Produkt darstellen. So hatte ich also meinen ersten Talisman hergestellt, um zu einem publizierten (Sonne – Erfolg) und bekannten (Stern – Anerkennung) Schriftsteller zu werden. Die Produkte (Drei der Münzen – Beendetes Werk) waren sowohl mein vorhergehendes Buch, *The Candle Magick Workbook,* als auch das Werk, das Sie gerade in den Händen halten.

Beim Schreiben meiner Fernkurse, Artikel, meines dritten Buchs und anderer Texte trage ich stets treu den silbernen Anhänger mit der Hohepriesterin und bewahre den Talisman des Zodiak-Arbeitsblatts neben meinem Computer in einem Bilderrahmen auf.

Im folgenden Abschnitt werden die vorherrschenden Attribute der Großen Arcana zu einigen wenigen, grundlegenden Sätzen vereinfacht. Bei den dort aufgeführten Eigenschaften handelt es sich um jene, die für die Talismanmagie am hilfreichsten sind. Sie wurden in jeweils einen Unterabschnitt für den zunehmenden und einen für den abnehmenden Mond eingeteilt, um auch das Verständnis für die gegenpoligen Kräfte jeder Karte zu ermöglichen.

Jede Karte der Großen Arcana kann konstruktiv verwendet werden, indem man sie aufrecht legt, und das gilt sowohl für den zu- als auch für den abnehmenden Mond.

So werden Sie beispielsweise einen Talisman für Reichtum normalerweise bei zunehmendem Mond mit der Karte in aufrechter Lage herstellen, weil dann alle Energien harmonisch zur Manifestation von Reichtum beitragen.

Geht es jedoch um ernsthafte Geldschwierigkeiten und ist die Zeit dabei ein kritischer Faktor, kann die Karte auch in aufrechter Position bei abnehmendem Mond verwendet werden, um alle Energien zu vernichten, zu verbannen oder zu verringern, die das Herstellen von Reichtum behindern.

In diesem Beispiel wurde dieselbe Karte mit demselben Ziel verwendet, doch stand jedesmal eine andere Absicht dahinter. Anstatt zu erschaffen, haben Sie bei abnehmendem Mond zerstört, um dasselbe Ziel zu erreichen.

Folglich muß natürlich auch die Karte in umgedrehter Stellung ebenfalls in beiden Mondphasen wirken können. Dem ist auch tatsächlich so, doch sollten Sie dabei Vorsicht walten lassen.

Eine auf dem Kopf stehende Karte erschafft eine gegenteilige Bedingung, und die Betonung wird auf sämtliche gegenteiligen Eigenschaften der betreffenden Karte gelegt. Auch hier liegt der Schlüssel zur erfolgreichen Nutzung des umgekehrten Aspekts in der Absicht des Anwenders.

Die Großen Arcana

0 – Narr – Uranus

Zunehmender Mond: Verwendung zur Sammlung von Energie aus dem Universum zur Erschaffung jeder gewünschten Wirklichkeit. Verleihung von Leben und Gestalt an das, was bisher nur Gedanke, Idee oder Konzept geblieben ist. Ebenso Verwendung, um andere dazu zu zwingen, ohne sorgfältige Planung oder Überlegung Risiken einzugehen; das Element der Überraschung.
Abnehmender Mond: Vernichtet das Element der Überraschung und eliminiert Risiken sowie überschwenglichen Optimismus, der aus unbedachten Entscheidungen entsprungen ist. Vertreibt die Illusionen, die die Dinge, Situationen und Menschen als etwas erscheinen lassen, was sie nicht sind.

1 – der Magier – Merkur

Zunehmender Mond: Verstärkung des Potentials für magisches oder kreatives Schaffen durch Verleihung der Eigenschaften Selbstbehauptung, Autorität, Einfallsreichtum und Stärke. Diese Karte betrifft auch bösartige und heimtückische Taten, Organisationstalente und die Fähigkeit, andere durch mündliche oder schriftliche Mitteilungen zu etwas zu drängen.
Abnehmender Mond: Verwendung zur Beseitigung unerwünschter Züge wie rebellisches Wesen, Feigheit, Störrigkeit, Sturheit und übertriebene Durchsetzungskraft. Verringert magische oder schöpferische Talente.

2 – Hohepriesterin – Mond

Zunehmender Mond: Verstärkt die Gabe, Weisheit und Erkenntnis höherer Quellen zu channeln. Herrscht über die Fähigkeit, auf beliebige Weise effektiv Informationen zu übermitteln. Ruft latente magische/paranormale Fähigkeiten wach.
Abnehmender Mond: Hilfe bei der Entlarvung magischer Scharlatane und der Aufdeckung der Verursacher einer Intrige, vereitelt die

magischen Energien oder Bemühungen anderer. Behindert die Kommunikationsfähigkeit.

3 – die Kaiserin – Venus

Zunehmender Mond: Verwendung zur Manifestation von Überfluß, Liebe, Freude und Vergnügen auf schöpferische, aber harmonische Weise in allen Lebensbereichen. Eine gute Karte, um gesellschaftliche Zusammenkünfte zu beeinflussen oder zu beherrschen.

Abnehmender Mond: Verwendung zur Vereitelung verdeckter Operationen oder von Versuchen, Sie am Erreichen von Glück oder Überfluß zu hindern, indem negative oder schädliche Energien gebremst werden.

4 – der Kaiser – Widder

Zunehmender Mond: Verwendung zur Herstellung von Ehrgeiz, Triebkraft und Motivation bei sich selbst und anderen, um eine Autoritätsposition zu erlangen. Hilft bei der Eingewöhnung nach beruflicher Beförderung oder nachdem man zum Arbeitgeber, Vorgesetzten, Patriarchen oder Beschützer geworden ist.

Abnehmender Mond: Auflösung der negativen Eigenschaften der Sturheit, des konservativen oder des allgemeinen Mißbrauchs der Durchsetzung gesellschaftlicher Normen. Diese Karte ist auch gut dazu geeignet, Amtsmißbrauch bloßzustellen.

5 – der Hierophant – Stier

Zunehmender Mond: Erlangung von Kompetenz beim Umgang mit sozialen Störungen, Bürokratie, politischer Korruption und feindseligen oder korrupten religiösen Gestalten. Hilft bei der Verabschiedung neuer Gesetze zugunsten ehrlich gemeinter gesellschaftlicher und politischer Reformen. Einflußnahme auf Verträge, Haft, Institutionen oder alle anderen Aktivitäten oder Gruppen, die die Freiheit einschränken. Lehren und Lernen.

Abnehmender Mond: Verwendung zur Entlarvung politischer und religiöser Korruption, gesellschaftlicher Vorurteile oder jeder anderen Form von Heuchelei. Ein Talisman mit dieser Karte in umgedrehter Position bei abnehmendem Mond ist ideal geeignet, um einen Politiker zu entlarven und/oder seiner Karriere ein Ende zu setzen. Ein solcher Gebrauch hätte große Ähnlichkeit mit einem »Fluch«.

6 – die Liebenden – Zwillinge

Zunehmender Mond: Unterstützung spiritueller Vereinigung, Zwillingsseelen, Seelenpartner, karmischer Eheschließungen, Macht durch Erleuchtung und die Vermählung von Höherem mit Niederem Selbst.

Abnehmender Mond: Verwendung zur Beseitigung all dessen, was Sie an der Erfahrung Ihres Höheren Seins und der Erlangung Ihrer eigenen spirituellen Vervollkommnung hindert oder blockiert. Läßt sich auch nutzen, um seinen Frieden mit der Anima (weibliches Selbst) oder dem Animus (männliches Selbst) zu machen, wodurch Sie fähig werden, Ihren perfekten Partner zu finden und zu erleben.

7 – der Wagen – Krebs

Zunehmender Mond: Verwendung zur Herstellung von Ruhe aus dem Chaos, Kontrolle über den Willen und Gleichgewicht der Kräfte. Diese Karte beeinflußt auch das schnelle Tun, Heldentum, Reisen, Ehrgeiz, Krieg, Streit und das militärische Establishment.

Abnehmender Mond: Verwendung zur Bannung oder Schwächung von Blockaden, Chaos, Aufständen, Zank, rechtlichen, militärischen oder politischen Disputen, Feigheit und Unentschlossenheit. Vermindert die Gefahr und verhindert unnötiges Eingehen von Risiken bei der Wahrnehmung gesellschaftlicher, politischer oder militärischer Verpflichtungen.

8 – Kraft – Löwe

Zunehmender Mond: Schaffung von Mut, innerer Stärke, Kontrolle und Zuversichtlichkeit, die eigene Fähigkeit zum Erfolg betreffend. Vermittelt anderen das Gefühl, schwach, hilflos und unsicher zu sein.

Abnehmender Mond: Verwendung zur Vertreibung aller Gefühle der Verunsicherung, der Furcht, der Gehemmtheit, der Opferrolle und des Kontrollverlusts. Verbannt Unstimmigkeiten und den nachlässigen Gebrauch der Macht.

9 – der Eremit – Jungfrau

Zunehmender Mond: Verwendung zum Empfang von Führung, Anleitung, Einsicht oder Antworten aus göttlichen Quellen. Durchführung einer Visionssuche nach Wahrheit, Weisheit und spiritueller Entwicklung. Verstärkt das Verlangen, zu einem Weisen, Philosophen, Lehrer oder Führer anderer zu werden, der den Pfad der Spiritualität sucht. Eingriff in jeden Akt des Verrats, der Rebellion oder der feindseligen Übernahme.

Abnehmender Mond: Entfernung von Hindernissen oder Blockaden, die die Erleuchtung verhindern, heilige Visionen, Wahrheiten, Weisheit oder die Hilfe für andere auf diesem geistigen Pfad. Verwendung zum Brechen des Widerstands und der Kräfte anderer, die sich Ihren Anschauungen, Ansichten oder Handlungen in den Weg stellen.

10 – Glücksrad – Jupiter

Zunehmender Mond: Verwendung zur Manipulation aller Umstände, die jenseits Ihrer bewußten Kontrolle liegen, beispielsweise Karma, Fatum, Glück oder Geldprobleme. Eine gute Karte für Glücksspieler.

Abnehmender Mond: Bannung von Energien, die, ließe man sie unbehelligt, Hoffnungslosigkeit, Pech, Unglück, Unfälle, Armut und Leid hervorbrächten.

11 – Gerechtigkeit – Waage

Zunehmender Mond: Verwendung zur Beschwörung karmischer Gerechtigkeit in jeder beliebigen Situation, oder um einer Situation Herr zu werden, in der der Gerechtigkeit sonst nicht Genüge getan würde. Deckt die gesamten juristischen Belange ab. Gut für Partnerschaften.

Abnehmender Mond: Die Verwendung dieser Karte bei abnehmendem Mond lindert die Auswirkung karmischer Störungen. Dieser Bremsungsprozeß schafft Zeit für Umorganisation und neue Überlegungen.

12 – der Gehängte – Neptun

Zunehmender Mond: Verwenden Sie diese Karte, um jede beliebige Situation in den Stillstand zu treiben. Erschafft Unentschlossenheit, Zögerlichkeit und Vorwände für Verzögerung. Dies ist auch eine Karte der Suche von Visionen für die Verwendung in einem Meditationstalisman, um Weisheit zu erlangen.

Abnehmender Mond: Verwendung zur Befreiung von Eigenschaften wie Zögerlichkeit, Unentschlossenheit und unnötiger Selbstaufopferung. Beseitigt alles, was sich dem Empfang der für das Fortschreiten erforderlichen Energie oder des entsprechenden Wissens in den Weg stellt.

13 – Tod – Skorpion

Zunehmender Mond: Die Karte des Wandels. Das Alte stirbt ab (Schrumpfung), damit das Neue an seine Stelle treten kann (Wachstum). Erschaffen Sie entweder einen Schutztalisman gegen bösartige, an die Erde gefesselte Geister oder einen Talisman der Transzendenz in die Unterwelt, um den dort verirrten oder gefangenen Seelen behilflich zu sein.

Abnehmender Mond: Verwendung zur Freisetzung oder Transformation der alten und schädlichen Energien ungesunder Angewohnheiten, Wunden, Zorn und Furcht. Transformiert destruktive Energien in Ihrem Leben in positive, lebensbejahende Kraft. Verbannt das Gespenst des Todes.

14 – Mäßigung – Schütze

Zunehmender Mond: Verwendung zur Beschwichtigung aller Angelegenheiten in Ihrem Leben, die außer Kontrolle geraten sind. Zugewinn von Kontrolle hinsichtlich Magie, Diplomatie, zeitlicher Abstimmung und Angewohnheiten. Ausgleich des Inneren Selbst

mit Heilungsmagie durch Beherrschung der Energien des Universums und der Erde.
Abnehmender Mond: Verwendung zur Beseitigung aller Unausgewogenheiten und Unreinheiten in Aura, Chakren und Emotionen. Dient zur Unterstützung bei der Beseitigung destruktiver Kräfte, die in Ihrem Leben keine produktive Funktion mehr wahrnehmen. Mitgefühl.

15 – der Teufel – Steinbock
Zunehmender Mond: Verwendung zur Fesselung oder Bindung eines anderen oder einer anderen Angelegenheit. Dies ist eine mächtige Karte für die Zügelung anderer. Verwenden Sie sie in Talismanen, die der brutalen Kraft, der Macht, der Gewalt und/oder der Dominanz bedürfen.
Abnehmender Mond: Verwendung zur Befreiung von einengenden Lebensumständen oder Situationen, die Sie versklaven oder binden.

16 – der Turm – Mars
Zunehmender Mond: Diese Karte schafft mit plötzlichen Wendungen, Haken und Veränderungen Situationen. Sie wird häufig dazu verwendet, Revolutionen, Kriege und andere Akte der Gewalt wie Vergeltung, Rache und Wut zu beeinflussen.
Abnehmender Mond: Die Verwendung zur Vernichtung, Veränderung, Umkehrung oder Aufrüttelung jeder beliebigen Gewaltsituation. Erzeugt Chaos, wodurch der erforderliche Wandel entsteht.

17 – der Stern – Wassermann
Zunehmender Mond: Verwendung, um spirituelle Erleuchtung von Mutter Erde oder dem Universum zu empfangen, was den inneren Frieden und die Gelassenheit stärken soll. Diese Erleuchtung kräftigt, revitalisiert und schützt, wodurch ihr Empfänger zu einem Magneten nicht nur für den Erfolg, sondern auch für die Besten unter den Erfolgreichen wird.
Abnehmender Mond: Beseitigung von allem, was den Körper und

die Aura befleckt, blockiert oder in irgendeiner Weise disharmonisch dazu ist. Verhindert die Blockade von Erleuchtung. Eine Karte der Suche nach Visionen, die hervorragend für die Meditation geeignet ist.

18 – der Mond – Fische

Zunehmender Mond: Eine mächtige Karte, die magisch dazu verwendet werden kann, Verwirrung, Ungewißheit und Illusion zu erzeugen. Sie kann ein Individuum oder eine Situation im wörtlichen Sinne überladen, was zur völligen Verblüffung führt. Dies ist die Karte der paranormalen und magischen Fähigkeiten. Sie wird am besten dazu verwendet, die magische Kraft eines jeden Talismans zu mehren.

Abnehmender Mond: Verwendung zum Durchschauen oder Durchstoßen der Illusion magischer Handlungen anderer. Befreiung von geistiger oder emotionaler Aufgewühltheit und Qual. Verwendung zur Vereitelung magischer Angriffe und Racheoperationen. Die optimale Karte zur Bannung psychischer Vampire.

19 – die Sonne – Sonne

Zunehmender Mond: Die Karte des Erfolgs, der Freiheit, des Reisens, der Ehre, der Anerkennung und der erreichten Ziele; Neuanfang.

Abnehmender Mond: Verwendung zur Bannung all dessen, was sich Ihnen auf dem Weg zum Erfolg, zur Freiheit, zur Ehre, zur Anerkennung, zu Ihren Zielen oder einem Neuanfang in den Weg stellt. Das läßt das aufgeblasene Ego zusammensacken und macht pessimistischen Grundhaltungen den Garaus.

20 – das Jüngste Gericht – Pluto

Zunehmender Mond: Eine Karte des Siegs auf allen Gebieten, vor allem aber in Rechtsfragen. Die Karte der Regeneration; Wiedergeburt aus erfolgten Veränderungen, Erneuerung nach schwierigen Zeiten, und Erholung von Krankheit. Hilft bei der Akzeptanz Ihrer Schwächen, Fehler und Mängel.

Abnehmender Mond: Löst destruktive Energien auf, die den physischen, mentalen oder emotionalen Körper durchdringen oder umgeben. Vertreibt alles, was Krankheit erzeugt oder Selbstvernichtung fördert. Verwenden Sie diese Karte, um Energiestränge loszuwerden, die andere an Ihrer Aura und Ihren Chakren befestigt haben.

21 – die Welt – Saturn

Zunehmender Mond: Die Karte des am Ende stehenden Erfolgs. Ihre Träume und Ziele können Wirklichkeit werden. Erlangen Sie die Meisterschaft, indem Sie alle Angelegenheiten mit den Augen des Adepten betrachten.

Abnehmender Mond: Verwendung zur Bannung von allem, was bei der Erreichung von Zielen, Träumen oder Meisterschaft auf einem gewünschten Tätigkeitsgebiet im Weg steht.

Weitere Beispiele

Zur Veranschaulichung, wie die Karten der Großen Arcana zusammen mit dem Zodiak-Arbeitsblatt zur Herstellung eines Talismans verwendet werden können, wollen wir den Narren und den Turm heranziehen und einmal vorführen, wie jede Karte gelesen werden und zu einer weiteren Karte führen kann, die ebenfalls in den Talisman integriert wird.

Hauptkarte: Der Narr, der bei abnehmendem Mond zur Herstellung eines Überraschungselements verwendet wird.

Zweite Karte: Der Turm, der bei abnehmendem Mond verwendet wird, um den Zugriff völlig auszuschalten, den ein anderer auf eine Person oder Situation hat.

Die Kombination dieser Karten zielt darauf ab, die verdorbenen oder negativen Einflüsse des jeweiligen Hauses zu überwältigen und zu vernichten. Im Widder (Körperlichkeit) könnten die Karten dazu dienen, Kameradenschinder zu überwältigen; im Stier, Geldbetrügereien; in den Zwillingen, aalglatte Verkäufer; im Krebs, Betrug an älteren Leuten; im Löwen, Betrug an Kindern, Frauen und in sexuellen Dingen; in der Jungfrau, Betrug im Gesundheits- und Arbeitsbereich; in der Waage, Heiratsschwindeleien; im Skorpion, Versicherungs-, Steuer- oder Erbschaftsbetrügereien; im Schützen, religiöse Betrügereien; im Steinbock, politische und Rechtsbetrügereien; im Wassermann, Betrug an Freunden oder Bruderschaften; und in den Fischen, Korruption in Gefängnissen und Krankenhäusern.

Schwangerschaft: Möchten Sie die Nachricht erhalten, daß Sie schwanger sind, plazieren Sie die Kaiserin (Fruchtbarkeit), das As der Kelche (Geburt), den Pagen der Kelche (Bote oder Kind) und die Drei der Kelche (Produkt der Liebe) alle im Hause des Löwen.

Erfolg beim Militär, in der Politik oder bei der Durchsetzung von Recht und Ordnung: Für diese Art des Erfolgs plazieren Sie den Herrscher (den Erzwinger von Recht und gesellschaftlicher Ordnung), den Wagen (Heldentum) und die Welt (wahr gewordene Träume) alle im Hause des Widders.

Reichtum durch Glücksspiel: Plazieren Sie die Sonne (Erfolg), das Glücksrad (Glück), das As der Pentakel (große Geldmanifestation) und die Kaiserin (Überfluß) alle gemeinsam im Hause des Löwen.

Schutz: Für verschiedene Arten von Schutz wählen Sie den Wagen (Macht), den Herrscher (Beschützer) und die Sonne (Erfolg). Die genaue Art des gewünschten Schutzes bestimmt auch über das Zodiakhaus, das Sie verwenden sollten: Für körperlichen Schutz benutzen Sie beispielsweise das Haus des Widders; für Geld das Haus des Stiers; für mentalen Schutz das Haus der Zwillinge.

Quiz zu Kapitel 10 – Spielkarten

1. Null, der Joker und die Trumpfkarte haben in diesem Buch alle dieselbe Bedeutung. J/N
2. Die Achten werden am besten für den Erfolg verwendet. J/N
3. Die Dreien sind optimal für jeden, der seine eigenen Produkte herstellt und verkauft. J/N

4. Fünfen würden überall, wo sie plaziert werden, Stagnation bewirken. J/N
5. Zehnen bedeuten Erfolg. J/N

Antworten
1. Ja.
2. Ja.
3. Ja.
4. Nein. Fünfen bedeuten Wandel, wo immer sie plaziert werden; nur bei abnehmendem Mond kehrt sich ihre Bedeutung in Stagnation um.
5. Ja.

Quiz zu Kapitel 10 – Tarotkarten

Welche Wirkung haben – sofern überhaupt – die folgenden Tarotkarten im jeweiligen Haus des Zodiaks:
1. Die Hohepriesterin in den Zwillingen?
2. Der Turm im Skorpion?
3. Die Liebenden im Löwen?
4. Der Stern im Stier?
5. Die Kraft in den Fischen?

Antworten
1. Kommunikationstalent.
2. Einen unerwarteten oder schnellen Wandel in allen Angelegenheiten, bei denen es um Steuern, Tod, Erbschaft, Geschenke oder das Einkommen eines Partners geht.
3. Sehr effektiv für alle Arten von Liebestalismanen.
4. Erfolg in Geld- und Geschäftsdingen.
5. Die Fähigkeit, alle Hindernisse, verborgenen Feinde oder Festnahmen zu überwinden.

Teil Sechs

Anhang

11 Manifestationsmittel

Das Zodiak-Arbeitsblatt ist so aufgebaut, daß sich genau in seiner Mitte ein Gegenstand plazieren läßt, auf den die Energie des Magiers konzentriert werden kann, um als Sender für die kombinierte Abstrahlungsenergie des Talismans zu dienen, wie auch als Empfänger für alle Erd- oder universalen Energien, die in den Talisman hineingeleitet werden.

Auf den folgenden Seiten wollen wir zwei solcher Gegenstände erklären, den Wunschstein und die Kerze. Es lassen sich auch andere Mittel verwenden, da die Art des Katalysators nur von der Vorstellungskraft des Magiers begrenzt wird.

Als Leiter von Energie und als Speicherbatterie ist das Manifestationsmittel ideal, um den Talisman bei der Ausführung seiner vorgesehenen Aufgabe zu leiten.

Dies ist ein sehr nützliches kleines Geheimnis, vor allem dann, wenn persönliche Emotionen sich als Störfaktoren erweisen oder wenn unerwartete Notfälle eintreten, die den Magier belasten würden. Unter solchen Umständen ist das Manifestationsmittel die perfekte Antwort, gleichgültig, ob der Talisman von einem Neuling oder einem »alten Hasen« hergestellt wird.

Nach der Fertigstellung des Talismans besteht der nächste Schritt darin, ihn zu energetisieren und den gewählten Gegenstand als Katalysator zu aktivieren. Doch bevor wir diese Phase behandeln, wollen wir zuerst einmal den Wunschstein betrachten.

Wunschsteine

Wunschsteine gibt es, wie Kerzen auch, schon seit den frühesten Anfängen der Geschichte. Bereits der Frühmensch entdeckte verschiedene Gegenstände, die das Glück ihres Besitzers zu stärken schienen, wenn man sie zwischen den Handflächen rieb oder bei sich trug.

Heute gibt es eine Vielzahl sogenannter Wunschsteine. Die Glücksbringer aus synthetischem Kristall, Plastik und Metall sind allerdings nur Tand, der den Benutzer erheitern und die Geldbeutel der Hersteller füllen soll. Es gibt sie in Krimskramsläden und okkulten Buchgeschäften, und manche kann man sogar per Versand bestellen. Hüten Sie sich vor solchem Firlefanz, da er meistens aus Materialien besteht, die nicht die richtigen Schwingungen zur Energetisierung und Manifestation abstrahlen.

Ein echter Wunschstein wird meistens aus Naturstein hergestellt, im Idealfall aus Bergkristall, dessen Schwingung die Energie seines Benutzers verstärkt anstatt sie abzuziehen.

Wunschsteine – eine Form des Talismans

Wunschsteine sind eine Form von Talismanen. Ein Talisman wird definiert als alles, sei es natürlichen oder künstlichen Ursprungs, dessen Natur- oder Rohzustand auf irgendeine Weise verändert wurde, um danach durch Gedanken, Verlangen oder Wünsche geladen zu werden.

So kann ein Wunschstein beispielsweise aus einem Bergkristall bestehen, dessen Urzustand zunächst einmal durch Schleifen und Polieren verändert wurde. Diese Veränderung nützt dem Magier insofern, als die Form und der Schliff des Kristalls seine natürliche Kraft verstärken soll. Als nächstes wird der Kristall von dem Magier energetisiert, um seinem Verlangen und Willen zu entsprechen und eine Manifestation herbeizuführen.

Der Kristall als Manifestationsmittel

Das natürliche Universum stellt Channeling-Medien und Magiern, die sich darauf eingestimmt haben, esoterische Weisheit zur Verfügung. Meistens handelt es sich bei diesen Channel-Medien und Magiern um Menschen, die gelernt haben, sich in die Schwingungen des Universums einzustimmen. In gewissem Sinne fungieren sie wie Funkempfänger, und sie nutzen die Schwingungsbereitschaft des Kristalls, um solche Schwingungen zu verstärken. Der Kristall funktioniert auch wie eine Art Sender, der Energien abstrahlt, die einen Wunsch des Channels (Medium) oder Magiers manifestieren sollen.

Jeder Mensch besitzt die Fähigkeit, Schwingungsenergie auszusenden und zu empfangen. Die meisten sind sich dieser Tatsache allerdings nicht bewußt, weshalb hier auch die Ausdrücke Channel und Magier verwendet werden, um jemanden zu bezeichnen, der lange Stunden damit verbracht hat, zu lernen, wie man mit dem Universum kommuniziert.

Will man die Fähigkeit aller Menschen, Informationen zu senden und zu empfangen, etwas genauer verstehen, muß man wissen, daß unser Körper aus winzigen Zellen besteht, die flüssige Kristalle enthalten.

Diese kleinen Kristalle scheinen wie Miniaturfunkgeräte zu arbeiten, die aus der Welt und dem Universum um uns herum Informationen aufnehmen und in diese auch hinaussenden. (Deshalb ist ASW auch etwas völlig Normales und nichts Übernatürliches.)

Ein sowjetischer Wissenschaftler namens Dr. Alexander Dubrow hat fünftausend verschiedene Experimente an lebenden Zellen durchgeführt, um etwas über Zellkommunikation in Erfahrung zu bringen. Was er dabei herausfand, war der Beweis, daß unsere Zellen tatsächlich miteinander kommunizieren.

Dr. Dubrow gab zwei Zellen in verschiedene Behältnisse, die durch eine Glasscheibe aus Naturkristall miteinander verbunden waren. Er entdeckte, daß die winzigen Zellen Photonen (Lichtpartikel oder Lichtwellen, die man auch Biolumineszenz/Energie nennt) und gleichzeitig Ultraschallwellen abstrahlten.

Wenn eine der Zellen gezielt durch Trauma oder Krankheit verletzt wurde, empfing die andere, gesunde Zelle, die mit ihr nur durch das Naturkristallglas verbunden war, irgendwie die Information der ersten und starb ebenfalls ab.

So wurde die Theorie entwickelt, daß diese Information durch Lichtwellen (Schwingungsenergie) an die gesunde Zelle gelangte, die von der verletzten Zelle (ähnlich wie beim Funkgerät) abgestrahlt und durch den Naturkristall zwischen den beiden verstärkt wurden.

Um zu beweisen, daß der Kristall die abgestrahlte und empfangene Schwingungsenergie verstärkte, ersetzte Dr. Dubrow das Naturkristallglas durch gewöhnliches. Er war nicht überrascht, festzustellen, daß die gesunde und die verletzte Zelle miteinander nicht mehr kommunizieren konnten und sich in der gesunden Zelle keine Veränderungen mehr beobachten ließen.

In seinem Buch *Energy, Matter and Form* schreibt Dr. C. Hill: »Wie die Flüssigkeit in unseren Zellen, ist auch Quarz eine kristalline Struktur.« Für einen Schüler des Okkulten kann ein Wunschstein aus Bergkristall zu einem Verstärker von Gedankenschwingungen wie Gehirnwellen, Gefühlen, und so weiter werden. So besteht die Energetisierung eines Wunschsteins lediglich darin, die eigene Schwingungsenergie in den Stein zu senden, der daraufhin als Verstärker fungiert und diese Energie zur Manifestation an das Universum abstrahlt.

Typen und Formen der Wunschsteine

Wie bereits erwähnt, besitzt jeder Mensch die Fähigkeit zu channeln. Die Qualität der ausgestrahlten Wünsche oder des empfangenen Wissens hängt jedoch von mehreren Faktoren ab.

Der angehende Channel muß zuerst die Fähigkeit schulen, die

Gedankenmuster des Geistes zu konzentrieren. Das läßt sich durch jede beliebige Technik der Gedankenkontrolle erreichen, beispielsweise durch Kreatives Visualisieren, Selbsthypnose oder Transzendentale Meditation.

Zweitens muß eine Verbindung oder ein Verstärker der Schwingungsenergie benutzt werden; in unserem Beispiel sprechen wir zwar über den Wunschstein, andere Channels ziehen jedoch Kerzen, Tarotkarten oder andere Arten von Katalysatoren vor, um die ausgestrahlten oder empfangenen Energien zu bündeln.

Die Qualität des Stoffs, aus dem der Stein besteht, ist von großer Wichtigkeit, ebenso seine Form. Deshalb haben wir auch von vielen »sogenannten« Wunschsteinen gesprochen, die von Künstlern oder Unternehmern aus unterschiedlichen, niedrigschwingenden, natürlichen oder menschengeschaffenen Materialien zwar als Gegenstände von großer Schönheit hergestellt werden, die Energien des Magiers aber nicht verstärken. Nachdem man erst einmal viel frustrierenden Aufwand mit dem Versuch betrieben hat, sie zum Funktionieren zu bringen, wandern sie schließlich doch in die Schublade mit den amüsanten Kuriositäten.

Die verbreitetsten und erfolgreichsten Wunschsteine wurden aus verschiedenen Arten von Silizium- oder Quarzkristallen hergestellt, weil diese die besondere Eigenschaft besitzen, Schwingungsenergie zu verstärken, zu speichern und zu erzeugen. Künstliche Kristalle versagen schon bald, weil ihre Speicher und Energien schwinden, weshalb man natürlichen Kristall bevorzugt. Auch Ton, der aus winzigen Siliciumkristallen besteht, kann Verwendung finden, sofern man ihm die richtige Form verleiht.

Die Form des für einen Wunschstein verwendeten natürlichen Kristalls sollte entweder eine polierte Kugel, eine halbabgeflachte Oberfläche für das Ausstrahlen und Empfangen in und aus sämtlichen Richtungen, oder die spitze, vielfacettierte Gestalt des natürlichen Bergkristalls haben, wenn man die Aktivität nur in eine einzige Richtung lenken will.

Kristall-Typen

Der am häufigsten verwendete Kristall, aus dem ein Wunschstein für sämtliche Zwecke hergestellt wird, ist der klare Bergkristall. Es gibt allerdings viele Variationen des gewöhnlichen Bergkristalls. Die Farbe und die Nutzung, zu der sie verwendet werden, hängt von ihren »Verunreinigungen« ab. Mit anderen Worten: Verschiedene Verunreinigungen verändern die Farbe und die Schwingung des reinen Kristalls, wodurch sich auch sein Anwendungsbereich ändert. Hier folgen ein paar Beispiele: (1) Rosenquarz Wünsche in Liebesdingen. (2) Amethystquarz – Wünsche nach spiritueller Transmutation. (3) Rauchquarz – Wünsche zur Stärkung der Lernfähigkeit. (4) Turmalinquarz – sehr selten und sehr teuer – manifestiert die Energie auf sämtlichen Existenzebenen. Er ist der bevorzugte Stein des Magiers, der manchmal Schutz und große Energie braucht. Er hat Ähnlichkeit mit dem (5) Rutilquarz – dieser ist angefüllt mit winzigen Gold- oder Silberfasern; ein Stein, der vor Energie förmlich überquillt. Er findet weite Verbreitung in der Magie, wo er den Willen des Magiers vergrößert. Er ist hervorragend als Wunschstein geeignet und wird im allgemeinen dem gängigeren, schlichten Bergkristall vorgezogen. Er ist auch sehr teuer und schwierig zu beschaffen.

Schutz für ihren Wunschstein

Ein Wunschstein sollte niemals schutzlos in einer Tasche oder Geldbörse herumgetragen werden. Die darin befindlichen Gegenstände könnten ihn abstoßen, zerkratzen oder beschädigen. Der Stein sollte vielmehr von einem weichen Tuch, Leder oder Samtbeutel geschützt werden, man kann ihn aber ebensogut in eine samtausgekleidete Schachtel oder in irgendein anderes, weiches Material geben.

Zudem handelt es sich dabei um einen privaten Stein: Er ist mitsamt seinen Eigenschaften allein für Ihren Gebrauch bestimmt. Er sollte also niemals von anderen berührt werden, und auf keinen Fall sollte er von irgend jemand anderem als seinem Besitzer zu magischen Zwecken oder für die Energieübertragung verwendet werden. Der Wunschstein aus Naturquarz paßt sich nämlich an seinen Besitzer an und kann durch fremde Schwingungen zerstört werden. Sollte irgend jemand den Stein berühren oder sollten seine Energien blockiert werden, läßt er sich reinigen, indem man ihn über Nacht in Salzwasser legt.

Der Wunschstein und die Kerze als Katalysatoren

Wenn Sie alle Materialien für die von Ihnen gewählte Art des Talismans beisammen haben und alles auf dem Zodiak-Arbeitsblatt ausgelegt ist, kann ein richtig geladener Wunschstein oder eine Kerze, in die Mitte des Zodiak-Arbeitsblatts plaziert, Ihre Energien bündeln und an das Universum abstrahlen, damit sie sich manifestieren; oder jene Energie empfangen, die Sie aufzurufen beschlossen haben. Es ist nicht zwingend erforderlich, Ihrem Talisman die Kraft eines Wunschsteins oder einer Kerze hinzuzufügen; Wunschstein, Kerze oder Talisman allein genügen vollkommen, doch läßt sich eben auch ein weiteres Manifestationsmittel hinzufügen, um die Macht des Talismans zu verstärken.

Die Kerze

Die Kerze ist, ebenso wie der zuvor behandelte Wunschstein, ein unverzichtbarer Katalysator für jeden, der für die Talismanmagie einer zusätzlichen Kraftverstärkung oder eines praktischen Bündelungsmittels bedarf, wenn er den Talisman auflädt.

Die Kerze war schon immer Bestandteil der magischen Geschichte, seit der erste Höhlenmensch sie dazu benutzte, die Totemgeister zu beschwören – ob in ihrer ursprünglichen Form als Docht, der in einer Schale voller Talg oder langsam abbrennendem Öl schwamm, oder in der modernen Ausführung aus Bienenwachs oder Paraffin, wie sie für Haushalts- und Votivkerzen üblich sind.

Sie wurde von Magiern, Priestern, Schamanen, Rabbinern, Hexendoktoren und anderen als Werkzeug verwendet, dessen Funktionen so unterschiedlich waren wie die des alleinigen Mittels magischer Manifestation, des geistigen Kontaktpunkts, des Divinationswerkzeugs oder, wie wir es heute verwenden, des Katalysators für die Talismanmagie.

In unserem Werk *The Candle Magick Workbook* werden Kerzenattribute wie Farbe und Duft ausführlich behandelt. Wenn Sie einen sehr kraftvollen Talisman herstellen wollen, verbinden Sie die Techniken der Kerzenmagie, wie dort beschrieben, mit denen der Talismanmagie aus dem vorliegenden Buch. In dieser Hinsicht haben Sie völlig freie Hand. Hier wollen wir lediglich den wirksamen Gebrauch der Kerze als einem von vielen möglichen Manifestationsmitteln behandeln.

Die Energetisierung des Manifestationsmittels

Die Art von Talisman, den Sie herstellen, entscheidet darüber, ebenso wie die damit verfolgten Ziele, auf welche Quellen Sie zurückgreifen werden, um Ihr Manifestationsmittel und Ihren Talisman zu laden.

Hier werden drei Grundquellen besprochen, aus denen Sie die für Ihre Manifestationsmittel und Talismane benötigte Energie ziehen können, um ihre Aufgabe so zu erfüllen, wie Sie das wollen.

Persönliche Energie: Mit »persönlicher Energie« ist genau das gemeint, was das Wort bereits sagt. Es ist die Energie, die Sie selbst aufwenden und in ein beliebiges Objekt einströmen lassen. Das kann auf verschiedene Weise geschehen, am häufigsten ist die Konzentration und die Visualisation.

Beginnen Sie damit, daß Sie das Manifestationsmittel sanft zwischen Ihren Handflächen reiben, wobei die Oberseite Ihre rechte, die Unterseite Ihre linke Handfläche berührt. Wenn es sich um einen länglichen Gegenstand handelt, beispielsweise um eine Kerze oder die eine oder andere Form von Kristall, hält die rechte Hand die Spitze, die linke dagegen das Unterteil.

Während sich das Manifestationsmittel bei Ihrem Streicheln aufwärmt, konzentrieren Sie Ihre geistigen Energien auf das beabsichtigte Ziel. Sorgen Sie für ein sehr einfaches und klarumrissenes Zielbild vor Ihrem geistigen Auge. Wiederholen Sie laut den Zweck, zu dem der Talisman erschaffen wurde, und die Funktion, die das Manifestationsmittel wahrnehmen soll.

Blicken Sie dabei konzentriert den Talisman und das Manifestationsmittel an, während Sie im Geiste Strahlen aus Lichtenergie visualisieren. Spüren Sie, wie die Energie durch Ihren Körper strahlt und durch die Handflächen in den Talisman und das Manifestationsmittel einströmt, um sie mit Ihrem Willen zu erfüllen.

Seien Sie nicht beunruhigt, wenn Ihre Hände dabei heiß werden sollten. Das ist ein sehr gutes Zeichen dafür, daß Ihre Energie sehr mächtig ist. Die Körperwärme zeigt außerdem an, daß Ihr Versuch der Energetisierung gelungen ist.

Wenn Ihnen Ihr Gefühl sagt, daß Sie den Talisman oder Gegenstand ausreichend mit persönlicher Energie geladen haben, plazieren Sie ihn in die Mitte des Zodiak-Arbeitsblatts; handelt es sich um eine Kerze, entzünden Sie diese nun.

Als nächstes stellen Sie sich vor, wie diese Energie (Ihr Ziel) von einer schützenden Lichtkugel in der Ihnen entsprechenden Farbe umhüllt wird. Diese Lichtkugel schützt die Energie vor anderen, die Ihre Ziele vereiteln wollen, indem sie diese Energie stehlen oder in ihr Gegenteil umkehren.

Nun lassen Sie diese Lichtkugel, die Ihr Ziel in Form persönlicher Energie umfaßt, ins Universum hinaustreiben. Sehen Sie ihr nach, wie sie davonschwebt, völlig sicher und geschützt, um Ihr Ziel zu manifestieren.

Doch bevor Sie sich selbst zu Ihrer gelungenen Operation gratulieren können, müssen Sie erst noch einen weiteren Schritt tun. Jetzt gilt es nämlich, sich selbst wieder energetisch aufzuladen und alle Verbindungen zu dem Manifestationsmittel oder Talisman zu kappen, weil Sie sonst die eben übertragene Energie wieder in sich aufsaugen würden.

Dies geschieht, indem Sie sich, entsprechende Gelenkigkeit vorausgesetzt, mit gekreuzten Beinen auf den Boden setzen und sich dabei so weit strecken, wie es Ihnen bequem möglich ist. Pressen Sie Ihre Handflächen flach auf den Boden. Schließen Sie die Augen und stellen Sie sich vor, wie sich alle verbliebenen Spannungen in Körper und Geist in eine heilende Farbe (die Sie nach Gefühl und Intuition bestimmen) verwandeln und von Mutter Erde aufgenommen werden.

Nun bitten Sie sie, diese Energie gegen frische, belebende Energie in einer Farbe zu tauschen, die Sie für die Selbstheilung brauchen. Dieser Austausch hat eine positive Funktion und nützt sowohl Ihnen als auch Mutter Erde.

Erd- und universale Energie

Die Technik zur Nutzung anderer Energien als Ihrer persönlichen ist im Prinzip ähnlich wie die soeben beschriebene. Anstatt jedoch die Energie aus Ihrem Inneren zu holen, stellen Sie sich entweder vor, wie eine farbige Lichtenergie von Mutter Erde kommend in Ihre Füße eindringt, um dann den Körper zu durchstrahlen und durch die Handfläche in die Gegenstände zu strömen; oder Sie imaginieren, wie farbige, universale Lichtenergie durch den Scheitel in Ihren Körper eindringt. Wie beim Gebrauch der persönlichen Energie sollten Sie auch hier darauf achten, daß Sie sich danach wieder aufladen.

Gleichgültig, welche Methode Sie verwenden, um Talisman oder Manifestationsmittel (sofern vorhanden) aufzuladen, geht es doch stets in erster Linie darum, Ihre Schöpfung dazu zu bemächtigen, Ihren Willen Wirklichkeit werden zu lassen. Das Manifestationsmittel ist lediglich ein zusätzliches Werkzeug, das den Erfolg sichern soll, indem es unsichtbare Energien und Konzentration entweder in den Talisman hineingibt oder aus ihm herauszieht, was die meisten von uns in der Regel ohne Hilfe allein nicht schaffen würden.

Für den Praktiker bedeutet dies, daß Sie nicht erst mächtig sein oder über großes Wissen verfügen müssen, um die Energiequellen anzuzapfen, die zur Herstellung eines mächtigen und wirkungsvollen Talismans erforderlich sind.

Wer keine Probleme dabei hat, einen Talisman ohne zusätzliche Hilfe zu energetisieren, bei dem kann das Manifestationsmittel gleichermaßen die ohnehin schon starken magischen Fähigkeiten noch erhöhen.

12 Die Herstellung eigener Werkzeuge und Arbeitsgebiete

Der Talisman-Tisch: Der von Schülern der Talisman-Magie am häufigsten verwendete Tisch besteht aus einer runden Holzplatte mit einfassendem, gußeisernem Band, das etwa einen Zentimeter emporragt. Der fertige Talisman läßt sich dann mit einer runden Glas- oder Plexiglasplatte hübsch bedecken.

Die erhabene Tischkante stellt sicher, daß auch Symbolmaterial, das dicker als Spiel- oder Tarotkarten ist, bei der Talismankonstruktion nicht herunterfallen kann. Die runde Glasabdeckung kann so groß angefertigt werden, daß das darunterliegende Material davon zwar nicht berührt, aber gleichzeitig vor Kerzenwachs, Windstößen, Haustieren und kleinen Fingern geschützt wird.

Schön ist an einem abgedeckten Tisch auch, daß er darüber hinaus als nützliches Möbelstück Verwendung finden kann, das durch seine Funktion als Talisman nicht eingeschränkt wird.

Sollten Sie eine Kerze als Manifestationsmittel gewählt haben, stellen Sie diese einfach oben auf die Tischdecke. Weder das Glas noch die Tischdecke noch die Tatsache, daß die Kerze keinen »Direktkontakt« zum darunterliegenden Talisman hat, beeinträchtigt seine Wirkung im geringsten, und niemand wird ahnen, was darunter in Wirklichkeit los ist.

Das Talisman-Bild: Wenn kein niedriger Tisch verwendet werden kann, befestigen Sie Ihr Zodiak-Arbeitsblatt hinter einem gläsernen Bilderrahmen. Wenn Sie nun das Glas entfernen, können Sie das für die Talismanherstellung erforderliche Material auf dem Zodiak-Arbeitsblatt auslegen, und das wieder daraufgelegte Glas wird alles an Ort und Stelle festhalten, so daß der Talisman nun auf einen Tisch gestellt oder an die Wand gehängt werden kann.

Eine andere Verwendung für den Glasrahmen besteht darin, das Zodiak-Arbeitsblatt hinter das Glas zu klemmen, um dieses dann von außen mit einem Klettverschlußstreifen zu versehen. Wenn Sie nun auf die Rückseite der anderen Materialien ebenfalls einen Klettverschlußstreifen anbringen, erhalten Sie einen Talisman, der zugleich funktional und dekorativ ist, sich aber auch leicht verändern läßt.

13 Tabellen und Übersichten

Schnelle und unkomplizierte Talisman-Herstellung mit Hilfe des I Ging				
Ch'ien ☰ **Größe**	**1 Ch'ien** Universale Energie, unbegrenzte Macht	**10 Lu** Geheimnisse des sicheren Umgangs mit anderen	**13 T'ung Jen** Erfolg durch Freunde und Partner	**25 Wu Wang** Überraschungs-effekt
Tui ☱ **Sinnlichkeit**	**43 Kuai** Entlarvung und Beseitigung der Bestechlichen	**58 Tui** Erfüllung, Ver-gnügen, große Freude	**49 Ko** Überraschung, Revolte, Umsturz, schneller Wandel	**17 Sui** Die Geheimnisse der Natur, Erfolgs-bringer
Li ☲ **Intuition**	**14 Ta Yu** Überfluß, Wohl-stand und Glück in allen Dingen	**38 K'uei** Zank, Streit und Unstimmigkeit	**30 Li** Erfolg durch huma-nitäre Bemühungen	**21 Shih Ho** – Kar-mische Justiz aus-üben oder anrufen, Wiedergutmachung
Chen ☳ **Erneuerung**	**34 Ta Chuang** Große Macht, Energie und Kraft	**54 Kuei Mei** Gesellschaftliche oder ethische Frevel, Unglück	**55 Feng** Der Gipfel des Überflusses in allen Lebensbereichen	**51 Chen** Erschaffen oder Verhinderung über-wältigender Macht und Ergebnisse
Sun ☴ **Subtilität**	**9 Hsia Ch'u** Zähmung des Größeren und Mächtigeren	**61 Chung Fu** Beliebtheit, Freunde, Ver-wandte	**37 Chia Jen** Glückliche Familie, großes Glück	**42 I** Chefs und Höher-stehende
K'an ☵ **Schwierigkeit**	**5 Hsu** Erlernen von Ge-duld und wissen, wann zu handeln ist	**60 Chieh** Einschränken, regulieren oder zügeln	**63 Chi Chi** Die Ereignisse nach erfolgreicher Unternehmung	**3 Chun** Abkürzung von Schwierigkeiten
Ken ☶ **Verstummen**	**26 Ta Ch'u** Sieg des Starken und Mächtigen	**41 Sun** Selbstaufopferung führt zu Minderung, Ehrung	**22 Pi** Illusionen verschlei-ern, Schönheit, Verzierung	**27 I** Erneuerung und Ausgleich des magischen Selbst
K'un ☷ **Macht**	**11 T'ai** Vertreibung von Unglück, Erfolg und Wohlstand herrschen vor	**19 Lin** Anziehung großen Ruhms, Vermö-gens und Erfolgs	**36 Ming I** Unterdrückung, Verletzung, Scha-den, Unehrlichkeit	**24 Fu** Wiedergutma-chung leisten oder berichtigen
⇑ ⇒	**Ch'ien** ☰ **Macht**	**Tui** ☱ **Große Freude**	**Li** ☲ **Brillanz**	**Chen** ☳ **Wandel**

44 Kou In Versuchung führen oder geführt werden	**6 Sung** Behebung von Konflikten und heimtückischer Opposition	**33 Tun** Reise nach innen, Änderung von Wissen und Geheimnissen	**12 P'i** Dekadenz überwältigt die Rechtschaffenen und Mächtigen	**Ch'ien** ☰ **Größe**
28 Ta Kuo Herstellung oder Abzug zusätzlicher Kraft und Macht	**47 K'un** Schädigung oder Schwächung der Ehrlichen	**31 Hsien** Wahre Liebe, junge Liebe, selbstlose Liebe	**45 Ts'ui** Zu gemeinsamem Ziel zusammenführen	**Tui** ☱ **Sinnlichkeit**
50 Ting Der Kessel, Geheimnisse der Erdmagie	**64 Wei Chi** Vollendung einer Angelegenheit	**56 Lu** Der Wanderer und die Probleme des Reisenden	**35 Chin** Belohnung und Anerkennung von Bemühung und Arbeit	**Li** ☲ **Intuition**
32 Heng Befreiung, Freiheit, Problemlösung	**40 Chieh** Erneuerung der Liebe, reife Liebe und Stabilität	**62 Hsiao Kuo** Kleine, irritierende Probleme, die die Kräfte binden	**16 Yu** Vereinigung vieler zu einer gemeinsamen Kraft	**Chen** ☳ **Erneuerung**
57 Sun Anweisungen befolgen, gehorchen, berücksichtigen	**59 Huan** Beseitigung oder Verringerung aller Hindernisse	**53 Chien** Langsamer und gemächlicher Fortschritt, glückliche Heirat	**20 Kuan** Fähigkeit, zukünftige Erfordernisse zu analysieren und vorherzusehen	**Sun** ☴ **Subtilität**
38 Ching Einkehr zur Entdeckung der Macht des Selbst	**29 K'an** Herstellung oder Vernichtung von Unglück und Gefahr	**39 Chien** Persönliche Verletzung, Beschränkung, behinderter Fortschritt	**8 Pi** Vereinigung vieler zu einem gemeinsamen Ziel bringt Treue	**K'an** ☵ **Schwierigkeit**
18 Ku Schneller Aufbau zur Verhinderung von Verfall	**4 Meng** Chaos, Torheit, Verwirrung	**52 Ken** Eine Weile innehalten oder Zeit des Pausierens	**23 Po** Feindliche Kräfte schwächen, greifen an	**Ken** ☶ **Verstummen**
46 Sheng Neue Pfade beschreiten, Wachstum, Potential	**7 Shih** Großer Anführer von Volksaufstand oder Reformer	**15 Ch'ien** Erlangung inneren und äußeren Wohlstands und Erfolg	**2 K'un** Unbegrenzter Erfolg und die Geheimnisse der Magie	**K'un** ☷ **Macht**
Sun ☴ **Durchdringung**	**K'an** ☵ **Gefahr**	**Ken** ☶ **Beharrlichkeit**	**K'un** ☷ **Weisheit**	⇐ ⇑

Runen im Überblick

Symbol	*Beschreibung ihrer Verwendung*	*Schlüsselbegriffe*
ᚠ	Die Verfügbarkeit von Macht zur Manifestation von Reichtum und Wohlstand; Verwendung zur Förderung aller Angelegenheiten und Projekte	Hohe Macht
ᚢ	Der Akt der Manifestation; diese Rune verstärkt den Willen des Magiers und kontrolliert oder manifestiert alle Begierden	Formung roher Macht durch den Willen
ᚦ	Handhabung roher Kraft aus dem Universum zur Manifestation, Verteidigung, Vernichtung oder zur machtvollen Verstärkung einer Manifestation	Lenkung der Macht durch die schiere Kraft des Willens
ᚨ	Channeln der Alten und Ahnen. Dies ist die Rune der Magie, wirkungsvoll für Mitteilungen und Botschaften; stets bei Vorträgen/Reden verwenden	Kommunikation in jeder Form und auf allen Ebenen
ᚱ	Reisen aller Art (physisch, mental oder astral); die Rune der Gerechtigkeit, hervorragend geeignet für Gerichtsprozesse und Rechtsstreitigkeiten; die Rune der Unschuldigen	Herstellung von Gerechtigkeit
ᚲ	Die kreativen Feuer des Lebens und der Leidenschaft, kontrolliert durch den Willen; Schöpfung; sexueller Selbstausdruck; neue Wirklichkeiten	Magie und schöpferischer Selbstausdruck
ᚷ	Vollkommenes Gleichgewicht zwischen weiblichen und männlichen Energien, Sexualmagie; Bündelung der Energie von einem oder mehreren zur Schaffung großer Macht für ein gemeinsames magisches Ziel	Partnerschaften, Vereinigungen, Gruppen, Gleichgewicht und Eheschließungen
ᚹ	Die Rune der größten Freude, des Glücks, der Ekstase und des Vergnügens; Verwendung bei allen magischen Operationen, um zu gewährleisten, daß die Magie erfolgreich und erfüllend wird	Glückhaftes Beenden jeder Situation
ᚺ	Langsamer und gemächlicher Fortschritt wider alle schwierigen Umstände bringt Glück und löst alle negativen Einflüsse auf	Erzielter Fortschritt
ᚾ	Zeit der Reinigung, des Ausgleichs und der Harmonie im eigenen Inneren; diese Rune löst peinigende Situationen auf und ist gut zur Findung der wahren Liebe	Erlösung von Not und Leid
ᛁ	Herstellung eines Stillstands; Bindung oder Behinderung nach Wunsch sowie zu eigenem Vorteil	Einfrieren oder aufhalten
ᛃ	Herstellung von Überfluß und Reichtum in allen Lebensgebieten; gut zur Eintreibung von Schulden; Glück in allen rechtlichen Geldangelegenheiten	Ernten der Ihnen zustehenden Belohnungen

Symbol	*Beschreibung ihrer Verwendung*	*Schlüsselbegriffe*
ᛇ	Machtvolle Rune zur Verteidigung seiner selbst oder eines anderen durch Weisheit und mit der Intensität des Lebens und des Todes; eine Macht-, Schutz- und Bannungsrune	Besiegen, schützen und bannen
ᛈ	Enthüllung alles Verborgenen und Verschleierten; Erfahren der Geheimnisse anderer; Ortung verlorener oder gestohlener Gegenstände sowie vergrabener Schätze	Glücksspiel oder Eingehen von Risiken
ᛉ	Der göttliche Schutzschild; gewährleistet den Sieg wider alle Wahrscheinlichkeit und schafft dazu legendäre Helden/Heroen	Göttlicher Schutz und Sieg
ᛋ	Verteidigung und Sieg über jene, die Ihnen Unrecht antun wollen; Unterdrückung oder Schaden; Führungsrune für jene, die ihren eigenen Weg zur Göttin suchen	Der magische Wille
ᛏ	Herabrufen göttlicher Intervention, Gerechtigkeit oder Karma; diese Rune macht mächtig und groß unter den Menschen	Macht des Kriegers oder der Kriegerin
ᛒ	Die Erdmutter; Förderung des Wachstums; Eingrenzung und Verbergen; Erlernen der Geheimnisse der Erdmagie sowie Schutz des Heims und des Ritualorts	Die große schützende Mutter
ᛖ	Herbeiführen aggressiver und schneller Veränderungen im Einklang mit dem Willen	Schnelle Bewegung oder Veränderung
ᛗ	Herabrufen der Erleuchteten und Anrufung des Magiers im eigenen Inneren; schützt die Abenteuerlustigen und erleichtert Veränderungen	Menschheit
ᛚ	Überwindung oder Transmutation einer Situation oder Person; die Rune der weiblichen Macht, der Amazone; Herstellung des Kontakts zur weiblichen Macht im Inneren sowie zur Magie	Transmutation
ᛝ	Männliche Fruchtbarkeit und Energie; diese Rune gewährleistet eine erfolgreiche Magie und setzt schnell Energie frei; die plötzliche Entfesselung überrumpelt oft andere	Bindung
ᛞ	Verwendung nach schweren Fehlern und Zusperren von Türen; diese Rune gibt eine zweite Chance; fördert Gesinnungs- und Herzenswandel	Neubeginn
ᛟ	Schutz von Reichtum und Besitz; ebenfalls gut zum Schutz und zur Heilung älterer Familienmitglieder	Erbe
□	Verwendung dieser Rune in beliebigem Talisman oder Zauber, um etwas Dynamisches in Bewegung zu setzen; mächtig und neu; diese Rune symbolisiert unmanifestierte Energie/Macht	Karma, Wiedergeburt, Ausbildung/Einsetzen einer Entwicklung

Spielkarten und Kleine Arcana

Bezeichnung des Zodiakhauses und des darin herrschenden Elements	*Karo, Münzen, Reichtum, Erde – Jahre*	*Kreuz, Stäbe, Mentales, Luft – Monate*
1 Feuer/Widder/Asse	Neues Stellenangebot	Neue Perspektive
2 Erde/Stier/Zweien	Aufbau von Reichtum, Wohlstand und Überfluß	Aufbau geistiger Wendigkeit im Geschäftsleben
3 Luft/Zwillinge/Dreien	Herstellung von Wohlstand durch Kommunikation	Herstellung von Kommunikation durch ASW und geistige Wendigkeit
4 Wasser/Krebs/Vieren	Fundament des Familienreichtums und der Gefühle	Fundament der geistigen Familienperspektive
5 Feuer/Löwe/Fünfen	Finanzielle Veränderung, Risiko, Prostitution, Handwerk	Veränderung der Kreativität, der Perspektive und des Denkens
6 Erde/Jungfrau/Sechsen	Verantwortung und Dienst in Nahrungs-, Geld-, Heim- und Familienangelegenheiten	Verantwortung und Dienst in intellektuellen, Gesundheits-, Rechts- und Regierungsangelegenheiten
7 Luft/Waage/Siebenen	Stabilisiert Finanzen, Partnerschaften, Gefährten, Familie, Verwandte, Freunde und Arbeit	Stabilisiert alle Formen der Kommunikation auf sämtlichen Gebieten
8 Wasser/Skorpion/Achten	Zuviel Macht und Reichtum, Finanzamt, Erbschaft, Verlust, Geldmittel eines Partners	Die Macht des Geistes zur Transformation und Manifestation
9 Feuer/Schütze/Neunen	Humanitäres, überwachende Hilfe oder Rat aus Mildtätigkeit	Humanitäres, Erziehung, Alphabetisierung und Wissenschaften
10 Erde/Steinbock/Zehnen	Wiedergeburt, ein Mentor mit Geld und Macht	Wiedergeburt, völlig neue Denkrichtung
11 Luft/Wassermann/Buben/ Prinzen/Pagen und Prinzessinnen	Bote, Nachricht von Geld/Gewinn, Erfolg oder Durchbruch	Bote, Telepathie und Channeling Information
12 Wasser/Fische/Ritter/ Amazonen	Triebkraft, Antreiber, Arbeitswut	Triebkraft zur Erlangung von Wissen und Weisheit
Königinnen/Hermaphrodit	Ich erschaffe, schütze und enthülle Geheimnisse der Arbeit, der Gesundheit	Ich erschaffe, schütze und enthülle Geheimnisse der Weisheit
Könige/Hermaphrodit	Ich überwinde Opposition und gebe weisen Rat, Geld	Ich überwinde Opposition und gebe Rat, Weisheit

Herz, Kelche, Emotion, Wasser – Tage	*Pik, Schwerter, Handlung, Feuer – Wochen*	*Hausbedeutung und herrschender Planet*
Neue Liebe	Neues Selbstbild und neue Physis	Ich bin/Mars/Geburt
Aufbau einer Liebesbeziehung (reicher Liebespartner)	Schneller und greifbarer Aufbau eines Vermögens	Ich erwerbe/Venus/Erbauer
Herstellung von Kommunikation durch Emotionen/Liebe	Herstellung von Kommunikation durch körperliche Aktion	Ich kommuniziere/Merkur/ Produkt
Fundament der emotionalen Familienstabilität	Handlungsfundament der Familie	Ich nehme wahr/Mond/ Fundament
Veränderung bei Kindern, in der Liebe, der Musik, der Vergnügun- gen, der gesellschaftlichen Aktivi- äten	Veränderungen in der Sexualität, im Sport, bei Hobbys und Wett- kämpfen	Ich erlebe/Sonne/Wandel
Verantwortung und Dienst in Familien- und Ratgeberdingen	Verantwortung und Dienst bei Reparaturen, Ärzten, Verkäufern, Reisebüros	Ich diene/Merkur/Verantwortung
Stabilisiert alle Herzens-, Eltern-, Kinder-, Haustier-, Liebesange- egenheiten	Stabilisiert alle Bereiche körperli- cher Art, Sexualität, Haß, Lust	Ich harmonisiere/Venus/ Innenschau
Macht durch Liebe und starke Emotionen	Die Macht brutaler Kraft, Sexualmagie, Krieg und Tod	Ich transformiere/Mars/ Pluto/Macht
Humanitäres, die Obdachlosen, die Geschundenen, alle Opfer	Humanitäres, Umwelt, Weltge- schehen und Bedürftige	Ich theoretisiere/Jupiter/ Humanitäres
Wiedergeburt, Verwirklichung von Liebe, wo vorher keine war	Wiedergeburt, Erkenntnis des richtigen Gebrauchs von Gewalt und Furcht	Ich erkenne/Saturn/ Wiedergeburt
Bote, Nachricht von oder über ei- nen geliebten Menschen, Liebes- ıachrichten	Bote, Nachricht von Sieg, Erobe- rung, Krieg, Gewalt und Aktion	Ich träume/Saturn/Uranus/ Bote
Triebkraft bei der Suche nach Liebe oder Eroberung einer Liebe	Triebkraft zur Eroberung, Aneig- nung oder Vernichtung	Ich kontrolliere/Neptun/Jupiter/
Ich erschaffe, schütze und ent- ılle Geheimnisse der Liebe ınd der Freude	Ich erschaffe, schütze und ent- hülle Geheimnisse der Bewe- gung, des Tuns	Ich erschaffe, schütze und ent- hülle Geheimnisse
Ich überwinde Opposition und gebe weisen Rat, Liebe	Ich überwinde Opposition und gebe Rat zu Aggression, Krieg	Ich überwinde Opposition und gebe weisen Rat

Große Arcana

	Widder/Ich bin	Stier/Ich erwerbe	Zwillinge/Ich kommunizie
Narr/Unschuld	Das eigene Potential	Ein Narr und sein Geld	Ehrlichkeit und Aufrichtigk
Magier/Manifestation	Entdeckung der Göttin/des Gottes im eigenen Inneren	Manifestation großen Reichtums	Erschaffen durch Kommunikation
Priesterin/Wissen	Entdeckung der Göttin/des Gottes im eigenen Inneren	Ein Schüler oder Wissenssucher	Ein Weisheits- und Wissenslehrer
Kaiserin/Überfluß	Potential zur Herstellung von Überfluß	Reichwerden	Lehrer des Reichtums
Kaiser/Ehrgeiz	Antriebskraft, Workaholics	Triebhafte und blinde Gier	Lebensschule
Hierophant/Autorität	Jede mächtige Person, Polizei, Richter	Zur reichen, mächtigen Person werden	Ausdrucksfähigkeit, Politiker und Richter
Die Liebenden/ Vereinigung	Lernen, sich selbst zu lieben und zu akzeptieren	Von Partnerschaften, Vereinigungen profitieren	Unterhändler und Verhandlungen für andere
Wagen/Herausforderung	Entdeckung eigener Grenzenlosigkeit	Die Aufgabe, Reichtum zu erlangen und zu bewahren	Schwierige Verkäufe, Richtersprüche, Verhandlunge
Kraft/Mut	Tapferkeit und Durchhaltevermögen wider alle Aussichten	Ehrlichkeit angesichts von Verlust oder Gewinn	Den Umständen zum Trotz die Wahrheit sagen
Eremit/Inspiration	Erforschung des inneren Selbst	Große Philosophen ermächtigen und inspirieren	Magische, okkulte und spi tuelle Lehrer
Glücksrad/Schicksal	Erkennen der eigenen Erschaffung des Schicksals	Die Verantwortung des Reichtums	Künder des Lebens und Meisterung des eigenen Schicksals
Gerechtigkeit/ Karmisches Gesetz	Arbeit mit und durch Karma	Tun oder Unterlassung bewirkt Verluste/Gewinne	Philosoph und Lehrer des Lebens und des Karma
Der Gehängte/ Unentschlossenheit	Gefühl der Schwäche, Hilflosigkeit und Verwundbarkeit	Investition, Zweifel, Zögern	Anleitung zum Innehalten und Nachdenken vor dem Handeln
Tod/Transmutation	Körperliche Herausforderung	Wiederaufbau, schwindende Gewinne, Erholung	Ein Philosoph und Lehrer der Reinkarnation
Mäßigung/ Gleichgewicht	In Harmonie mit sich selbst sein	Gleichgewicht zwischen Geld und Ehrlichkeit	Einer gewalttätigen Welt den Frieden lehren
Teufel/Entfesselung	Jemand, der sich andere verpflichtet	Sklave der Gier	Bücherwurm, professioneller Student
Turm/Große Veränderungen	Veränderung im eigenen Inneren oder in der Umgebung	Bankrott und Geldverlust	Weltuntergangspropheten und Christentum
Stern/Hoffnungen, Träume und Wünsche	Das Verlangen künftiger Dinge	Das Ziel der Erlangung von Reichtum und Macht	Traum vom Ruhm durch Medienkommunikation
Mond/Illusionen	Hochstapler oder Fälscher	Vortäuschung von Reichtum	Armselige Unterweisung und schlechter Rat
Sonne/Erfüllung	Entdeckung, daß Erfüllung im Inneren liegt	Vom Schuhputzer zum Millionär, Geldglück	Glück durch Kommunikation mit anderen
Das Jüngste Gericht/ Wiedergeburt	Wandel beschert Ihnen eine neue Perspektive	Erholung von Bankrott oder Geldverlust	Neues Verständnis oder neue Sichtweise
Die Welt/Meisterschaft und Freude	Den Körper und das innere Selbst meistern	Reichtum und Freude durch Geld und Macht	Berühmte Redner

Krebs/Ich nehme wahr	Löwe/Ich erfahre	Jungfrau/Ich diene	
Rosarote Brille	Verantwortungslosigkeit	Naiver Dienst am anderen	**Narr/Unschuld**
Sensibilität für die Bedürfnisse der Familie, der Alten	Manifestation neuen Karmas im jetzigen Leben	Geben oder für andere tun	**Magier/Manifestation**
Entwicklung der eigenen psychischen Kräfte	Anwendung des im Leben erworbenen Wissens	Weiser Dienst an anderen	**Priesterin/Wissen**
Reichtum in der Familie erkennen	Reichtum aus dem Schöpferischen, Kunst, Risiko usw.	Persönliche Befriedigung durch Hilfe für andere	**Kaiserin/Überfluß**
Nachahmungsbedürfnis	Hervortun bei Risiken, Spielen und Herausforderungen	Kirchen, Arbeit für Wohltätigkeitsorganisationen	**Kaiser/Ehrgeiz**
Familien- und Haushaltsvorstände	Erfolgreich im Sport, beim Spiel, Handwerker	Der Verantwortliche, ein Chef oder Aufseher	**Hierophant/Autorität**
Hochzeiten, Jubiläen und Ehegatten	Sexuelle Vereinigung, Verbindung mit einem anderen	Beitritt, Gruppen und Organisation	**Die Liebenden/ Vereinigung**
Schwierige Beziehungen zu Familie, Älteren	Wettbewerbe und Risiken aller Art	Versuch, den Undankbaren zu helfen	**Wagen/Herausforderung**
Entscheidungen nicht mehr der Familie überlassen	Im Wettstreit an sich selbst glauben und Selbstverlaß	Polizei und Feuerwehr, Rettungsmannschaften	**Kraft/Mut**
Familienkrise und Führung, Ratgeber	Genie auf dem eigenen Tätigkeitsgebiet	Berufung, anderen zu helfen	**Eremit/Inspiration**
Familien-Alterssituation	Gewinnen oder Verlieren	Geburt als Sklave oder Herr	**Glücksrad/Schicksal**
Lernaufgabe durch Geburt in eine Familie	Erfahrungen der früheren Leben	Was man jetzt gibt, empfängt man früher oder später	**Gerechtigkeit/ Karmisches Gesetz**
Unsicherheit und Zögern in Familiendingen	Verwirrung und Mangel an Tatkraft durch Furcht	Sorge über Priorität des Dienstes an sich selbst oder an anderen	**Der Gehängte/ Unentschlossenheit**
Beobachtung von Veränderungen in der eigenen Familie	Änderung des eigenen Realitäts- und Erfahrungshorizonts	Durch Bemühen etwas verändern	**Tod/Transmutation**
Harmonische Familienbeziehungen	Befolgen der inneren Berufung	Dienen mit Bedientwerden ausgleichen	**Mäßigung/ Gleichgewicht**
Familienbande sind wie Ketten	Süchte aller Art	Sklave oder Diener eines anderen	**Teufel/Entfesselung**
Schnelle Veränderungen in der Familie	Umkehr aller Aspekte des jetzigen Lebens	Veränderung einer gegenwärtigen Dienstleistung	**Turm/Große Veränderungen**
Sehnsucht nach eigener Familie	Anstreben von Größe auf bestimmtem Gebiet	Träume von einem Dienst zur Hilfe anderer	**Stern/Hoffnungen, Träume und Wünsche**
Das Erscheinen einer Familie	Hereingelegt von Trickbetrügern	Falsche Wohltätigkeitsorganisationen, -institute, -firmen	**Mond/Illusionen**
Durch Familie das Gefühl der Vollständigkeit	Alle Aspekte von Romantik und Handwerk	Gefühl, einen Sinn im Leben zu haben	**Sonne/Erfüllung**
Betrachtung durch die Augen anderer	Radikale Veränderung des eigenen Lebens	Therapeuten, Lebensberater und Psychiater	**Das Jüngste Gericht/ Wiedergeburt**
Vater- und Mutterschaft	Berühmte Entertainer und Prominente	Geachtete Philanthropen	**Die Welt/Meisterschaft und Freude**

Große Arcana *(Fortsetzung)*			
	Waage/Ich harmonisiere	**Skorpion/Ich transformiere**	**Schütze/Ich theoretisiere**
Narr/Unschuld	Kindliches Verzeihen	Erwachen für die Innen- und Außenwelt	Kontemplation des Selbst, der Realität und der eigenen Wel
Magier/Manifestation	Friedliche Diplomatie, ein Diplomat	Ritualmagie ruft die Geister	Herstellung des magischen Grimoire
Priesterin/Wissen	Lehrer der Diplomatie und des Rechts	Die Geheimnisse des Todes und der Unwissenheit	Die Fähigkeit, das Unergründliche zu ergründen
Kaiserin/Überfluß	Reichtum durch Vermittlung	Verwandlung von Überfluß in Armut	Geldrisiken kalkulieren und minimieren
Kaiser/Ehrgeiz	Trieb mit Bewußtsein ausbalancieren	Faulheit und Selbstzufriedenheit	Motivierer
Hierophant/Autorität	Wachhund, Komitees, Botschafter	Rebellion oder Zügelung von Autorität	Gesetzgeber- und Regierungsbürokräfte
Die Liebenden/ Vereinigung	Friedensrichter, Heirat	Scheidungsgericht und -anwälte, Trennung	Eheberater und -schlichter
Wagen/Herausforderung	Neutralisierung einer Herausforderung, Vorbereitung darauf	Überwindung von Hindernissen und Einwänden	Kontemplation des Lebenssinns
Kraft/Mut	Weises Tun führt zu gefahrlosem Heldentum	Feigling oder feige Tat	Schreibtischtätermut, Besserwisser
Eremit/Inspiration	Ausgleich zwischen materiellem und geistigem Selbst	Verwirrung, blockierte Lage	Gott/Göttin als Teil des eigenen Selbst betrachten
Glücksrad/Schicksal	Überwindung persönlicher Handicaps	Manipulation des Schicksals zum eigenen Vorteil	Philosophie der Selbstbestimmung
Gerechtigkeit/ Karmisches Gesetz	Verständnis des Karmas und Arbeit damit	Aus vergangenen Fehlern zur Vermeidung des Karmas lernen	Philospohie von kosmischem Gesetz und Ordnun
Der Gehängte/ Unentschlossenheit	Körperlich innehalten oder zögern	Schnelles und sofortiges Handeln	Kontemplation von Handeln kontra Nichthandeln
Der Tod/Transmutieren	Kompromisse eingehen	Krankheit, Tod, Ende	Die Philosophie, daß nichts stirbt, alles sich nur verwande
Mäßigung/ Gleichgewicht	Unentschiedenheit, Zaunkönig, Halbherzigkeit	Chaos	Siegesdenken als Schlüssel zur Harmonie
Teufel/Fesselung	Eine schlechte Situaton für sich umkehren	Befreiung von allen Fesseln	Institutionelle Reformen und Reformer
Der Turm/Große Veränderungen	Psychiater, Lebensberater und Schiedsrichter	Vertraute, Auswirkungen mindern	Studium des Chaos und der Revolution
Der Stern/Hoffnungen, Träume und Wünsche	Anstreben glückbringender Ziele	Beenden eines Traums zur Platzschaffung eines anderen	Studium der Träume, Forscher
Mond/Illusionen	Akzeptanz der Falschheiten anderer	Manifestation einer Illusion zu physischer Wirklichkeit	Wirklichkeit kontra Unwirklichkeit erforschen
Sonne/Erfüllung	Zufriedenheit mit sich selbst und der Welt	Unglück, Unstimmigkeit und Unzufriedenheit	Alles haben und doch unglücklich sein, Erforschung der Ursache dafür
Das Jüngste Gericht/ Wiedergeburt	Zweite Chance geben oder bekommen	»Nahtod-Erlebnis«, Erholung	Die Philosophie der Reinkarnation
Die Welt/Meisterschaft und Freude	Stabilitätsgefühl durch Erfolg	Versagen, Unglücklichsein und Enttäuschung	Erfolgs- und Reichtumslehrer

Steinbock/Ich erkenne	Wassermann/Ich träume	Fische/Ich kontrolliere	
Erkennen, daß nicht alles so ist, wie es scheint	Ziele ohne realistische Grundlage	Die Kontrolle anderer über Sie	**Narr/Unschuld**
Meistermagier, ein Weiser	Traummagie und Gedankenformen	Lernen der Beherrschung der Lebenskräfte	**Magier/Manifestation**
Über Spekulation hinaus das wahre Wissen schauen	Die enthüllten Geheimnisse der Träume	Lernen, das Unbeherrschbare zu beherrschen	**Priesterin/Wissen**
Erreichte Ziele, Erfolg	Träumen ohne jeden Erfolg	Bankiers, Hausbesitzer, die Mächtigen	**Kaiserin/Überfluß**
Antreiber, Arbeitswütiger	Schwache Person ohne Rückgrat	Diktator, Unterdrückung von Freiheit	**Kaiser/Ehrgeiz**
Beförderung, Überziehung der eigenen Position, Macht	Streben nach Macht und Stärke	Kontrollinstanzen, Gouverneure	**Hierophant/Autorität**
Sexuelle Vereinigung oder Verbindung mit anderen	Jugend, Romantik, Traumprinzen und -prinzessinnen	Religion, Eltern, Gesellschaft	**Die Liebenden/ Vereinigung**
Opposition oder Hindernissen begegnen	Langeweile, Abenteuerlust	Manipulation aller Situationen	**Wagen/Herausforderung**
Unerwartete(r) Held/Heldin, echtes Heldentum	Geschichtenerzähler, alte Leute beim Geschichtenerzählen	Kriegsrecht, Beseitigung aller Hoffnung	**Kraft/Mut**
Mysteriöse Eingebung von Weisheit	Führung durch die Traummagie	Gezielte Kontrolle veränderter Bewußtseinszustände	**Eremit/Inspiration**
Das Schicksal um jeden Preis ausleben	Hoffnungen und Träume von kommenden Dingen	Der Magier, der sein Schicksal beherrscht	**Glücksrad/Schicksal**
Ernten der Früchte früherer Tage	Träumen von Ereignissen in vergangenen Leben	Magier kontrollieren Ihr Karma	**Gerechtigkeit/ Karmisches Gesetz**
Erstarrung, Blockade, Handlungsunfähigkeit	Unfähigkeit zur Führung durch Träume	Entscheidungen aufgrund logischer Überlegung	**Der Gehängte/ Unentschlossenheit**
Veränderung durch tiefgreifendes Erlebnis	Veränderung der wirklichen Welt durch Traummagie	Kontrollieren v. Energie zur Herstellung v. Veränderungen	**Der Tod/Transmutieren**
Innerer Frieden und Glück, sich selbst mögen	Sehnsucht n. vollkommenem Leben, Partner, perfekter Welt	Harmonie durch Gedanken- und Körperkontrolle	**Mäßigung/ Gleichgewicht**
Einsperren, Freiheitsentzug	Sehnsucht nach verlorener Freiheit	Gefängniswärter, Wächter, Leibeigener	**Teufel/Fesselung**
Unerwartete Ereignisse, Rebellion	Veränderung eigener Lebensziele und -wünsche	Kontrolle von Revolten und Revolution	**Der Turm/Große Veränderungen**
Inspiration oder Führung durch Träume	Leben in der und für die Welt der Träume	Meisterung der Traummagie und der Astralreise	**Der Stern/Hoffnungen, Träume und Wünsche**
Durchschauen der Masken anderer	Traum mit Nachricht versenden	Kontrolle des Sehens anderer durch Magie	**Mond/Illusionen**
Erfolg bei allen Unternehmungen und in der Erotik	Anstreben zukünftigen Glücks	Manifestation des Glücks durch Magie	**Sonne/Erfüllung**
Nach einer Erfahrung wie neugeboren sein	Eindringen und wie neugeboren erwachen	Okkulte Geheimnisse um willentliche Wiedergeburt	**Das Jüngste Gericht/ Wiedergeburt**
Sachverstand und Erfolg bei allen Unternehmungen	Erreichen eigener Ziele planen	Selbstmeisterung führt zum Meistern der Freude	**Die Welt/Meisterschaft und Freude**

Die Häuser und die dazugehörigen Berufe		
Zodiakhaus	*Berufe*	*Planet*
Widder	Soldaten, Feuerwehrleute und Polizeibeamte, Mechaniker, Bodybuilder, Athleten	Mars
Stier	Bauern, Viehzüchter, Winzer, Landbesitzer, Gemüsehändler, Baumschulbesitzer	Venus
Zwillinge	Buchhalter, Bankiers, Computerfachleute, Sprachprofessoren, Lehrer	Merkur
Krebs	Hausfrauen und Haushälterinnen, Hausmeister, Chefköche, Butler, Hausmädchen, Fensterputzer	Mond
Löwe	Schauspieler, Künstler, Architekten, Bauunternehmer, Schweißer, Musiker	Sonne
Jungfrau	Krankenschwestern, Krankenhaus- und Verpflegungspersonal, Ärzte, Chirurgen, Heiler, Kräuterkundler, Tierärzte (Kleintiere)	Merkur
Waage	Gerichtsdiener, Politessen, Gerichtsstenografen, Richter, Rechtsanwälte, Rechtsberater	Venus
Skorpion	Beerdigungsunternehmer, Steuerprüfer, Buchhalter, Archivare, Regierungsbeamte	Mars/Pluto
Schütze	Archäologen, Historiker, Gelehrte, Professoren, Philosophen, religiöse Führer	Jupiter
Steinbock	Lebende Legenden, Helden und Heldinnen, Weltführer, Königshäuser, berühmte Menschen, Superreiche und -mächtige, Politiker	Saturn
Wassermann	Seeleute, Taucher, Sozialarbeiter, Therapeuten, Meeresbiologen, Gewerkschaftsmitarbeiter	Uranus/Saturn
Fische	Gefängniswärter, Hausdame, Behördenangestellte, Bewährungshelfer, Tierärzte (Großvieh)	Neptun/Jupiter

Zodiak-Arbeitsblatt

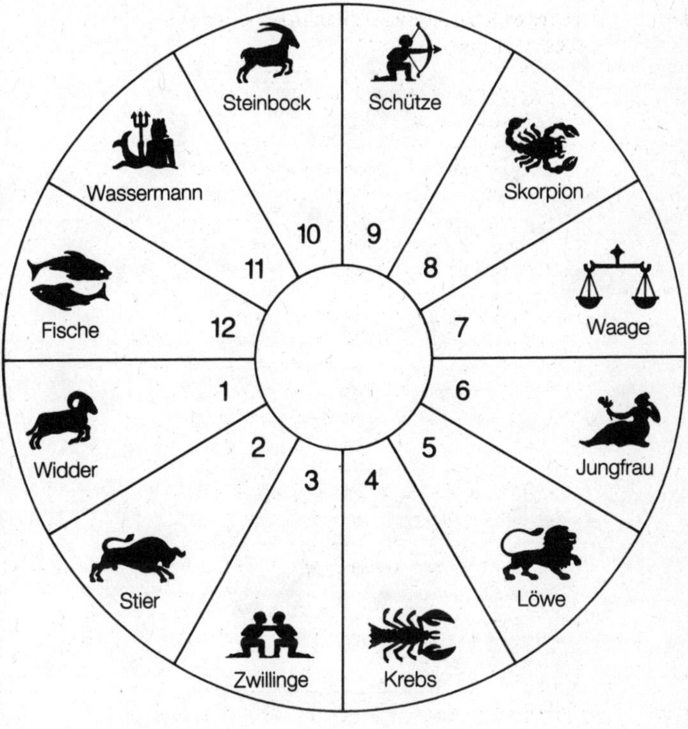

Zodiak-Arbeitsblatt

Tabelle westlicher Entsprechungen:

1 = Widder	5 = Löwe	9 = Schütze
2 = Stier	6 = Jungfrau	10 = Steinbock
3 = Zwillinge	7 = Waage	11 = Wassermann
4 = Krebs	8 = Skorpion	12 = Fische

Bibliographie

Angeles, Arrien, *Handbuch zum Crowley Tarot,* Urania Verlag, Neuhausen, Schweiz, 1987

Cavendish, Richard, *Die schwarze Magie,* Fischer Verlag, Frankfurt/M., 1969

Christian, Paul, *The History and Practice of Magic*

Crowley, Aleister, *Das Buch Thoth, Ägyptischer Tarot,* Urania Verlag, Neuhausen, Schweiz, 1981

Gonzalez-Whippler, Migene, *The Complete Book of Amulets and Talisman,* Llewellyn Publications, St. Paul 1991

Gonzalez-Whippler, Migene, *The Complete Book of Spells, Ceremonies and Magick,* Llewellyn Publications, St. Paul 1991

Gregor, Arthur S., *Amulets, Talismans, and Fetishes,* Charles Scribner's Sons, New York, 1975

Halevi, Z'ev ben Shimon, *Der Weg der Kabbalah,* Droemersche Verlagsanst., München, 1993

Matthews, C., Matthews, J., *Der westliche Weg,* Bd. 1: Ein praktischer Führer in die alten Geheimlehren. Bd. 2: Ein praktischer Führer zu Magie, Mystik und Alchemie, Rowohlt Verlag, Reinbek, 1980

Pajeon, Kala und Ketz, *The Candle Magick Workbook,* Carol Publishing Group, New York 1992

Papus, *Die Grundlagen der okkulten Wissenschaft,* Ansata Verlag, Schwarzenburg, 1979

Pollack, Rachel, *Tarot – Stufen der Weisheit,* Droemersche Verlagsanst., München, 1985

Regardie, Israel, *Die Elemente der Magie,* Rowohlt Verlag, Reinbek, 1978

Schulman, Martin, *Karmische Astrologie,* Bd. 1–4, Urania Verlag, Neuhausen, Schweiz, 1983

Skelton, Robin, *Talismanic Magic,* Samuel Weiser, York Beach 1985

Strayhorn, Lloyd, *Numbers and You, a Numerology Guide for Everyday Living,* Random House, New York 1987

Thorsson, Edred, *Handbuch der Runenmagie,* Urania Verlag, Neuhausen, Schweiz, 1987

–, Runenkunde, *Ein Handbuch der esoterischen Runenlehre,* Urania Verlag, Neuhausen, Schweiz, 1990

Waite, A. E., *Der Bilderschlüssel zum Tarot,* Urania Verlag, Neuhausen, Schweiz, 1980

Walters, Derek, *Das zweite I-Ching,* Goldmann Verlag, München, 1991

Wilhelm, Hellmut, *Sinn des I-Ging,* Diederichs Verlag, München, 1982

Wind R./Reed A., *Die Macht der heiligen Steine,* Goldmann Verlag, 1991